Verhandlungen, Mitteilungen

und

Berichte

des

Centralverbandes Deutscher Industrieller.

№ 116.

Herausgegeben
von
H. A. Bueck, geschäftsführendem Mitglied im Direktorium,
Berlin W, Karlsbad 4a.

Telephon: Nr. 2527, Amt VI.

Oktober 1909.

Berlin 1909.
J. Guttentag, Verlagsbuchhandlung,
G. m. b. H.

Inhaltsverzeichnis.

Centralverband Deutscher Industrieller.

Sitzung des Ausschusses
am 15. Oktober 1909, vormittags 10 Uhr, zu Berlin im „Hotel Adlon“.

Vorsitzender Landrat a. D. **Rötger**=Berlin: Ich eröffne die Sitzung des Ausschusses und heiße die verehrten Herren, die hier erschienen sind, namens des Direktoriums herzlich willkommen.

Wir beginnen unsere Tagung mit der Behandlung geschäftlicher Angelegenheiten. Ihr Direktorium hat Ihnen einige Vorschläge zur Kooptation in den Ausschuß zu machen. Es werden im ganzen sieben Herren vorgeschlagen: aus der Zementindustrie Herr Dr. Müller=Kalkberge in der Mark als Vorsitzender des Vereins Deutscher Portland=Zement=Fabrikanten; aus der Kalksandsteinindustrie Herr Brockhaus, Prokurist der Firma Berliner Kalksandsteinwerke R. Gutmann, G. m. b. H., in Berlin; aus der Braunkohlenindustrie Herr Bergrat Siemens, Vorsitzender des Deutschen Braunkohlen=Industrie=Vereins; an Stelle des ausgeschiedenen Direktors der Union in Dortmund Siemssen Herr Regierungs= und Baurat Mathies, Generaldirektor der Union, A.=G. für Bergbau= und Hüttenbetrieb, in Dortmund; Herr Dr. ing. J. E. Reinecker in Firma Werkzeug= und Werkzeugmaschinenfabrik Reinecker, Chemnitz=Gablenz, stellvertretender Vorsitzender des Vereins Deutscher Werkzeug=Maschinen=Fabriken; Herr Geheimrat Schrey, Vorsitzender des Verbandes Ostdeutscher Industrieller, und Herr Oberbürgermeister a. D. Haumann, Generaldirektor der Vereinigten Stahlwerke van der Zypen & Wissener Eisenhütten.

Ich stelle diesen Vorschlag des Direktoriums zur Diskussion. — Es meldet sich niemand zum Wort. Dann darf ich annehmen, daß Sie mit dem Vorschlage des Direktoriums einverstanden sind, und darf die Herren als gewählt proklamieren.

Diejenigen von den eben verlesenen Herren, welche hier erschienen sind, gestatte ich mir, im Namen des Ausschusses und des Direktoriums in unserer Mitte herzlich willkommen zu heißen. Ich hoffe, daß die Herren mit Freuden an unseren Arbeiten teilnehmen werden.

Des weiteren haben wir unter geschäftlichen Angelegenheiten die Festsetzung des Etats für das Jahr 1910 zu behandeln.

Ich gebe das Wort dem Herrn Generalsekretär Bueck.

Generalsekretär Bueck legte zu Punkt 1 der Tagesordnung, unter Erläuterung der einzelnen Positionen, den Etat für das Jahr 1910 nach den Festsetzungen des Direktoriums vor. Er war ebenso aufgestellt wie für das Jahr 1909, abgesehen von kleinen Erhöhungen an den Beamtengehältern und einer Erhöhung der Position für Reisen und Agitation. Der Etat wurde von dem Ausschuß einstimmig genehmigt.

Vorsitzender: Meine Herren, ich stelle das Referat über den Voranschlag zur Diskussion. — Es meldet sich niemand zum Wort. Ich schließe die Diskussion und darf annehmen, daß die Herren mit dem Voranschlage einverstanden sind.

Wir kommen nun zu Punkt 2 der Tagesordnung:

Die Begründung des Hansabundes und die Stellung des Centralverbandes zu ihm.

Selbstverständlich, meine Herren, durfte die erste Sitzung des Ausschusses des Centralverbandes Deutscher Industrieller nach der Gründung des Hansabundes nicht vorübergehen, ohne daß Ihnen ein Rechenschaftsbericht über die Stellungnahme Ihres Direktoriums zu dieser Gründung erstattet wurde. Die Lösung der mir mit der Berichterstattung übertragenen Aufgabe wird mir dadurch erleichtert, daß, der Bedeutung des Vorgangs an und für sich durchaus entsprechend, die öffentliche Meinung sich sehr eingehend und fortgesetzt mit diesem Thema befaßt hat, weshalb ich wohl annehmen darf, daß das Tatsächliche Ihnen, meine Herren, alles bekannt ist. Ich kann mich in dieser Beziehung darauf beschränken, Sie an den Inhalt des Rundschreibens vom 3. Juli d. J. zu erinnern, mit welchem Ihr Direktorium den Mitgliedern des Centralverbandes den Beitritt zum Hansabunde empfohlen hat. Ich darf annehmen, daß Sie auch über die wichtigsten

Preßauslassungen und Preßkritiken, über Ziel und Aussichten des Hansabundes unterrichtet sind, und ich darf auch voraussetzen, daß Ihnen der Inhalt unserer Abwehrkundgebung gegen die Versuche der Presse, uns nach rechts oder links zu ziehen — eine Abwehrkundgebung, die wir Ende Juli erlassen haben —, nicht entgangen ist; und endlich darf ich annehmen, daß Sie auch von den „Richtlinien", die in der Direktionssitzung des Hansabundes vom 4. Oktober beschlossen worden sind, Kenntnis genommen haben und von der Stellungnahme der Presse zu diesen „Richtlinien".

Also, wie gesagt, diese Tatsachen möchte ich hier übergehen und mich gleich mit der grundsätzlichen Frage befassen: wie hat sich der Centralverband Deutscher Industrieller und wie haben sich die ihm angeschlossenen Interessengruppen zu dem Hansabunde zu stellen?

Meine Herren, als jetzt vor sechzehn Jahren der junge Bund der Landwirte in den ersten Anfängen seiner Organisationsarbeit die Augen aller auf sich zog, da sagte mir, der ich damals Landrat in Ostpreußen war, ein mir nahestehender hochgestellter preußischer Staatsbeamter der inneren Verwaltung: „Warten wir ab, was aus der Sache werden wird. Kommen die richtigen Leute an die Spitze und wissen sie maßzuhalten, dann kann der Bund ein Segen für das Land werden."

Der Herr war mit erheblichem Grundbesitz in einer der östlichen Provinzen — nicht in der Provinz Ostpreußen — angesessen.

Den zweiten Satz: „Kommen die richtigen Leute an die Spitze und wissen sie maßzuhalten, dann kann der Bund ein Segen für das Land werden", hätte ich damals für den Bund der Landwirte unterschrieben und unterschreibe ihn heute in vollem Umfange auch für den Hansabund. Den ersten Satz: „Warten wir ab, was aus der Sache werden wird", unterschrieb ich damals als politischer Beamter natürlich auch und konnte die Stellungnahme des Herrn, der mir dies sagte, sehr wohl begreifen, der, ebenfalls politischer Beamter, seine persönlichen Verhältnisse nicht in den Vordergrund treten lassen durfte, aber auch ganz sicher davon überzeugt sein konnte, daß seine Privatinteressen von ihm nicht vernachlässigt würden, wenn er der Bewegung gegenüber sich neutral verhielt.

Für uns entsteht die Frage — das ist der Kardinalpunkt —, können auch wir, die im Centralverbande zusammengeschlossenen Interessengruppen, dem Hansabunde gegenüber den ersten Satz zu dem unserigen machen: „Warten wir ab, was aus der Sache werden wird"? Diese Frage hat Ihr Direktorium seinerzeit verneint und meines Erachtens muß sie auch heute von jedem Industriellen verneint werden, einfach schon deshalb, weil die Bewegung elementar aus der Macht der Verhältnisse heraus entstanden war, ebenso elementar aus der Macht der Verhältnisse heraus wie diejenige, die den Bund der Landwirte schuf, und weil im Gegensatze zu den viel einfacheren Verhältnissen in der Landwirtschaft die von dieser elementaren Gewalt erfaßten Interessen so außerordentlich vielseitig sind. Gerade aus diesem Grunde mußte und muß der allergrößte Wert darauf gelegt werden, daß möglichst die Allgemeinheit in Industrie, Handel und Gewerbe sich daran beteilige, um die Gewähr dafür zu bieten, daß die rechte Erkenntnis der gemeinsamen Interessen oben bleibt und daß vor allem nach innen und außen maßgehalten wird.

Meine Herren, wir hätten — das kann ich hier offen aussprechen — in dem Direktorium es lieber gesehen, wenn statt der Schaffung des Personen-Vereins — der naturgemäß auf ein Programm gegründet werden mußte, wenn das Programm auch noch so allgemein gehalten worden war — zunächst der Versuch gemacht worden wäre, im Wege der Annäherung unter den führenden wirtschaftlichen Verbänden durch Verständigung von Fall zu Fall die gemeinsamen Interessen herauszuschälen und diese gemeinsamen Lebensfragen in Industrie, Handel und Gewerbe gemeinsam zu lösen. Gerade die Ueberzeugung, daß die große Vielseitigkeit der Interessen eine gewisse Gefahr für den Fortbestand des Hansabundes in sich schließt, daß es namentlich außerordentlich schwierig sein wird, diese zahlreichen Interessen dauernd zusammenzuhalten, und ferner die Einsicht, daß es auch auf dem Weg der Verständigung von Fall zu Fall gelingen müßte, in den Lebensfragen unseres Wirtschaftslebens zur Einigung und damit zur Stärke zu gelangen, mußte uns diesen letzteren Weg sympathischer erscheinen lassen. Wir haben dies in den Sitzungen, die der Gründung des Hansabundes vorangegangen sind, mit Wärme und Entschiedenheit vertreten, aber bei den zahlreichen anderen Interessengruppen mit unseren Ausführungen keinen Anklang gefunden. Daß wir trotzdem mitgingen und auch den weiteren Schritt, an der Gründung des Hansabundes teilzunehmen, taten, beweist Ihnen, welch hohe Bedeutung wir der Bewegung beimaßen.

Ich sprach eben von der Vielseitigkeit der Interessen und von der in ihr verborgenen Gefahr für den Bestand des Hansabundes. Es ist ganz unzweifelhaft, daß hierin für den Hansabund eine gewisse Schwäche liegt, namentlich gegenüber dem in der Einheitlichkeit seiner Interessen und in der auf dieser gegründeten festen Organisation überstarken Bunde der Landwirte. Aber gerade weil es so ist und weil die überstarke Leitung des Bundes der Landwirte maßzuhalten verlernt zu haben scheint, ist diese Vielseitigkeit der Interessen auch die Stärke des Hansabundes, denn gerade weil die Interessen, die von ihm erfaßt werden — zu diesen von ihm erfaßten Interessen gehören auch die in unserem Centralverbande vereinigten Interessen —, so vielseitig sind, deswegen zwingt er sie alle in sich hinein, alle die Interessen, die in Industrie, Handel und Gewerbe erkennen, daß er nur ein Segen für das Land werden kann, wenn er maßhält, nicht nur nach außen, insbesondere der deutschen Landwirtschaft gegenüber, sondern auch nach innen gegenüber allen denjenigen zahlreichen Interessen, die vom Hansabunde erfaßt sind.

Ich weiß sehr wohl, meine Herren, daß in unseren Kreisen die Meinungen über den Hansabund, namentlich in der Zeit seiner Gründung, weit auseinander gingen, und ich glaube, daß auch heute noch die Auffassungen nach vielen Richtungen hin nicht voll geklärt sind. Ich habe aus Gesprächen den Eindruck gewonnen, daß im Centralverband alle Ansichten und Stimmungen, die überhaupt möglich sind, über den Hansabund vertreten sind, von der höchsten Begeisterung über den vorsichtigsten Skeptizismus bis zur vollen Negation. Aber der vorsichtige Skeptizismus überwog, und das ist ja ganz natürlich, denn es gibt selbstverständlich sehr, sehr weite Kreise — ich möchte sagen, die meisten —, die auf dem Standpunkt stehen oder wenigstens in den Anfangsstadien gestanden haben, daß sie sich nicht voll darüber klar werden konnten, wohin die Reise gehen sollte, und ob nicht vielleicht in dem Hansabund für zahlreiche in unserem Centralverbande zusammengefaßte Interessengruppen gefahrbringende politische Ziele sich in den Vordergrund drängen würden. Diese Gesichtspunkte lassen es durchaus erklärlich erscheinen, und auch die anderen, die nach dieser Richtung hin vielleicht optimistisch zu denken berechtigt sind, müssen dies erklärlich finden, daß bei uns das Zögern, der Skeptizismus im Vordergrund gestanden hat, und daß auch heute noch viele Kreise sich dadurch abhalten lassen, dem Hansabunde beizutreten.

Aber, meine Herren, noch eins, was ich hier im Zusammenhange nicht außer acht lassen möchte. Auch die Verbündeten Regierungen haben zweifellos dem Hansabund gegenüber unter dem Gefühl gestanden, das ich eben charakterisiert habe. Ich gebe mich aber der Hoffnung hin, daß durch das einmütige Eintreten Ihres Direktoriums für den Anschluß an den Hansabund auch in den Kreisen der Verbündeten Regierungen die Bedenken in vielen Richtungen geschwunden sein werden. So lange unsere Kreise entschieden an der Leitung beteiligt sind, ist eine sichere Gewähr vorhanden, daß die Grundlagen unserer bewährten Wirtschaftspolitik nicht angetastet werden, und daß nicht etwa der Kampf sich richtet gegen die deutsche Landwirtschaft. Das Rangieren der Kräfte vollzieht sich vielmehr zunächst, der Entstehung des Hansabundes entsprechend, unter dem Gesichtspunkte, den überstarken Druck der Leitung des Bundes der Landwirte, den unerträglichen Einfluß des Bundes der Landwirte auf die in unserem parlamentarischen Leben ausschlaggebenden Parteien und damit letzten Endes auch auf die Verbündeten Regierungen zu beseitigen.

Wenn man die Sache unter diesen Gesichtspunkt stellt, dann, meine ich, ist es schon klar, daß es notwendig und nützlich nicht nur für uns, sondern auch für die Allgemeinheit sein wird, wenn die im Centralverbande zusammengeschlossenen Kräfte sich an dieser Bewegung beteiligen.

Zu diesen Ueberlegungen, die, wie ich zugebe, mehr aus der Negative heraus, aus der Besorgnis vor etwaigen Gefahren, die bei einer einseitigen Leitung des Hansabundes drohen könnten, erwachsen sind — zu diesen Ueberlegungen gesellt sich aber doch noch eine ganze Reihe von sehr positiven Gründen, die für den Anschluß sprechen; zunächst die Ueberlegung, die Ueberzeugung, meine Herren, daß es den einzelnen Verbänden nicht gelingt, nicht gelungen ist, eine Menge von schiefen Auffassungen, insbesondere die Auffassung aus der Welt zu schaffen, daß die Schultern der Industrie so stark sind, daß sie immer neue Lasten auf sich nehmen können, ferner die Betrachtung, daß unter dem Einflusse — ich möchte fast sagen unter der Herrschaft — katheder-sozialistischer Anschauungen, nur für die Betroffenen voll erkennbar, dem, freilich in der Theorie immer noch gänzlich unbeschränkten Fabrikeigentum durch öffentlich-rechtliche Beschränkungen unerträgliche Lasten drohen, immer von neuem drohen; die Einsicht endlich, das weitere Kreise der Bevölkerung, die außerhalb unserer Erwerbskreise stehen, notwendigerweise aufgeklärt werden müssen über die der Allgemeinheit durch eine Verkümmerung und Fesselung der Industrie drohenden Gefahren, und daß diese Aufklärungsarbeit über den Rahmen der von den wirtschaftlichen Vereinen zu leistenden Arbeit weit hinausgeht, daß eben für diese Arbeit andere Organe tätig sein müssen. Grade diese Aufklärungsarbeit soll im Vordergrunde der Tätigkeit des Hansabundes stehen.

Meine Herren, das sind Gründe, die sich noch beliebig vermehren lassen. Sie dürften ganz sicher für den Anschluß an den Hansabund sprechen.

Meine Herren, ich habe vorhin schon angedeutet, in welchem Sinne Ihr Direktorium den Anschluß des Centralverbandes und der dem Centralverbande angehörenden Industrien und Industriellen verstanden wissen will. Ich habe schon davon gesprochen, daß es sich für uns darum handelt, die Kräfte zu rangieren, und zwar unter dem Gesichtspunkt, daß die Uebertreibungen, die zur Gründung des Hansabundes geführt haben, beseitigt werden. Es ist — es wäre verkehrt, wenn ich das im Zusammenhange meines Referats übergehen würde — ganz zweifellos in der Entstehung des Hansabundes für denjenigen Teil der Landwirtschaft, der ein vitales Interesse an hohen Lebensmittelzöllen hat, eine gewisse Gefahr entstanden. Nicht als ob der Hansabund selbst diese Interessen bekämpfen wollte, wohl aber ist es nicht zu bezweifeln, daß die Gegner unserer Zollpolitik auf diesen Gebieten, wie ich sagte, nicht im Hansabunde, wohl aber an dem durch die Gründung des Hansabundes vermittelten engeren Zusammenschluß ihrer Parteigänger eine gewisse Stärkung erfahren werden. Entstehen dadurch Schwierigkeiten, meine Herren, für die deutsche Landwirtschaft — das muß hier ausgesprochen werden —, dann mag sich die Landwirtschaft bei den übereifrigen Führern des Bundes der Landwirte dafür bedanken (sehr richtig!), die im Gefühl ihrer Sicherheit vollständig übersehen haben, daß es ein Gesetz vom Druck und vom Gegendruck gibt. Das, meine Herren, ist das außerordentlich Beklagenswerte, die bedauernswerteste Folge der unerfreulichen Ereignisse dieses Frühjahres, daß die vortrefflichen Ansätze zu einem langsamen, aber immer stetigeren Vordringen des Verständnisses für die Bedürfnisse der Landwirtschaft in den sonstigen erwerbstätigen Kreisen jetzt abgelöst wird durch das Gefühl einer außerordentlich scharfen Erbitterung und Verbitterung über den Mißbrauch der Macht von der anderen Seite. (Sehr richtig!) Es ist das außerordentlich beklagenswert, und der ruhig beurteilende Beobachter kann sich der Ansicht nicht verschließen, daß durch diese Vorgänge man weiter denn je voneinander entfernt ist in der wechselseitigen Achtung der Lebensinteressen der verschiedenen Erwerbsstände, auf der schließlich die ganze Wohlfahrt unseres deutschen Landes und Reiches aufgebaut ist. (Sehr richtig!) Dieser Rückschlag — ich kann es nicht anders bezeichnen, meine Herren — muß hingenommen werden, aber wir wollen hoffen, daß die Formierung, der Aufmarsch der Kräfte bald zu einem Ausgleich der Kräfte führen möge zum Segen des Vaterlandes und insbesondere auch zum Segen der in unserem Centralverbande zusammengeschlossenen, so hoch bedeutsamen Wirtschaftskräfte.

Von diesen Gesichtspunkten, meine Herren, die ich Ihnen entwickelt habe, hat sich Ihr Direktorium leiten lassen, und werden sich die Männer, die aus Ihren Kreisen an der Leitung des Hansabundes teilzunehmen berufen sein werden, leiten lassen, und, das kann ich aus voller Ueberzeugung sagen: diese Männer werden in ihrer Arbeit ganz wesentlich unterstützt durch das Bewußtsein, daß auch die anderen leitenden Männer im Hansabunde auf dem Standpunkte stehen, den ich hier entwickelt habe, auf dem Standpunkt des Ausgleichs der Kräfte.

Ich hoffe, meine Herren, daß Sie den Schritt Ihres Direktoriums billigen werden, und daß immer weitere Kreise unseres Centralverbandes dem Hansabunde sich anschließen werden.

Ich greife noch zurück auf die Ausführungen, die der Herr Generalsekretär Bueck vorher im Zusammenhange des Etatsvortrages Ihnen gemacht hat, und möchte sie ein klein wenig anders formulieren. Gewiß ist es für den Geschäftsführer des Centralverbandes in mancher Beziehung schmerzlich, zu sehen, wie große Beträge aus der Industrie dem Hansabunde zufließen zu einer Zeit, wo in unserer Kasse recht erhebliche Ebbe ist. Aber, meine Herren, ich habe doch den Eindruck, daß bei uns genau so wie in anderen Kreisen das Verständnis dafür in vollem Umfange vorhanden ist, daß große praktische Ziele ohne große Geldmittel nicht zu erreichen sind (sehr richtig!), und ich hoffe deswegen, daß die Gründung des Hansabundes dazu beitragen wird, die in unserem Centralverbande zusammengeschlossene Industrie auch für unsere Zwecke opferfreudiger zu machen, als sie bisher gewesen ist, vielleicht aus dem Grunde, weil wir mit den Mitteln, die uns zur Verfügung standen, uns noch notdürftig durchgeholfen haben. Der Vortrag, der zu Punkt 3 der Tagesordnung Ihnen gehalten werden wird, wird Ihnen ein Gebiet eröffnen, auf dem unter allen Umständen auch wir die Opferfreudigkeit unserer Mitglieder wieder von neuem in Anspruch nehmen müssen, und ich hoffe, daß auch auf diesem Gebiet wir nicht vergebens an die Türen pochen werden, denn es ist das eine Frage, die von der allergrößten Wichtigkeit ist, die wir unabhängig von der Gründung des Hansabundes seit langer, langer Zeit verfolgt haben — Sie werden das Nähere nachher hören —, und die jetzt endlich spruchreif geworden ist, um Ihnen vorgetragen zu werden.

Ich meine, wenn man das eine tut, soll man das andere nicht lassen, wenn man dem Hansabunde beitritt, so tut man das in Verfolgung von großen nationalen Zielen, die etwas vor Ihnen zu entwickeln ich mir eben Mühe gegeben habe. Wenn man erkennt, daß die Selbständigkeit des Centralverbandes, die notwendigerweise gewahrt werden muß, uns zwingend veranlaßt, auch unsererseits große Geldmittel für die Zeit des Kampfes zu sammeln, so wird auch dafür Verständnis und offene Hand bei unseren Mitgliedern zu finden sein.

Da ich gerade von der Selbständigkeit spreche, so möchte ich noch nachtragen, daß selbstverständlich unser Eintritt in den Hansabund unter Wahrung unserer vollen Selbständigkeit erfolgt ist. In den maßgebenden Kreisen des Hansabundes wird keinen Augenblick darüber ein Zweifel bestehen können und bestehen, namentlich nicht in den leitenden, daß der Centralverband Deutscher Industrieller keinen Zollbreit von seiner Selbständigkeit opfern, oder von dem einmal für richtig Erkannten, sei es im Interesse seiner Mitglieder, sei es im allgemeinen Interesse, auf dem Wege des schwächlichen Kompromisses abgehen wird. Es ist das auch gar nicht notwendig, denn wir sind uns darüber vollkommen klar in der Leitung des Hansabund, daß die Interessengruppen, die im Hansabunde vereinigt sind, lediglich zusammengeschlossen sind zur Behandlung der gemeinsamen Interessen. Was als gemeinsames Interesse anzusehen und zu erkennen ist, das ist eine große Frage, aus der natürlich mancherlei Gefahren entstehen können. Ich möchte hoffen, daß das Verständnis für diese Gefahren immer in dem Maße vorhanden sein wird, in dem es momentan nach den Verhandlungen, an denen ich teilgenommen habe, unter allen Umständen vorhanden ist.

Ich schließe also meinen Vortrag mit der Bitte, daß Sie, meine verehrten Herren des Ausschusses, in Ihren Kreisen dafür wirken mögen, daß nun die in unserem Centralverbande zusammengeschlossene Industrie, und zwar in ihrem eigenen wohlverstandenen Interesse, wie auch im Interesse der Allgemeinheit, immer tatkräftiger an dem Hansabund Interesse nimmt und in großen Scharen, in machtvoller Weise dem Hansabunde beitritt. Sie werden dadurch die Arbeit derjenigen Männer erleichtern, die für Ihre Interessen an dem Hansabunde mitzuarbeiten berufen sind. (Beifall.)

Meine Herren, ich eröffne die Diskussion. — Es meldet sich niemand zum Wort. Dann schließe ich die Diskussion und darf also konstatieren, daß Sie mit den Richtlinien, die ich mir Mühe gegeben habe Ihnen darzulegen, sich einverstanden erklärt haben.

Wir kommen nun zu Nummer 3 der Tagesordnung:

Die Bildung eines industriellen Wahlfonds.

Ich gebe das Wort dem Berichterstatter Herrn Generalsekretär Bueck.

Generalsekretär **Bueck**=Berlin: Meine Herren, Sie sind heute berufen worden, um Stellung zu nehmen zu dem Antrage des Direktoriums, innerhalb der dem Centralverbande angeschlossenen Industrien einen Wahlfonds zu bilden, bzw. über die Ausführung dieser Maßregel zu beschließen. Mir ist der Auftrag erteilt worden, diesen Antrag zu begründen.

Seit einer längeren Reihe von Jahren verfolgt die Gesetzgebung im Reich, namentlich auf dem Gebiet der Wirtschafts- und Sozialpolitik, eine den Interessen der Industrie ungünstige Richtung. In wirtschaftlicher Beziehung ist diese Richtung ganz besonders hervorgetreten in dem Streben, der deutschen Industrie den Schutz, der ihr nach Maßgabe ihrer Produktionskosten und im Verhältnis zu der Zollpolitik der anderen, in Konkurrenz zu uns stehenden industriellen Staaten zuteil werden müßte, entweder gar nicht oder nur in ungenügendem Maße zu gewähren. In dieser Beziehung möchte ich Sie nur erinnern an die bedeutungsvollen Vorgänge vor dem Ablauf der in den ersten neunziger Jahren des vorigen Jahrhunderts geschlossenen Handelsverträge. Ich erinnere an den ungenügenden Entwurf für den neuen Tarif, den die Regierung einbrachte. Er zeigte zwar einige Verbesserungen in der größeren Spezialisierung einiger Positionen, und mit dieser größeren Spezialisierung mußte natürlich auch für die wertvolleren Abteilungen einer solchen Position eine Erhöhung des Zolles eintreten. Diese wenigen sachgemäßen Erhöhungen sind aber von unseren Gegnern ausgenutzt worden, um diesen Tarif als einen hochschutzzöllnerischen zu verrufen.

Meine Herren, dabei wurde nicht berücksichtigt, daß, abgesehen von vielen ungenügenden Tarifsätzen, bei über 80 Positionen der Zoll noch unter die Sätze des damals geltenden, niedrigen Vertragstarifs heruntergesetzt war, während es doch für eine weitsichtige Regierung sehr nahe gelegen hätte, sich diese Ermäßigungen, wenn sie überhaupt als notwendig erachtet wurden, als Material für die Verhandlungen über den Abschluß neuer Verträge aufzusparen.

Meine Herren, ich erinnere Sie daran, wie dann dieser Tarifentwurf in der Kommission des Reichstages verunstaltet wurde. Ich erinnere Sie daran, wie in dieser Kommission die Vertreter der Sozialdemokratie, der äußersten Linken, und des Bundes der Landwirte Schulter an Schulter aufs äußerste gegen die Industriezölle gekämpft haben. Ich erinnere Sie weiter daran, wie dieser in der Kommission verstümmelte und verschlechterte Tarif infolge der Obstruktion der radikalen Parteien gewissermaßen durch einen parlamentarischen Staatsstreich ohne zweite Lesung mit allen Unstimmigkeiten angenommen wurde, und wie es dabei den Konservativen, die schon im Plenum eine allgemeine Herabsetzung der Eisenzölle um 25 pCt. beantragt hatten, doch noch gelungen war, eine Herabsetzung der Zölle auf wichtige Artikel der Kleineisenindustrie und aller Maschinenzölle durchzusetzen. Meine Herren, mit einem solchen Tarif war unsere Regierung nur höchst unvollkommen gerüstet in die Verhandlungen über den Abschluß neuer Handelsverträge mit den anderen Staaten eingetreten, die alle, soweit sie in Betracht kamen, durch neue, sehr wesentlich erhöhte Tarife sich für den Kampf ganz anders vorbereitet hatten. Daher, meine Herren, sind diese Handelsverträge für uns ungünstig ausgefallen. Das zu beweisen, war bisher nicht die richtige Zeit; sie wird kommen, wenn diese Periode des Niedergangs vorübergezogen ist.

Freilich sind von der Regierung in der letzten Zeit Versuche gemacht worden, die Behauptung, daß die Handelsverträge der Industrie ungünstig sind, zu widerlegen. Aber, meine Herren, diese Versuche kann ich wohl als mißlungen bezeichnen.

Meine Herren, in sozialistischer Beziehung ist diese Richtung hervorgegangen aus dem von unserem Herrn Vorsitzenden bereits erwähnten Kathedersozialismus. Diese in den sechziger Jahren des vorigen Jahrhunderts von den namhaftesten Professoren der Nationalökonomie eingeleitete Bewegung hatte an sich einen sehr gesunden Kern; denn sie war gerichtet gegen das in Deutschland in vollstem Maße zur Herrschaft gelangte Manchestertum. Dabei konnte natürlich das Verhältnis zwischen Arbeitern und Arbeitgebern, bei dem, nach manchesterlichen Lehren, der Individualismus voll herrschen sollte, um so weniger unbeachtet bleiben, als damals in diesem Verhältnis tatsächliche Mißstände vorhanden waren. Dieser Umstand veranlaßte schon früh die Leiter der kathedersozialistischen Bewegung zu einer recht weitgehenden Parteinahme für die Arbeiter. Diese Bewegung artete aber mehr und mehr aus, je mehr die jüngere Generation der professionsmäßigen Nationalökonomen sich den Lehren der damals mächtig aufsteigenden Sozialdemokratie zuwandten. Dies geschah besonders bei allen das Verhältnis zwischen Arbeitern und Arbeitgebern betreffenden Vorgängen. In diesen Fragen stellten sich jüngere Herren Professoren der Nationalökonomie ganz an die Seite der Sozialdemokratie, diese in Gehässigkeit und Feindseligkeiten gegen die Arbeitgeber fast noch übertreffend. In der Erkenntnis ihrer Schwäche hüteten sich die älteren, von denen diese Bewegung eingeleitet war, der extremen Richtung ernstlich entgegenzutreten; sie marschierten eben mit, wenn auch im Hintertreffen. Nur einzelne von ihnen, wie beispielsweise Brentano, haben die Jüngeren noch überboten, augenscheinlich um an der Spitze dieser für die Industrie so außerordentlich verhängnisvollen Bewegung zu bleiben. (Sehr gut!)

Meine Herren, so kam es, daß von allen deutschen Lehrstühlen der Nationalökonomie insbesondere die Sozialpolitik im Sinne äußerst sozialistischer Anschauungen und weitgehender Voreingenommenheit und Feindseligkeit gegen das Unternehmer- und Arbeitgebertum gelehrt wurde. In diesem Sinne wurden die Angehörigen aller Berufe, denen eine akademische Bildung und damit der Besuch der Hörsäle unserer Nationalökonomie vorhergehen mußte, erzogen, die höheren Staatsbeamten, alle Angehörigen der sogenannten gelehrten Berufe, die Männer der Presse, überhaupt der größte Teil der Gebildeten, die es für notwendig erachtet hatten, vor dem Eintritt in ihren Beruf irgendein akademisches Studium zu machen. Daher ist die böseste Voreingenommenheit gegen die Arbeitgeber Gemeingut der öffentlichen Meinung, wie der gesetzgebenden Körperschaften geworden.

Dazu kam als weiteres treibendes Element das Buhlen um die Gunst der stimmvergebenden Massen. Diese Massen werden in der Hauptsache von den Arbeitern gebildet, die ja, wie Ihnen bekannt, die Feindseligkeit und den Kampf gegen die Arbeitgeber auf ihre Fahne geschrieben haben. So ist es gekommen, daß Feindseligkeit gegen die Arbeitgeber in gewissem Grade auch die Parole der politischen Parteien geworden ist.

Meine Herren, ich muß hervorheben, daß sich diesem Treiben die altkonservative Partei nicht in jedem Falle angeschlossen hat. Wo zu befürchten war, daß die betreffenden Gesetze, Vorschläge oder Anträge auch auf die landwirtschaftlichen Arbeiter zurückgreifen könnten, da waren die Herren natürlich nicht zu haben. (Sehr wahr!) Im übrigen haben sie — jeder, der die parlamentarischen Vorgänge verfolgt hat, wird mir das bestätigen — frisch, froh und fröhlich immer mitgestimmt, wenn es sich um Gesetze gegen die Arbeitgeber handelte. (Sehr wahr!) Eine ganz entschiedene Ausnahme hat die Reichspartei, die freikonservative Partei, gebildet, die sich immer dem Arbeitgeber-, dem Unternehmertum viel freundlicher erwiesen hat. (Sehr richtig!)

Meine Herren, diese Verhältnisse haben die sozialpolitische und die wirtschaftliche Gesetzgebung in eine, wie ich einleitend bemerkte, für die Interessen der Industrie nachteilige und ungünstige Richtung gebracht. In der Sozialpolitik war seit vielen Jahren das Zentrum das führende Element.

Meine Herren, nach der Auflösung des Reichstags im Dezember 1906 wurden die neuen Wahlen vollzogen unter der Parole: gegen das Zentrum und gegen die Sozialdemokratie. Zu dem günstigen Ausfall der Wahlen, die zu Anfang des Jahres 1907 stattfanden — günstig nur insofern, als die Sozialdemokratie stark dezimiert in den Reichstag wieder einzog — hat die Industrie mit außerordentlicher Opferwilligkeit durch die Hergabe reicher Mittel wesentlich beigetragen. Sie durfte wohl hoffen, daß nach den Vorgängen und Erfahrungen der früheren Zeit der Industrie gegenüber eine Aenderung in der Haltung der Regierung und der Parteien eintreten könnte. Aber, meine Herren, zur größten Enttäuschung trat gerade das Gegenteil ein. In der ersten Reichstagssession dieser neuen Legislaturperiode wurden die gewöhnlich schon äußerst langatmigen Verhandlungen über den Etat des Reichsamts des Innern noch ungebührlicher ausgedehnt. Es wurde eine ganz außergewöhnliche Fülle sozialpolitischer Entschließungen, Gesetzesentwürfe und Anträge eingebracht, die ihre Spitze in viel schärferer Weise, als bisher, gegen die Arbeitgeber wandten — ich erinnere Sie nur, um eins herauszugreifen, an die Rede des Abgeordneten Naumann, die er für die Einführung des konstitutionellen Systems in den Fabriken hielt, und die mit frenetischem Jubel fast vom ganzen Reichstage begleitet wurde. — Aus allen diesen Vorgängen zeigte sich, daß die Hoffnungen der Industrie vergeblich gewesen waren. Nur ganz vereinzelt, besonders von Mitgliedern der Reichspartei, wurde Widerspruch erhoben.

Diese Art der Gesetzgebung hatte bereits seit Jahren die Industriellen mit Unmut und mit schwerer Sorge erfüllt; die soeben geschilderten Vorgänge steigerten diese Empfindungen bis zur schärfsten Erbitterung. Wieder hatte man erkannt, daß die Industrie, trotz der aufopferungsvollen Bemühungen einzelner sachkundiger und einsichtiger Freunde im Reichstage, nur höchst ungenügend vertreten sei. Lauter als je zuvor erscholl der Ruf nach einer zahlreicheren, kraftvolleren Vertretung der Interessen der Industrie in unseren gesetzgebenden Körperschaften. Man begnügte sich jedoch nicht mehr mit allgemeinen Erörterungen, sondern von verschiedenen Seiten wurden Vorschläge zur Lösung dieser Frage gemacht.

Als Erster trat Kommerzienrat Menck auf. Er forderte im März 1908 die Bildung eines Bundes der Arbeitgeber. Mitglieder dieses Arbeitgeberbundes sollten werden alle Industriellen, Handwerker und Kaufleute, soweit sie gewerbliche Arbeitgeber im eigentlichen Sinne des Wortes und Mitglieder einer gewerblichen Berufsgenossenschaft seien. Der Vorstand und der Ausschuß dieses großen allgemeinen Arbeitgeberbundes sollte zur Hälfte vom Verein Deutscher Arbeitgeberverbände, zur anderen Hälfte vom Centralverband Deutscher Industrieller gewählt werden.

Auf Widerspruch, der von verschiedenen Seiten ausging, änderte Herr Kommerzienrat Menck nach einigen Monaten seine Vorschläge in etwas. Er wollte, daß dieser große Bund der Arbeitgeber ein vollständig selbständiges politisches Gebilde sein sollte, und er verlangte, daß jede organische Verbindung mit den jetzigen Vertretungskörperschaften des Unternehmertums und der Industrie, den bestehenden wirtschaftlichen und industriellen Vereinen, aufgehoben werden müsse. Denn er betrachtete diese Vereine deswegen nicht als zulässige Grundlage für den neuen Bund, weil in ihnen vielfach verschiedene, sogar entgegengesetzte Meinungen vertreten seien, was er als schädlich für die Wirksamkeit des Bundes erachtete. Aber auch die Arbeitgeberverbände sah er nicht als eine geeignete Grundlage an, weil sie nicht überall von den anderen wirtschaftlichen und industriellen Vereinen scharf geschieden seien. Dadurch erstehe die Gefahr, daß durch die Arbeitgeberverbände Verschiedenheit der Ansichten in den neuen großen Bund getragen werden könnten. Den politischen Parteien gegenüber sollte der Bund der Arbeitgeber sich vollständig neutral halten; seine Mitglieder sollten nur verpflichtet sein, bei den Wahlen unter jeden Umständen ihre Stimme nur für solche Kandidaten abzugeben, die als treue und zuverlässige Freunde der Industrie anerkannt seien. Dabei sollte, nach der Ansicht des Herrn Menck, aber nur die Sozialpolitik in Betracht gezogen werden, da, wie er meinte, in dieser Beziehung Meinungsverschiedenheiten in den Kreisen der Arbeitgeber nicht beständen, während bezüglich aller Fragen der Zoll- und Handelspolitik doch die Ansichten wesentlich auseinander gingen. Meine Herren, so dachte sich — ich kann das ja natürlich nicht im einzelnen weiter ausführen — Herr Menck seinen „Bund der gewerblichen Arbeitgeber Deutschlands".

Mit der Frage, wie die Aufgabe zu lösen sei, eine bessere Vertretung der Industrie in den parlamentarischen und gesetzgeberischen Körperschaften wie im allgemeinen zu beschaffen, hat sich ganz besonders lebhaft und energisch unser Mitglied Herr Dr. Tille beschäftigt. Er ist, wie Ihnen bekannt, Syndikus der Handelskammer Saarbrücken und Geschäftsführer der wirtschaftlichen und industriellen Vereine in dem hochbedeutungsvollen Saargebiet.

Meine Herren, am 27. Januar 1908 hielt Herr Dr. Tille vor einer von jenen Vereinen gemeinschaftlich berufenen Generalversammlung einen Vortrag über das Thema: „Die Arbeitgeberverbände und die politische Vertretung der Industrie." Tille forderte, daß die Vertretung der allgemeinen Interessen der Industrie auf eine allgemeine Arbeitgeberpartei übergehen sollte. Es handelt sich — und dies besonders führte Herr Dr. Tille eingehend aus — nicht um eine Industriepartei, sondern um eine Arbeitgeberpartei. Die Wahrnehmung der wirtschaftlichen

Interessen durch die industriellen und wirtschaftlichen Vereine und die streikabwehrende Tätigkeit der Arbeitgeberverbände umfaßte nach seiner Ansicht nicht das ganze Gebiet der Interessenvertretung des gewerblichen Unternehmertums. Als Drittes sei die politische Betätigung aller Arbeitgeber unbedingt notwendig. Für diese dritte Art der Interessenvertretung wandte Dr. Tille das Wort „Partei", jedoch nur in dem Sinne an, in dem auch der Bund der Landwirte eine Partei sei. Herr Dr. Tille führte den ziffernmäßigen Nachweis, daß diese allgemeine große Arbeitgeberpartei allen anderen Parteien in ihrer Zusammenfassung so unendlich überlegen sei, daß an einem Erfolg, an einem durchschlagenden Erfolg dieser Arbeitgeberpartei nicht zu zweifeln sei. Dabei hielt er scharfe Abrechnung mit den bestehenden Parteien hinsichtlich ihrer die Lohnarbeiter betreffenden Gesetzgebung. Herr Dr. Tille rief die Arbeitgeber auf zur Verteidigung der durch die im Parteileben herrschenden — ich weiß nicht, ob ich das Wort richtig finde — „wirtschaftsisokratischen" Richtungen (Heiterkeit) bedrohten „Grundzüge der liberalen Gesellschaftsordnung". Das war so die Quintessenz seiner Ausführungen. Auch hier bitte ich namentlich meinen verehrten Herrn Kollegen und Freund Dr. Tille um Verzeihung, wenn ich fast nur andeutungsweise seine großen Gedanken und Ziele wiedergebe. Sein Vortrag wurde in 60 000 Exemplaren verbreitet und hat überall außerordentliche Beachtung und die ernsteste Würdigung gefunden.

Meine Herren, später hat Herr Dr. Tille das Wort „Partei" für seinen Arbeitgeberbund fallen gelassen und nur von einem Arbeitgeberbund gesprochen. Er hat daher später mit Recht behaupten können, daß jetzt eigentlich ein tatsächlicher Unterschied zwischen seinen, den sogenannten Saarbrücker Bestrebungen, und den Bestrebungen des Herrn Menck, der sogenannten Hamburger Richtung, nicht mehr bestehe.

Meine Herren, auf denselben Boden stellte sich die sogenannte Hannoversche Richtung, die in Bewegung gesetzt wurde durch den Hannöverschen Arbeitgeberverband und durch den Fabrikantenverein für Hannover, Linden und benachbarte Bezirke. Sie zog auch die dort sehr bedeutende Mittelstandsströmung in ihren Kreis.

Herr Dr. Tille hielt am 25. Januar d. J. in Hannover einen Vortrag und hatte sich der allgemeinen Zustimmung der dortigen Industriellen, der Angehörigen des Handels, des Handwerks und der bedeutendsten Kreise des Mittelstandes zu erfreuen.

Eigentümlich für Herrn Tille war es, daß er die bestehenden politischen Parteien und deren Programme als überlebt und daher als wert erachtete, zu verschwinden. An ihre Stelle sollten Parteien lediglich auf wirtschaftlicher Grundlage treten, zunächst der große allgemeine Arbeitgeberbund.

Der Verband Sächsischer Industrieller beschloß am 18. April 1908, ähnlich wie es der Bund der Industriellen schon getan hatte, sich an den Bestrebungen der Industrie, behufs besserer Vertretung ihrer Interessen sich politisch fester zusammenzuschließen, nicht zu beteiligen. Ich vermute, daß die Herren Dr. Stresemann und Dr. Wendlandt wohl dabei von dem Gedanken befangen waren, daß der Centralverband diesen Plänen und Vorschlägen näher stände, als es in der Tat jemals der Fall gewesen ist. Meine Herren, Herr Dr. Stresemann hat in einem durch zwei Nummern gehenden Artikel in der „Neuen Revue" über „Industriepolitik" geschrieben. Er vertrat die Ansicht, daß es sich um eine Industriefrage, also um eine wirtschaftliche Frage handele, weniger um eine spezieller die Arbeitgeber betreffende Frage. Mit den politischen Parteien müsse gerechnet werden, daher mache er keine neuen Vorschläge für die Organisation der Industrie. Im allgemeinen empfahl Dr. Stresemann eine größere, regere Beteiligung der Industriellen am politischen Leben und verwies dabei als Beispiel auf Sachsen, wo es gelungen sei, unter 82 Mitgliedern der sächsischen Zweiten Kammer 30 Industrielle und allein 25 Mitglieder des Verbandes Sächsischer Industrieller hineinzubringen.

Nun, meine Herren, ohne Frage ist das ein außerordentlich großer Erfolg, der hauptsächlich der großen energischen und umsichtigen Tätigkeit des sächsischen Verbandes und namentlich seines Geschäftsführers, des Herrn Dr. Stresemann, zu verdanken ist. Aber, meine Herren, ich möchte behaupten, daß dieser Erfolg doch wesentlich durch die speziellen sächsischen Verhältnisse begünstigt worden ist, daß die Verhältnisse im Reiche und wohl auch in den anderen Bundesstaaten wesentlich anders liegen. (Sehr richtig!)

Meine Herren, die hochbedeutungsvolle sächsische Industrie tritt, abgesehen von einer nicht geringen Zahl sehr großer bedeutender Industrien, von denen einzelne zu den bedeutendsten in unserem Vaterlande gehören, doch in ihrer Gesamtheit mehr in die Erscheinung in zahlreichen mittleren und kleineren Betrieben, die ja an sich auch ungemein leistungsfähig sind. Diese Betriebe sind fast über das ganze Land ausgebreitet. Rein landwirtschaftliche Distrikte sind in Sachsen nur in geringer Zahl und nur in räumlich beschränktem Umfange vorhanden. Unter diesen Umständen konnte es wohl einer tatkräftig geleiteten Industrie gelingen, besonders unter dem alten Wahlgesetz einen Einfluß auf die Wahlen auszuüben.

Meine Herren, wie anders liegen die Verhältnisse beispielsweise in Preußen! Preußen ist ja das Land, eigentlich die Heimat der sogenannten großen Industrien. Diese Industrien sind aber in einzelnen Großstädten und in einzelnen Bezirken zusammengedrängt, deren Umfang im Verhältnis zu der großen Ausdehnung des übrigen preußischen Gebietes doch nur sehr gering ist. In dem übrigen preußischen Gebiet aber herrscht die Landwirtschaft fast vollständig; die Industrien sind darin zersprengt, oder auch in weiten Gebieten gar nicht vorhanden.

Meine Herren, dazu tritt der bedeutungsvolle Umstand, daß die ländlichen Arbeiter, für die ja bekanntermaßen im Deutschen Reich die Koalitionsfreiheit der Gewerbeordnung noch nicht besteht, unter dem vollen Einfluß der landwirtschaftlichen Arbeitgeber stehen, auch in bezug auf die Wahlen, während die Industriearbeiter, namentlich in den großen Städten und in den konzentrierter liegenden Gebieten der Großindustrie unter dem Einfluß sozialdemokratischer oder anderer, in jedem Falle aber arbeitgeberfeindlicher Arbeiterorganisationen stehen. Das, was in Sachsen erreicht worden ist, würde hier in Preußen niemals, selbst bei der energischsten Tätigkeit zu erreichen sein. Wie aber die Verhältnisse im Reiche anders geartet sind, das hat Sachsen selbst an seinem eigenen Leibe erfahren bei den Wahlen im Jahre 1903; denn da sind, mit Ausnahme eines einzigen Wahlbezirks, nur Sozialdemokraten gewählt worden.

Meine Herren, die letzten Wahlen wurden vollzogen unter dem mächtigen Anstoß einer stark aufgerüttelten großen patriotisch-nationalen Bewegung. Dem Umstande ist es zuzuschreiben, daß bei diesen Wahlen im Jahre 1907 auch in Sachsen der Sozialdemokratie eine Reihe von Mandaten entrissen wurde. Wir wollen abwarten, ob bei den nächsten Wahlen dieser große patriotische Zug noch anhalten bzw. sich wieder betätigen wird, ob es da den Sachsen gelingen wird, die Sozialdemokratie wieder aufs Haupt zu schlagen.

Jedenfalls aber, meine Herren, kann die große Frage, wie eine bessere Vertretung der Industrie in unseren parlamentarischen Körperschaften herbeizuführen ist, nicht als gelöst betrachtet werden durch den Hinweis auf die Erfolge, die in Sachsen bei den Wahlen zur Zweiten Kammer unter dem alten Wahlgesetz erreicht worden sind.

Meine Herren, dann hat Herr Regierungsrat Professor Dr. Leidig im vorigen Jahre den Vorschlag gemacht, einen „Industrieverband der nationalliberalen Partei" zu bilden. Dieser Vorschlag stieß bei den Parlamentariern wie bei der Industrie aus naheliegenden

Gründen, die ich hier nicht weiter anführen will, auf so entschiedenen Widerspruch, daß ihm keine Bedeutung beizulegen ist.

Das gleiche darf ich von einem anderen Vorschlage sagen, der dahin ging, ein „Industrie- und Handelskomitee der nationalliberalen Partei" zu errichten.

Rechtsanwalt König, der Geschäftsführer des Verbandes der Bayrischen Metallindustriellen, hat im November vorigen Jahres über denselben Gegenstand eine Broschüre in Nürnberg erscheinen lassen. Er verlangt zunächst die vollständige Durchführung der Organisation der Arbeitgeberverbände. Ihre Aufgabe solle nicht allein in der Abwehr der Angriffe der Arbeiter und im Streikschutz, sondern in der Vertretung der Industrie auch bezüglich ihrer anderen Interessen bestehen. Die Arbeitgeberverbände betrachtet er als die richtigen Stätten, in denen die Arbeitgeber ausgebildet werden sollten, um in den lokalen politischen Vereinen und Parteikomitees tätig mitzuwirken. Das sei von außerordentlicher Bedeutung, weil in diesen Vereinen und Komitees die Kandidaten aufgestellt würden und von den Beschlüssen dieser Lokalvereine und Komitees sehr oft auch die Haltung der betreffenden Parteien beeinflußt würde. Den Arbeitgeberverbänden sollte, wie er meinte, eine aufklärende sozialpolitische Tätigkeit zugewiesen werden, in sie sei der Schwerpunkt der sozialpolitischen Tätigkeit des Unternehmertums zu legen. Vor allem müsse die ganze Bewegung in den Arbeitgeberverbänden mehr zentralisiert werden und zu diesem Zwecke zunächst eine Verschmelzung des Vereins Deutscher Arbeitgeberverbände mit der Hauptstelle Deutscher Arbeitgeberverbände stattfinden.

Nun, meine Herren, es ist über diese Sache niemals etwas veröffentlicht worden; ich sehe aber keine Veranlassung, warum nicht auch darüber einmal in der Oeffentlichkeit, wenigstens hier in unserem Ausschusse Mitteilungen gemacht werden sollen.

Meine Herren, vor ungefähr 1½ Jahren — ich glaube, so lange ist es her — war der Centralverband in außerordentlicher Selbstverleugnung mit Vorschlägen an den Verein Deutscher Arbeitgeberverbände herangetreten, um eine Verschmelzung dieser beiden Gruppen herbeizuführen. Meine Herren, diese Bestrebungen sind an dem Widerstande des Vereins Deutscher Arbeitgeberverbände gescheitert. Sie sind in der Hauptsache gescheitert wegen der Beitragsfrage.

Meine Herren, bei der Begründung der Hauptstelle Deutscher Arbeitgeberverbände ist es, wie Sie sich erinnern werden, abgelehnt worden, bei dieser größere Mittel anzusammeln, um für die Kämpfe gerüstet zu sein. Man hielt es für besser, das Geld zurückzubehalten.

Ich habe das damals als einen großen Fehler betrachtet, und diese Ansicht hat sich bei mir nicht geändert. Immerhin haben sich doch die Mitglieder der Hauptstelle bereit erklärt, derart hohe Beiträge zu zahlen, daß es gelungen ist, allmählich ein kleines Stammvermögen anzusammeln, das außerordentlich günstig gewirkt hat. (Sehr richtig!) Meine Herren, es sind in einer ganzen Anzahl von Fällen dadurch Erfolge erzielt worden, daß wir mit verhältnismäßig kleinen Mitteln — die höchste Summe, die einmal ausgezahlt wurde, ist, glaube ich, 70- oder 80 000 M. gewesen; aber das ist ein Unikum — dahin gewirkt haben, daß die Arbeitgeber, die in einen Streit mit ihren Arbeitern geraten waren, ausgehalten und gesiegt haben. Die Aussicht, daß sich die Hauptstelle mit ihren Mitteln hinter die Arbeitgeber stellen könnte, hat in nicht wenigen Fällen schon die Wirkung gehabt, daß die Arbeiter den Kampf aufgegeben haben. (Sehr richtig!)

Nun, meine Herren, der Verein Deutscher Arbeitgeberverbände erhebt nur außerordentlich kleine Beiträge zur Deckung seiner Verwaltungskosten, die, nach den ihm eigentümlichen Einrichtungen, ungemein gering sind. Der Verein Deutscher Arbeitgeberverbände behauptet auch, daß er mit Rücksicht auf das Handwerk, das ihm in verhältnismäßig großem Umfange angehört, nicht in der Lage sei, höhere Beiträge zu erheben. Das ist richtig. Deswegen hatten wir in unserem Vorschlage gesagt, man möge vorläufig das Handwerk aus der allgemeinen Organisation ausschließen. Aber wir beabsichtigen durchaus nicht, das Handwerk ins Leere fallen zu lassen, denn, meine Herren — diese Ansicht habe ich stets vertreten —, die größten Industrien sind außerordentlich daran interessiert, daß das Handwerk nicht unter die Herrschaft der Arbeiter kommt. (Sehr wahr!) Jede Niederlage des Handwerks wirkt zurück auf die Verhältnisse der Arbeiter und Arbeitgeber in den größten Betrieben, sie stärkt das Selbstbewußtsein und die aggressive Kraft der Arbeiter. Daher beabsichtigten wir, daß, wenn sich die große Industrie ganz zusammengeschlossen hat, eine besondere Organisation für das Handwerk, mit starker Unterstützung seitens der großen Arbeitgeber, gebildet werden sollte.

Wie wichtig der Besitz eines Fonds ist, zeigte sich bei einem großen Mitgliede des Vereins Deutscher Arbeitgeberverbände, in der Holzindustrie. Als die Arbeiter der Holzindustrie wegen partieller Streiks ausgesperrt wurden, waren die Arbeitgeber in höchster Not, denn die kleinen Betriebe erklärten, sie könnten den Streik nicht mehr aushalten, wenn sie nicht unterstützt würden. Der Verein Deutscher Arbeitgeberverbände hatte kein Geld, und mit seiner Genehmigung kamen die Holzindustriellen zur Hauptstelle und verlangten eine Unterstützung, die wir ihnen in einem Darlehn von 50 000 M. gewährten, die am anderen Tage ausgezahlt wurden. Dieses Darlehn ist teilweise zurückgezahlt, teilweise von uns niedergeschlagen worden. — Da erkannte der Verein Deutscher Arbeitgeberverbände die Bedeutung des Vorhandenseins von Barmitteln. Er versuchte auch, einen gewissen Fonds zu bilden. Dieser Versuch ist aber nur sehr teilweise gelungen, da ein Teil seiner Mitglieder der Aufforderung, Einzahlung zu leisten, überhaupt nicht folgte, andere nur kleine Beträge bewilligten, zur höchsten Unzufriedenheit derer, die der Forderung des Vorstandes ganz nachgekommen waren.

Beiträge in der Höhe, wie sie von der Hauptstelle erhoben werden, auch bei sich einzuführen, wurde von dem Verein Deutscher Arbeitgeber abgelehnt. Da in weiten Kreisen der Industriellen nur äußerst geringe Opferwilligkeit besteht, so ist es erklärlich, daß sie sich derjenigen Stelle zuwenden, von der die geringsten Beiträge verlangt werden.

Meine Herren, in dieser Weise sind die Verhandlungen endgültig gescheitert. Es ist freilich zu einem Kartell zwischen der Hauptstelle und dem Verein Deutscher Arbeitgeberverbände gekommen, dessen Bedeutung nach der Individualität dessen, der das Urteil abgibt, auch beurteilt werden möge.

Meine Herren, alle Vorschläge, die hier besprochen worden sind, um eine bessere Vertretung der Industrie herbeizuführen, sind von verschiedensten Seiten stark kritisiert, wohl auch teilweise zurückgewiesen worden. Ich kann wohl die Hamburger, die Saarbrücker und die Hannoversche Richtung hier zusammen behandeln. Die Richtungen verlangten den Zusammenschluß aller gewerblichen Arbeitgeber in Industrie, Baugewerbe, Handwerk, Handel und Verkehr in einem Bund, der ein selbständiges politisches Gebilde sein sollte zur Erlangung einer besseren Vertretung der Industrie in den parlamentarischen Körperschaften. Menck will diesen Bund nur mit der Sozialpolitik beschäftigen, weil er von der Auffassung ausgeht, daß auf diesem Gebiete die Ansichten aller Arbeitgeber übereinstimmen. Das ist ein außerordentlicher Irrtum. Nehmen Sie die Frage der Arbeiterausschüsse, der Tarifverträge, der Zweckmäßigkeit der Verhandlung mit den Organisationen der Arbeiter oder deren Führern (sehr richtig!), der Arbeitsdauer, der Reorganisation der Krankenkassen und noch manche anderen Gebiete; da gehen die Ansichten der Arbeitgeber und Unternehmer außerordentlich weit auseinander und sind zum Teil ganz entgegengesetzt. Also, meine Herren, es ist ein Phantom, wenn man in dieser Beziehung von einer übereinstimmenden Ansicht der Arbeitgeber sprechen will.

Meine Herren, die wirtschaftlichen und industriellen Vereine können auch eine Grundlage für den neuen Bund in keiner Weise bilden, da die Ansichten beispielsweise in bezug auf Zollfragen und Handelspolitik, auf Syndikatswesen in ihnen vielfach auseinandergehen, teilweise entgegengesetzt sind.

Meine Herren, Menck will, daß sein Bund keiner politischen Partei angehöre. Das ist vollkommen richtig. Er sagt, dieser Bund der Arbeitgeber solle ganz in derselben Weise wirken wie der Bund der Landwirte, der ja keine politische Partei sei. Rechtsanwalt König weist in seiner Schrift nach, daß diese Ansicht des Herrn Menck über den Bund der Landwirte durchaus irrtümlich sei. Er weist nach, daß der Bund der Landwirte in innigstem Zusammenhang mit der konservativen Partei steht. Er weist nach, daß der Bund der Landwirte sich auf das intensivste mit allen politischen Tagesfragen beschäftigt, und, meine Herren, die letzte Zeit hat ja den krassesten Beweis gegeben, wie intensiv und wie machtvoll der Bund bei der Reichsfinanzreform in die politischen Verhältnisse eingegriffen hat. Der Bund hat auch ein politisches Programm für die Wahlen, welches ihn ja bekanntermaßen auch mit den Mittelstandsparteien in Konflikte gebracht hat.

Das Hauptargument des Herrn Rechtsanwalt König gegen die Vorschläge der Herren Menck und Dr. Tille ist, daß die Propagierung des rücksichtslosen Interessenkampfes jedenfalls unter Umständen zu dem Verlangen führen könnte, daß die Mitglieder des Bundes ihre sonstigen politischen Meinungen und Ansichten vollständig verleugnen müssen, und dieser Umstand würde sehr viele, wenn nicht die meisten Arbeitgeber abhalten, sich dem neuen Bunde anzuschließen.

Dr. Tille geht noch weiter als Menck. Ich habe schon erwähnt, er will die politischen Parteien als abgetan betrachten, er will in Zukunft nur Parteien für die Vertretung der wirtschaftlichen Interessen anerkennen. Dagegen bemerkt König, daß die Existenz der politischen Parteien schon deswegen geboten und „faktisch" sei, weil eben in den allermeisten Fällen sich eine reine Grenzlinie zwischen politischen, wirtschaftlichen und sozialpolitischen Fragen nicht ziehen lasse. Deshalb sei die Ansicht, daß die politischen Parteien ausgeschaltet werden könnten, ein Phantom.

Rechtsanwalt König bezeichnet als einzig mögliche Grundlage für die auf die wirkungsvolle Vertretung der industriellen Interessen gerichteten Bestrebungen nur die Arbeitgeberverbände. Darin, meine Herren, trete ich ihm entschieden entgegen. (Handelskammersyndikus Professor Dr. Lehmann-Aachen: Sehr richtig!) Ich behaupte, daß die Arbeitgeberverbände zu diesem Zwecke weder benutzt werden können noch benutzt werden dürfen (sehr richtig!), und zwar aus folgenden Gründen. Meine Herren, die Gewerkschaften der Sozialdemokratie und die anderen erkennen heute unumwunden die Ueberlegenheit der Arbeitgeberverbände und der in ihnen vereinigten Kräfte an. Das veranlaßt die Gewerkschaften jedoch nicht, eine friedliche Haltung den Arbeitgebern gegenüber einzunehmen. Während der Zeit des Niederganges haben sie sich wohlweislich ruhig verhalten, und die größeren beachtenswerten Streiks, die in dieser Zeit stattgefunden haben, sind meistens gegen den Willen der Organisationen von unbotmäßigen Mitgliedern der Gewerkschaften angezettelt worden. Aber, meine Herren, sie haben diese Zeit als Vorbereitungszeit für die Kämpfe betrachtet, die sicher einsetzen werden, wenn bessere Zeiten herankommen, Kämpfe, die sie als die Entscheidungskämpfe betrachten. Und die Organisationen der Arbeiter haben sich in einer großartigen Weise gerüstet, denn ihnen stehen heute Mittel in Höhe von mehr als vierzig Millionen zur Verfügung. Die Hauptstelle Deutscher Arbeitgeberverbände hat es glücklich auf $^3/_4$ Millionen gebracht.

Meine Herren, unter diesen Umständen ist es erforderlich, daß die Organisationen der Arbeitgeber — darin stimme ich dem Herrn Rechtsanwalt König bei — mit aller Kraft soweit als irgend tunlich ausgebildet, daß alle Hindernisse, die dieser Ausbildung entgegenstehen oder entgegenstehen könnten, beseitigt werden. Eines der wesentlichsten Hindernisse liegt in dem Konflikte der einzelnen bezüglich ihrer Ansichten und derjenigen Ansichten und Meinungen, die in und von den Arbeitgeberverbänden vertreten werden. Daher meine ich, daß von den Arbeitgeberverbänden alle Momente ausgeschieden werden müssen, die solche Hindernisse bieten. Daher müssen wirtschaftliche und politische Fragen, sogar sozialpolitische aus der Behandlung der Arbeitgeberverbände ausgeschieden werden, soweit sie nicht ganz genau und notwendig mit den doch immerhin sehr eng begrenzten Gebieten der sozialpolitischen Tätigkeit und den Aufgaben der Arbeitgeberverbände verbunden sind; denn nur dadurch können die Hindernisse weggeräumt werden, die zahlreiche große Kreise der Arbeitgeber heute noch verhindern, den Arbeitgeberverbänden sich anzuschließen.

Meine Herren, nach diesem Prinzip ist in der Hauptstelle immer verfahren worden, mit einer einzigen Ausnahme, die ich nicht gebilligt habe. Daher, meine Herren, bin ich auch Gegner des Programms, welches vor einiger Zeit Herr Kommerzienrat Menck für die Arbeitgeberverbände und deren Tätigkeit herausgegeben hat, ein Programm, nach dem sich diese Arbeitgeberverbände mit den allermeisten der großen schwebenden Tagesfragen auf politischem oder sozialpolitischem Gebiet beschäftigen sollen.

Meine Herren, alle diese Erwägungen, die ich mir erlaubt habe hier vorzutragen, sind auch in Ihrem Direktorium des Centralverbandes erörtert und gewürdigt worden, und das Direktorium ist namentlich bei sehr eingehender Prüfung der Vorschläge der Herren Menck und Tille zu der Ueberzeugung gekommen, daß keine allgemeine politische Zusammenfassung der Industrie geeignet wäre, den Zweck zu erfüllen, den wir verfolgen: einer besseren, wirkungsvolleren Vertretung der Industrie. Das Direktorium ist deshalb schon im vorigen Jahre in seiner am 13. und 14. September in Heidelberg abgehaltenen Sitzung zu der Entschließung gekommen, Ihnen einen Vorschlag zu machen, der, wie ich von vorherein zugebe, nur einen palliativen Charakter hat, der aber doch geeignet erscheint, bei den Wahlen unter Umständen ein günstiges Ergebnis für die Industrie herbeizuführen.

Meine Herren, solange politische Wahlen bestehen, ist es die vornehmlichste Aufgabe der Parteien immer gewesen, so viel Geld als möglich zum Zwecke der Verwendung bei den Wahlen zusammenzubringen. Von Zeit zu Zeit, namentlich in den Zeiten vor den Wahlen, erscheinen die eindringlichsten Mahnungen der Parteien an ihre Mitglieder, Geld, möglichst viel Geld für die Wahlen herzugeben. An diesen Vorgängen beteiligen sich die angesehensten, hervorragendsten Führer der Parteien, an deren Charakter auch nicht der Schatten eines Makels haftet.

Meine Herren, daraus kann zweierlei gefolgert werden. Zunächst, daß mit Geld auf den Ausfall der Wahlen im Interesse derer, die es hergeben, eingewirkt werden kann, und zweitens, daß die Sammlung und Verwendung von Geldern zu Wahlzwecken allseitig als vollkommen legal angesehen wird.

Meine Herren, je nach dem Kulturstande der Völker, in denen die Wahlen vollzogen werden, ist auch mit Geld, etwa durch Wahlbestechung oder Stimmenkauf, Mißbrauch getrieben worden. Solange aber in deutschen Staaten und im neuen Reiche gewählt wird, sind selbst bei den heftigsten, die Leidenschaften tief aufwühlenden Wahlkämpfen Fälle der Bestechung und des Stimmenkaufs nur äußerst selten vorgekommen. Sie sind stets von der Gegenpartei aufgedeckt worden und vom Strafrichter geahndet worden. Daher ist es verfehlt und geschmacklos, wenn, wie es in der Presse geschehen ist, in Verbindung mit dem Beschlusse des Direktoriums von Wahlbestechung und Stimmenkauf gesprochen wurde.

Meine Herren, das Direktorium schlägt Ihnen also vor, einen industriellen Wahlfonds, wie ich ihn nennen möchte, zu bilden, aus dem, ohne Ansehung der nationalen Partei, der die betreffenden Kandidaten angehören, alle unterstützt werden sollen, von denen anzunehmen ist, daß sie die Interessen der Industrie in wirtschaftlichen und sozialpolitischen Fragen im Sinne der Ansichten vertreten werden, die mit den Bestrebungen und Beschlüssen des Centralverbandes und der ihm angeschlossenen Körperschaften nicht in Widerspruch stehen.

Meine Herren, das Direktorium hat erst in letzter Zeit seinen vor länger als einem Jahre gefaßten Beschluß bekannt gemacht. Das lag daran, weil die Erwägungen über die Ausführung doch nicht so ganz leicht waren, ferner aber auch daran, daß die Kräfte des Centralverbandes im vorigen Jahre durch die drei Delegiertenversammlungen des Winters, durch die Behandlung der Reichsfinanzreform, bei der wir ja auch sehr entschieden mitgearbeitet haben, und schließlich auch durch die Reichsversicherungsordnung so sehr in Anspruch genommen waren, daß wirklich eine Beschäftigung mit anderen, wenn auch noch so bedeutenden Tagesfragen nicht mehr vorgenommen werden konnte.

Meine Herren, dazu kam aber für das Direktorium die Erwägung, daß in den letzten Phasen der Beratung über die Reichsfinanzreform doch die Möglichkeit einer Auflösung des Reichstages nähergerückt schien. Dieser Umstand hat besonders das Direktorium veranlaßt, mit seinem Vorschlage hervorzutreten und ihn Ihrer Entscheidung zu unterbreiten.

Meine Herren, hinsichtlich der Ausführung — das finden Sie in den Resolutionen ausgedrückt, die Ihnen unterbreitet sind — hat das Direktorium zunächst den Grundsatz aufgestellt, daß mit der Sammlung und mit der Verwendung dieses Fonds der Centralverband absolut nichts zu tun haben soll. Nicht etwa, weil er sich zu einer solchen Tätigkeit nicht eigne oder weil er irgendwie Bedenken tragen müßte, mit einer solchen Tätigkeit frank und frei vor die Oeffentlichkeit zu treten; das nicht, meine Herren, andere Gründe waren dabei maßgebend. Unverkennbar besteht in einzelnen Kreisen seiner Mitglieder ein vielleicht auf einer gewissen Mißgunst beruhendes Widerstreben, dem Centralverbande größere Mittel zur Verfügung zu stellen. Auf diesen Gedanken bin ich namentlich gekommen bei dem lebhaften Widerstand, der dem einzig richtigen Gedanken, bei Begründung der Hauptstelle Deutscher Arbeitgeberverbände einen sogenannten Juliusturm zu errichten, entgegengestellt wurde. Das Direktorium wollte seinen jetzigen so bedeutungsvollen Antrag nicht der Gefahr aussetzen, aus ähnlichen Gründen, ich könnte vielleicht auch sagen aus ähnlichen Vorurteilen, bekämpft zu werden. Daher hat das Direktorium beschlossen, daß der Centralverband nichts mit dieser Sache zu tun haben soll. Aber der Aufgabe, die Sache in die Wege zu leiten, wird sich der Centralverband nicht entziehen können.

Es wird also vorgeschlagen, diese Sammlung, Verwaltung und Verwendung des Wahlfonds einem vollständig selbständigen Komitee, einem Ausschuß, wie Sie es nennen wollen, zu übertragen, der aus hochangesehenen, einflußreichen Männern, die das volle Vertrauen aller Industriellen ihres Bezirks besitzen, aus den verschiedenen Teilen des Reiches zu bilden ist.

Wie soll nun dieser Ausschuß gewählt werden, wie soll er überhaupt zustande kommen? Meine Herren, zu sagen, wir wollen einen solchen Ausschuß heute wählen, halte ich für außerordentlich unpraktisch, denn wie werden solche Wahlen vollzogen? Der eine oder der andere, der sich dazu berufen fühlt, ruft einen Namen in die Versammlung hinein. Der muß natürlich vom Vorsitzenden aufgegriffen werden. Eine Zensur, eine Kritik kann nicht geübt werden, und der Mann ist schon eo ipso gewählt, ob er sich eignet oder nicht, weil er einen guten Freund hat oder weil derjenige, der seinen Namen nennt, eine besondere Veranlassung hat, ihn hochzuhalten, ihn zu ehren und ihn also bei einer solchen Gelegenheit zu nennen. Meine Herren, bei der Wahl der Kommission zur Begutachtung des Elektrizitätssteuergesetzes habe ich daher schon ein anderes Verfahren eingeschlagen. Es wurden die größten und bedeutendsten unserer Vereine, die ein Interesse daran haben, aufgefordert, nach bester Ueberlegung ein Mitglied in diese Kommission zu senden. Das hatte zur Folge, daß die Kommission vortrefflich zusammengesetzt war und ausgezeichnet gearbeitet hat. Meine Herren, das Direktorium schlägt Ihnen vor, bei der Wahl der bedeutungsvollen Kommission zur Verwaltung des Wahlfonds ebenso zu verfahren, und zwar soll eine Reihe von Vereinen ermächtigt werden, je ein Mitglied dieser Kommission zu ernennen.

Nun, meine Herren, kann man bei der Auswahl dieser Vereine von verschiedenen Prinzipien ausgehen. Man kann sagen, wir wollen die größten und bedeutendsten Vereine aussuchen, auch solche Vereine, die sich über das ganze Reich erstrecken, und allen diesen die Befugnis erteilen, Mitglieder in den Ausschuß zu wählen. Das Direktorium schlägt Ihnen ein anderes Prinzip vor, nicht in erster Reihe nach der Bedeutung, der Größe und der Art dieser Vereine zu fragen, sondern die Vereine so zu bezeichnen, daß dadurch Vertreter aus allen Teilen des Reiches in die Kommission kommen. Meine Herren, Ihnen ist eine Liste der Vereine vorgelegt, die zu diesem Zwecke Ihnen vorgeschlagen werden. Sie finden, daß da die Industrie aus allen Teilen des Reiches vertreten ist. Da ist der Verein für den östlichen Teil von Rheinland und Westfalen, der bergbauliche Verein, dann kommt für die übrigen nördlichen Teile der Rheinprovinz der Verein zur Wahrung der gemeinsamen wirtschaftlichen Interessen in Rheinland und Westfalen, es kommt dann der Mittelrheinische Fabrikantenverein, dann für den Süden die Vereine an der Saar, ein Verein für Elsaß-Lothringen. Meine Herren, für Baden und Württemberg haben wir keine konzentrierten industriellen Vereine, es ist Ihnen daher vorgeschlagen der Verein Süddeutscher Baumwollindustrieller, und, meine Herren, für Bayern wieder, wo ein alle Industrien gemeinsam umfassender Verein besteht, der Bayerische Industriellen-Verband; für Sachsen, wo auch eine solche konzentrierte Vereinigung der Industrie für uns nicht besteht, der Arbeitgeberverband der Sächsischen Textil-Industrie, für Oberschlesien der Berg- und Hüttenmännische Verein, für Niederschlesien der Verein der Textilindustriellen; für den ganzen Osten der Verband der Ostdeutschen Industriellen und für Norddeutschland die Norddeutsche Gruppe des Vereins Deutscher Eisen- und Stahlindustrieller. Dann sind noch ein paar Vereine genannt, um die Zahl 15 herauszubekommen. Sie sehen aber, daß das Prinzip, so zu verfahren, daß aus jedem bedeutenden Teile unseres Vaterlandes ein Vertreter in die Kommission kommt, wahrscheinlich richtig durchgeführt ist. Ihnen ist die Liste vorgelegt worden, um, wenn Sie sie nicht für richtig halten, Aenderungen beantragen zu können. Ich bitte Sie aber, meine Herren, davon abzusehen, als Vertreter des einen oder anderen Vereins ihn wegen seiner Bedeutung oder wegen anderer Eigenschaften hier in Vorschlag zu bringen. Denn, meine Herren, das Prinzip, welches bei der Auswahl der Vereine leitend gewesen ist, würde dadurch durchbrochen werden, und das würde vielleicht nicht gut für die künftige Zusammensetzung der Kommission sein.

Nun, meine Herren, bin ich davon überzeugt, daß den Mitgliedern der Kommission eine außerordentlich verantwortungsvolle und schwere Arbeit auferlegt werden wird, und namentlich der Vorsitzende, der seinen Sitz in Berlin wohl wird haben müssen, wird eine große Arbeit zu übernehmen haben. Ich sehe voraus, daß die Gewinnung dieser Personen auf große Schwierigkeiten stoßen wird. Aber, meine Herren, es hat in der deutschen Industrie bisher an weitblickenden, großzügigen und opferwilligen Männern nicht gefehlt, die immer zu haben waren, wenn es galt, die Interessen der Industrie zu vertreten. Ich bin überzeugt, daß das auch in Zukunft sicher der Fall sein wird. Wir werden diese Kommission zusammen bekommen auf dem Wege, der Ihnen vorgeschlagen wird.

Ferner soll die Kommission verpflichtet sein, eine Geschäftsstelle zu unterhalten. Dem Geschäftsführer wird die Aufgabe zufallen, sich über die Verhältnisse in den Wahlkreisen zu informieren, Vertrauensmänner in den betreffenden Wahlkreisen anzustellen und seine Vorschläge für das Vorgehen bei den Wahlen dem Komitee zu unterbreiten.

Meine Herren, diese Arbeit erscheint auf den ersten Blick ungeheuer groß. Das ist sie aber in der Tat nicht, denn aus der Arbeit scheidet von den 397 Wahlkreisen, die wir im Reiche haben, über die Hälfte schon aus als solche, die als unerschütterliche Burgen irgendeiner Partei angesehen werden müssen. Wir würden töricht handeln, wenn wir, um einen vollständig aussichtslosen Kampf zu führen, Zeit, Kraft und Geld auf solche Wahlkreise verschwenden wollten. Aber auch in den anderen Wahlkreisen, wo doch keine nationale Partei ausgeschlossen sein soll — wir wollen Konservative, Nationalliberale, Freisinnige unterstützen, wenn sie sich als Freunde der Industrie betätigen — wird nicht überall zu wirken sein. Ich würde es schon als einen ganz kolossalen Erfolg betrachten, wenn wir bei den nächsten Wahlen nur zehn Abgeordnete mehr als Freunde und Vertreter der Interessen der Industrie in den Reichstag bekommen können. Denn, meine Herren, ich gehe durchaus nicht so weit, die der Industrie so ungünstige Haltung der Parteien überall auf bösen Willen zurückzuführen. Wie ich schon andeutete, die Sucht, sich bei den Massen beliebt zu machen, mag ja vielfach mitspielen, in der Hauptsache aber sind es theoretische Auffassungen, in der Hauptsache ist es vollständige Unkenntnis der einschlägigen, tatsächlichen Verhältnisse, die die Abgeordneten dazu treibt, eine derartige Gesetzgebung in die Wege zu leiten. Wenn wir da außer den wenigen verständnisvollen, sachkundigen, opferwilligen Freunden, die wir jetzt schon haben, und die, wie ich weiß, unsäglich gearbeitet haben und arbeiten, um die Interessen der Industrie zu wahren, nur noch zehn neue hineinbekommen, die in gleicher Weise arbeiten, so müßte das schon als ein großer Erfolg betrachtet werden.

Dann, meine Herren, machen wir Ihnen weiter den Vorschlag, als Maßstab für den Beitrag zum Wahlfonds die Lohnsumme zu betrachten. Auch dagegen können ja Bedenken erhoben werden, daß dieser Maßstab nicht vollständig gerecht ist; jedenfalls aber ist er viel gerechter als die Zahl der Arbeiter, namentlich mit Bezug auf diejenigen großen Industrien, die auch verhältnismäßig billige Arbeiter verwenden, wie beispielsweise die Textilindustrie, die so viele jugendliche und weibliche Personen beschäftigt.

Meine Herren, das geht nicht, daß auch bei dieser Gelegenheit wieder nur diejenigen herangezogen werden, die infolge ihres weiten Blicks und ihrer großherzigen Auffassungen immer zu haben sind, wenn es heißt, für die Interessen der Industrie Opfer zu bringen, Geld herzugeben. Das soll nach meiner Auffassung wenigstens in diesem Falle unter allen Umständen vermieden werden. Diesmal soll die Gesamtheit der im Centralverbande vereinigten Industriellen, unter gerechter Bemessung der Verhältnisse eines jeden, diese Beiträge zum Wahlfonds gewissermaßen als eine Steuer auf sich nehmen, die nicht für das nächste Jahr allein, nicht für die nächsten Jahre, sondern für lange Zeit zu zahlen sein wird. Denn, meine Herren, um wirklich durchschlagende Erfolge bei den fünfjährigen Neuwahlen zu erreichen, ist eine jahrzehntelange Tätigkeit nach dieser Richtung hin erforderlich.

Diese Beiträge sollen für gewisse Zeitabschnitte ausgeschrieben und von der Kommission erhoben, verwaltet und verwendet werden, die verpflichtet sein soll, in gewissem Umfange, soweit es zweckmäßig erscheint, darüber Rechenschaft abzulegen.

Nun, meine Herren, das wären im großen und ganzen die Vorschläge des Direktoriums.

Ich bin nicht optimistisch genug angelegt, um zu glauben, daß diese Vorschläge hier so glatt und ohne Einwendungen durchgehen werden. Ich glaube zunächst, daß die Vertreter der anderen Vorschläge wahrscheinlich hier erscheinen und ihre Pläne befürworten werden. So nehme ich an, daß mein hochverehrter Freund und Kollege, Herr Dr. Tille, die Gelegenheit wohl wahrnehmen wird, um mit allen Mitteln seiner hervorragenden Dialektik und Rhetorik die Vorschläge des Direktoriums in Grund und Boden zu verurteilen und seinen Allgemeinen Arbeitgeberbund Ihnen anzupreisen. Meine Herren, lassen Sie sich dadurch nicht beirren. (Heiterkeit.) Der große Arbeitgeberbund, von Krupp herunter bis zu dem kleinsten Handwerker und Detaillisten, der als Arbeitgeber einen Lehrling beschäftigt, ist eine großzügige, ideale Idee, aber eine Idee, meine Herren, die schon scheitern muß an den großen Interessengegensätzen, die sich in einem solchen Konglomerat vereinigen.

Meine Herren, es wird hier eingewandt werden, wie es auch schon in der Presse geschehen ist, daß diese ganze Aktion gegen den Hansabund gerichtet ist. Das „Tageblatt" hat ja geschrieben, daß wir damit dem Hansabund einen Knüppel zwischen die Beine werfen wollen. Indes, meine Herren, der Umstand allein, daß das Direktorium schon vor einem Jahr in Heidelberg diesen Beschluß gefaßt hat, als vom Hansabund noch keine Rede war, müßte genügen, um diesen Vorwurf ganz entschieden zurückzuweisen.

Aber, meine Herren, auch die ganze Situation ist nicht dazu angetan. Sie haben von dem Herrn Vorsitzenden gehört — und ich kann das bestätigen —, daß die leitenden Personen im Centralverbande nicht in Aufregung über höchst unbefriedigende politische Zustände, sondern als Ergebnis nüchterner, kühler, ruhiger Erwägungen den Anschluß an den Hansabund beschlossen haben. Meine Herren, wir haben unsere Mitglieder wiederholt aufgefordert, ihm sich anzuschließen, und die Gründe für diese Bitte und ihre Wiederholung sind von dem Herrn Vorsitzenden heute ja ausführlich unter Ihrem allgemeinen Beifall dargelegt worden.

Aber, meine Herren, auf der anderen Seite konnte die bis jetzt allein, wenn auch mit außerordentlicher Energie und Kraft auf die Organisation gerichtete Tätigkeit des Hansabundes Ihr Direktorium nicht veranlassen, von der Ausführung seines in Heidelberg gefaßten Beschlusses abzusehen. Dazu kommt, meine Herren, daß wir im Centralverbande zu der Ueberzeugung gelangt sind, der Hansabund sei, abgesehen von besonderen und daher auch besonders zu behandelnden Fällen, nicht die geeignete Stelle, um im allgemeinen auf die Wahlen durch Verwendung eines Wahlfonds einzuwirken. Meine Herren, wollte er das tun, so würde er zwei Wege beschreiten können. — Ich will etwas anderes vorausschicken. Es ist eine offenkundige und in der Presse vielfach besprochene Tatsache, die auch heute von dem Herrn Vorsitzenden erwähnt worden ist, daß in dem Hansabund Gruppen mit verschiedenen, sogar mit direkt entgegengesetzten Interessen vertreten sind. Meine Herren, das ist eine Tatsache, die nicht zu bestreiten ist, und wenn bezüglich dieser Tatsache der Hansabund vielleicht den einen Weg einschlagen könnte, die Kandidaten aller in sich vereinigten Gruppen bei der Wahl zu unterstützen, dann würde er dazu kommen, Gelder gegen die Interessen derer zu verwenden, die sie hergegeben haben. So ist es der Industrie bei den letzten Wahlen ergangen. Ich habe schon angedeutet, daß die Industrie damals große Fonds für den Wahlzweck zur Verfügung gestellt hat. Sie wurden verwendet von einem Komitee in Berlin derart, daß alle bürgerlichen Parteien ihren Anteil erhielten, der schematisch bemessen wurde nach der Zahl ihrer Vertreter im Reichstag. Also, meine Herren, von dem Gelde, das die Industrie gesammelt hatte, sind bei der Wahl Kandidaten unterstützt worden, die die Industrie als ihre entschiedensten Gegner in wirtschaftlicher und sozialer Beziehung betrachten mußte.

Meine Herren, solche Vorgänge dürfen sich nicht wiederholen, und die Gefahr der Wiederholung würde vorliegen, wenn der Hansabund den ersten von mir bezeichneten Weg beschritte. Er kann aber auch den anderen Weg wählen. Er kann nur die Kandidaten einzelner Gruppen unterstützen, und, meine Herren, das werden dann immer diejenigen Gruppen sein, die sich den größten Einfluß im Hansabund zu verschaffen wußten. (Sehr richtig!) Möge das sein, wie es wolle — die anderen aber werden unzufrieden sein und sich dann vom Hansabunde trennen. Damit würde der Verfall dieses Bundes gegeben sein.

Daher sind wir der Ueberzeugung, meine Herren, daß der Hansabund im eigenen Interesse handeln würde, wenn er die allgemeine Einwirkung auf die Wahlen — immer abgesehen von besonderen und daher besonders zu behandelnden Fällen, was ich namentlich betone — nicht selbst in die Hand nimmt, sondern sie den großen Interessentengruppen, die in ihm vereinigt sind, überläßt. Eine solche und wohl die größte Interessentengruppe ist die Industrie. Ihr Direktorium hatte die unbedingte Verpflichtung, dafür zu sorgen, daß die Industrie bei den Wahlen selbständig ihre Interessen vertrete. Ich hoffe, daß Sie die von mir hierfür dargelegten Argumente würdigen und anerkennen werden, daß das Vorgehen des Direktoriums durchaus nicht gegen den Hansabund gerichtet ist.

Ferner werden viele von Ihnen es vielleicht hier nicht laut aussprechen, aber bei sich denken, daß die Industrie schon genugsam belastet ist, daß sie nicht weiter in Anspruch genommen werden sollte, um Geld für diesen Fonds herzugeben, daß die Zeiten schlecht sind und nicht dazu angetan, neue Opfer zu bringen. Meine Herren, denen möchte ich zur Erwägung geben, daß gerade die große Belastung, unter der die Industrie jetzt seufzt, die größere Belastung, die ihr beispielsweise durch die Reichsversicherungsordnung bevorsteht — ich bemerke, daß mein Freund, Herr Dr. Tille, diese Belastung auf ungefähr 300 Millionen veranschlagt —, gerade von der ungenügenden Vertretung der Industrie in unseren gesetzgebenden Körperschaften herrührt. Wollen Sie eine Aenderung in dieser Beziehung herbeiführen, so dürfen Sie Ihre Taschen nicht zuknöpfen und sich mißmutig abwenden. Meine Herren, die Zeiten sind schlecht, aber mögen die Zeiten gut oder schlecht sein, Ihre Zinsen, Ihre Steuern, Ihre sonstigen Abgaben müssen Sie auch bei den schlechtesten Zeiten zahlen, wenn Sie Ihre Türen nicht zuschließen wollen, und, meine Herren, da kommt auch in schlechten Zeiten das heraus, was hier für den Fonds gebraucht wird, was für den Einzelnen verhältnismäßig sehr gering sein wird, wenn alle Mitglieder des Centralverbandes die Notwendigkeit erkennen und sich als opferwillig in diesem Falle erweisen. Den schlechten Zeiten aber werden bessere folgen, die Morgenröte der besseren Zeit scheint ja bereits aufzusteigen.

Meine Herren, seit Jahrzehnten wird die Industrie von den Parteien als Paria behandelt, werden die Kosten der Opfer, die dem

Götzen der Stimmen vergebenden Massen gebracht werden, der Industrie aufgebürdet. Von der Presse, von der öffentlichen Meinung und besonders von den Mehrheitsparteien im Reichstag wird die Industrie, heute die Hauptstütze der Macht und Größe des Staates und seiner Kulturaufgaben, geradezu und in jeder Beziehung mißhandelt. Seit Jahrzehnten ist die Industrie durch diese Behandlung mit steigender Erbitterung erfüllt; seit Jahrzehnten ertönen die beweglichen Klagen über die ungenügende Vertretung der Industrie, die Ursache alles Uebels. Jetzt ist das Maß voll, jetzt soll endlich ein praktischer Schritt zur Besserung der Verhältnisse getan werden. Dazu sind Ihnen von den Männern, denen Sie die Führung in Ihrer großen Vereinigung anvertraut haben, praktische Vorschläge unterbreitet worden. Ich bitte Sie, meine Herren, diese Vorschläge in Ihrem eigenen Interesse anzunehmen. (Beifall.) (Resolution s. S. 82.)

Vorsitzender: Meine Herren, ehe ich die Diskussion über das eben gehörte Referat eröffne, möchte ich den Darlegungen des Herrn Referenten einige kurze Bemerkungen anfügen.

Der Herr Referent hat in der ihm eigenen außerordentlich eingehenden und erschöpfenden Weise Ihnen eine Darlegung zu geben für seine Pflicht gehalten, die sich auf das allereingehendste beschäftigt auch mit der Kritik aller der Vorschläge, die auf die bessere Vertretung der Industrie in unseren parlamentarischen Körperschaften abgezielt haben, und hat jeden dieser Vorschläge einzeln beleuchtet. Der Herr Referent hat aber in dem Zusammenhange meines Erachtens etwas unterlassen, und das möchte ich nachholen.

Wir haben aus der Not der Zeit heraus den Hansabund begründet, nachdem aus derselben Not der Zeit heraus der Vorsitzende des Centralverbandes des Bank- und Bankiergewerbes an mich als Vorsitzenden Ihres Centralverbandes herangetreten war, um die große Abwehrversammlung, die Kundgebung in Szene zu setzen, die am 12. Juni im Zirkus Schumann stattgefunden hat. Aus der Not der Zeit heraus hat sich mit einer, wie ich vorhin mich ausdrückte, elementaren Gewalt dieser Zusammenschluß wirtschaftspolitischer Art mit natürlich politischen Zielen gebildet, und damit ist gewissermaßen das überholt worden, was von den hier eben kritisierten Herren in hingebender und von patriotischer Begeisterung getragener Weise dargelegt und der Oeffentlichkeit zur Kritik übergeben worden ist. Ich meine, der Herr Referent wird mir das nicht übel nehmen, daß ich an seiner Stelle es jetzt sage: den Herren gebührt tatsächlich auch in unseren Kreisen der wärmste Dank für ihre hingebende Beschäftigung mit der großen Frage, die natürlich von verschiedenen Standpunkten aus verschieden betrachtet werden kann.

Nachdem ich das vorausgeschickt habe, möchte ich nun die Bitte aussprechen, daß in der Diskussion die Herren Redner sich mit Einzelheiten der Ausführungen, die in diesem Zusammenhange, in der Kritik dieser Vorschläge der Herr Referent zu machen für seine Pflicht gehalten hat, nicht befassen (sehr gut!), sondern diese Gesichtspunkte jetzt vor der Frage, die uns beschäftigt, der Bildung dieses Wahlfonds, zurücktreten lassen. (Beifall.)

Ich habe aber auch noch etwas anderes zu sagen. Im Zusammenhange der Ausführungen hat der Herr Referent es für seine Pflicht gehalten, auch die Verhandlungen zu erwähnen, die über den Zusammenschluß der Hauptstelle Deutscher Arbeitgeberverbände und des Vereins Deutscher Arbeitgeberverbände gepflogen worden sind. Ich glaube, ich bin berufen, dazu einige Worte zu sagen, da ich die Ehre gehabt habe, mit dem Herrn Kommerzienrat Menck auf dessen Anregung zunächst über seine programmatischen Vorschläge und nachher auf eine Anregung, die von seiten des Centralverbandes ausgegangen war, über den Zusammenschluß dieser beiden Verbände zu verhandeln, und ich möchte hier vor unserem Kreise ganz ausdrücklich erklären, daß diese Verhandlungen zwischen Herrn Menck und mir in der denkbar angenehmsten Weise und von beiden Seiten lediglich von dem Gesichtspunkte des öffentlichen Wohles getragen geführt worden sind, und daß ich mich davon überzeugt habe, daß der Zusammenschluß der beiden Verbände lediglich darum nicht hat stattfinden können, weil sachliche Gründe, namentlich Gründe der Organisation in beiden Verbänden einem positiven Aufgehen beider Vereinigungen in einem geschlossenen Verbande entgegenstehen.

Wir haben es auf Grund der Verhandlungen, die zwischen Herrn Kommerzienrat Menck und mir geführt worden sind, erreicht, daß wir unser Kartellverhältnis, das schon vorher bestand, näher ausgestaltet haben, und ich möchte der Hoffnung auch hier Ausdruck geben, daß aus diesem Kartellverhältnis ein immer innigeres Zusammenarbeiten zwischen den beiden großen Spitzen der Arbeitgeberverbände sich im Laufe der Zeit herleiten lassen wird, zum Wohle der gesamten Arbeitgeberschaft. (Lebhafter Beifall.)

Das, meine Herren, habe ich für meine Pflicht gehalten, vor der Eröffnung der Diskussion hier auszusprechen, in Ergänzung dessen, was der Herr Referent hier ausgeführt hat.

Ich gebe nun zu der Eröffnung der Diskussion das Wort zunächst Herrn Kommerzienrat Menck.

Herr Kommerzienrat **Menck**-Altona: Ich danke dem Herrn Vorsitzenden für die freundlichen Worte, die er eben gesprochen hat.

Meine Herren, wenn Herr Dr. Tille und ich an unsere Arbeiten zurückdenken, die wir getrennt und selbständig voneinander gemacht haben, die schließlich aber in einen Fluß zusammengelaufen sind, so, glaube ich, können Herr Dr. Tille und ich mit Befriedigung feststellen, daß unsere Vorschläge, was die Organisation anbetrifft, vollständig vom Hansabund akzeptiert worden sind. Insofern haben wir also nicht umsonst gearbeitet, sondern haben mit dazu beigetragen, die Vertretung der Arbeitgeber in den Parlamenten zu fördern.

Meine Herren, gestatten Sie mir noch ein paar kurze Worte über das Verhältnis des Vereins zur Hauptstelle. Ich glaube, jeder, der einmal berufen sein wird, über die Organisation der deutschen Arbeitgeber zu schreiben, wird zugestehen müssen, daß die Organisation der deutschen Arbeitgeber nicht so gefördert worden wäre, wie es geschehen ist, wenn nur die Hauptstelle Deutscher Arbeitgeberverbände existiert hätte. Es waren viele deutsche Arbeitgeber nicht auf dem Boden der Hauptstelle zu einigen und zu organisieren. Sie sind organisiert worden auf dem Boden des Vereins Deutscher Arbeitgeberverbände. Dabei hat wohl auf beiden Seiten — wenigstens kann ich das für den Verein Deutscher Arbeitgeberverbände behaupten — immer als endliches Ziel vorgeschwebt die volle Vereinigung der deutschen Arbeitgeberverbände (Beifall), und dieses Ziel, glaube ich, werden wir auch erreichen. Wenn mir ein längeres Leben beschieden sein sollte, würde ich vielleicht selbst mitsehen können, wie alle deutschen Arbeitgeberverbände einig geworden sind.

Meine Herren, die Einigkeit läßt sich in der Theorie manchmal außerordentlich schwer herstellen, in der Theorie platzen die Geister aufeinander; in der Praxis geht das viel leichter. Wir sind jetzt durch das Kartell in eine recht gute, gemeinsame Praxis eingetreten. Es wird in der zweiten Hälfte dieses Monats zum erstenmal eine Arbeitsnachweiskonferenz abgehalten werden, gemeinsam von der Hauptstelle und vom Verein Deutscher Arbeitgeberverbände, die alle Sekretäre dieser beiden Verbände vereinigen wird, und ich glaube, wir können daran die Hoffnung knüpfen, daß die Organisation der Arbeitgebernachweise in den Arbeitgeberverbänden nunmehr gute Fortschritte machen wird. Wir hoffen, daß alle organisierten Arbeitgeber in nicht allzulanger Zeit sich im Besitz eigener Arbeitgebernachweise befinden werden. Ebenso soll auch das Streikunterstützungswesen in gemeinsamer Arbeit gefördert werden. Darüber sind natürlicherweise viele eingehende Betrachtungen erforderlich, wie der Herr Vorsitzende schon gesagt hat. Die Organisationen sind verschieden, und sie lassen sich nicht ohne weiteres zusammenschweißen, sondern es müssen Uebergangsorganisationen geschaffen werden, wodurch die beiden Organisationen sich näherkommen, und dann wird man wohl schließlich zu der vollen Einigung gelangen, die wir alle wünschen.

Damit sind wohl diese historischen Rückblicke über die Gegensätze zwischen Verein und Hauptstelle erschöpfend behandelt worden. Ich möchte mir nun erlauben, zu der Vorlage des Direktoriums etwas zu sagen.

Meine Herren, aus den ganzen Darlegungen, die wir heute gehört haben, ersehen wir, daß der Centralverband in der Hansa in der Minorität ist. Hätte der Centralverband die leitende Stellung in der Hansa, dann wäre der Wahlfonds des Centralverbandes gar nicht nötig (sehr richtig!), dann könnte man den Hansawahlfonds einfach auch für den Centralverband gelten lassen, denn der Centralverband hätte die Gewalt und die Verfügung darüber.

Meine Herren, es ist für die am Centralverband beteiligten Industriellen nicht erfreulich, daß der Centralverband im Hansabunde in der Minorität ist. Aus dem Schwächebewußtsein ist der Vorschlag des Direktoriums, die Gelder der Industrie in einen Wahlfonds zu Händen des Centralverbandes zu vereinigen, entstanden, was natürlicherweise die Folge haben wird, daß der Wahlfonds des Hansabundes entsprechend geschmälert und von der Industrie weniger aufgefüllt wird.

Meine Herren, es ist ja möglich, daß das, was das Direktorium vorschlägt, unter den besonderen Verhältnissen, die sich entwickelt haben, das Richtige ist. Erfreulich ist es nicht, was ja auch der Herr Referent zugegeben hat. Es läßt einen Gegensatz zwischen Centralverband und Hansabund zutage treten; wenigstens die Oeffentlichkeit wird so urteilen. Es mag aber sein, daß nicht anders zu verfahren ist.

Wenn ich nun auf die Organisationspläne eingehe, die der Herr Referent dargelegt hat, so würden sie auf vollständige Zentralisation hinausgehen. Es soll eine Kommission gewählt werden, und diese Kommission hat absolute Macht, von der Zentralstelle wird alles gefördert. Meine Herren, das ist ganz derselbe Fehler, den der Hansabund macht. Auch der Hansabund will von der Zentralstelle aus alles regeln. Der Hansabund will nicht den Ortsgruppen gestatten, daß sie sich regen und bewegen, wie sie es möchten, sondern er will als der Herr dahinter stehen und sagen: das und das sollt ihr tun. Meine Herren, auf diese Art und Weise kann man nie etwas erreichen. Politische Bewegungen müssen von unten heraufkommen, sie müssen in der großen Masse ihren Boden finden. Wer politische Bewegungen mit Zentralorganisationen leiten und regieren will, wird stets ein Fiasko erleiden, und meine Ueberzeugung ist, daß deshalb der Hansabund ein Fiasko machen wird. Er kann sich auf die Gewinnseite nur dann bringen, wenn er den Ortsgruppen eine größere Freiheit gibt. In dieser Beziehung habe ich etwas Erfahrung. Ich habe mich nicht beim Hansabunde betätigt, ich habe mich im Hintergrunde gehalten, und mit Absicht, weil ich als Präsident der Handelskammer Altona den Grundsatz vertreten habe — und die Kammer ist mir beigetreten —: daß die Handelskammern mit dem Hansabunde nichts zu tun haben, weil offizielle Organe, die ihre Einnahmen aus öffentlichen Abgaben, aus Steuern beziehen, sich nicht aktiv mit einer Organisation beschäftigen dürfen, die durch Wahlfonds Wahlbeeinflussung treiben will. (Sehr gut!) Ich habe mich deshalb, wie gesagt, persönlich im Hintergrunde gehalten, aber die Bildung von Ortsgruppen im Handelskammer-Bezirk Altona gefördert. Ich habe das mit Hilfe des Syndikus der Handelskammer getan. Dieser hat schon drei Ortsgruppen gebildet, darunter die Ortsgruppe Altona. Gerade bei der Ortsgruppe Altona aber habe ich gesehen, daß der Hansabund der Gruppe keine Freiheit geben will. Meine Herren, das ist vollständig töricht. Es lassen sich doch die Wähler eines Wahlkreises nicht von einer Zentrale in Berlin, auch wenn an der Spitze die klangvollsten Namen stehen, in ihren politischen Gesinnungen und in ihrem Willen beeinflussen; das fällt ihnen gar nicht ein. (Zuruf: Das soll ja auch gar nicht geschehen!) Es geschieht aber. (Zuruf: Ach wo!) Sie können nach mir sprechen. — Ich habe die Beweise, daß der Hansabund die Ortsgruppe Altona dahin beeinflussen will, so zu handeln, wie er will. Meine Herren, das ist gefährlich und das ist schädlich. Mit Zentralisation werben wir nicht. Die Verhältnisse in Deutschland liegen so, daß bei dem Charakter der Deutschen man nur etwas erreichen kann, wenn man sich im Zentralisieren auf das allernotwendigste beschränkt. Wenn der Hansabund den Ortsgruppen Freiheit gibt, dann kann aus ihm etwas werden, und, meine Herren, gerade die Freiheit ist notwendig, weil es sich darum handelt: Sollen wir die Liberalen unterstützen oder sollen wir die Konservativen unterstützen? Der Hansabund gestattet es ja, daß man auch die Konservativen unterstützt, und das kann nur durch die Ortsgruppen geschehen, denn eine Zentrale kann gar keine unparteiische Richtung einhalten, sie wird sich immer als Partei zeigen, sie wird nach irgendeiner politischen Seite hinschlagen.

Die ganze Situation ist meiner Ansicht nach ziemlich verfahren. Ich glaube, der Herr Vorsitzende hat das auch schon so dargestellt, daß eben in einer Zwangslage hat gehandelt werden müssen, und so opponiere ich meinerseits nicht gegen den Wahlfonds, den das Direktorium vorschlägt. Das mag unter der Zwangslage, unter der das Direktorium hat handeln müssen, zum Nutzen des Centralverbandes notwendig sein.

Wenn ich einen Wunsch daran füge, so ist es der, daß die Organe des Centralverbandes nicht zentralistisch auftreten, sondern dezentralistisch, und daß der Centralverband im Hansabunde dahin wirkt, daß den Ortsgruppen möglichst große Freiheit gegeben wird.

Meine Herren, worum es sich bei der Verwaltung des Wahlfonds handelt, das ist im Grunde genommen eine verhältnismäßig kleine politische Arbeit. Der Herr Referent hat das schon angedeutet. Der Referent hat angegeben, daß es sich vielleicht von 397 Mitgliedern des Reichstages nur um die Hälfte handeln kann. Tatsächlich kann es sich nur um den vierten Teil und wahrscheinlich noch nicht einmal um den handeln. (Generalsekretär Bueck: Sehr richtig!) Denn die ländlichen Kreise, die konservativen, scheiden aus; da ist gar nicht anzukommen. Es scheidet das Zentrum aus, es scheidet die Sozialdemokratie aus, die über sichere Wahlkreise verfügt und bei der nächsten Wahl ihre hundert Mandate bekommen wird. Es bleibt also verhältnismäßig wenig übrig; es wird nicht die Zahl von hundert Wahlkreisen überschreiten. Wenn man in hundert Wahlkreisen pekuniäre Unterstützung geben will, so ist eigentlich nur bei den Kandidaten anzufragen, auf welchem Boden sie stehen. Weiter ist doch gar nichts zu tun. Steht der betreffende Kandidat auf einem Boden, der den Anschauungen des Centralverbandes entspricht, so kann man ihn unterstützen. Ich meine, das ist eine sehr einfache Sache, dazu braucht man keine große Zentralorganisation. Ich glaube, die Kommission könnte das aus sich selbst machen. Mit jeder Zentralorganisation mit ihrem Geschäftsführer, Sekretären und dergleichen kommt immer die Einseitigkeit, und die Einseitigkeit würde uns um die Erfolge bringen, da wir auf die Beihilfe aller Parteien angewiesen sind —, auch der Partei des Zentrums, das dürfen wir nicht vergessen. Wir dürfen keine Partei übergehen, wenn wir in den Parlamenten, besonders im Reichstag, eine angemessene Vertretung finden wollen.

Handelskammersyndikus Dr. **Tille**-Saarbrücken: Meine Herren, ich möchte an erster Stelle Herrn Bueck für die freundliche Darstellung danken, die er von der früheren politischen Bewegung des Arbeitgebertums und unserer Mitwirkung an der Saar daran gegeben hat. Ich bin aber heute der Meinung, daß es heute eigentlich ganz überflüssig ist, die alte Entwickelung näher zu erörtern, denn das, was wir gewollt haben, hat im wesentlichen seine Erfüllung gefunden, und Herr Menck hat ja auch schon seiner Befriedigung darüber Ausdruck gegeben. Was haben wir gewollt? Zunächst eine Zusammenfassung der gewerblichen Arbeitgeber und später der gewerblichen Unternehmer, auch solcher, die keine Arbeitgeber waren. Das ist durch den Hansabund voll in Erfüllung gegangen. Ja, es ist sogar in doppelter Hinsicht überboten worden. Es ist nämlich nicht nur die Arbeitgeberfrage, nicht nur die Sozialpolitik, sondern es ist auch die Wirtschaftspolitik in diese politischen Bestrebungen hineingebracht worden, und es hat sich der Kreis der Beteiligten weiter über die Arbeitgeber hinaus ausgedehnt, indem auch die Angestellten eingeschlossen sind. So ist nicht nur das, was wir gewollt haben, erfüllt worden, sondern in doppelter Hinsicht ist mehr erreicht worden, als an was wir zu denken wagten. Ich brauche auf die Werdegeschichte dieser Bewegung nicht weiter einzugehen. Sie ist für mich heute eine vergangene Sache und durch die Verhältnisse überholt.

Nun, meine Herren, sowohl in der Entschließung, die Ihnen vorgelegt worden ist, wie in den Erörterungen, die hier gepflogen werden, spielt die Frage der politischen Parteien eine Rolle. Sie ist von den verschiedensten Seiten gestreift worden. Herr Bueck hat schon hervorgehoben, daß ich der Meinung bin, daß die politischen Parteien sich überlebt hätten. Damit hat er ganz recht. Ich glaube allerdings, daß wir vor einer ganz neuen politischen Gruppierung unseres Volkes stehen, und ich glaube, man kann dafür recht gute Gründe anführen. Es hat gewiß einmal eine Zeit gegeben, wo das ganze politische Leben von Parteien beherrscht war. Das war die Zeit, wo die politische Ueberzeugung jedes einzelnen ihn bestimmte, sich einer bestimmten Gruppe anzuschließen, wo Parteiüberzeugungen die Leute zu parteipolitischen Gruppen zusammenführten. Aber, meine Herren, diese Zeit ist längst vorbei. An die Stelle der parteipolitischen Gruppierung sind ganz andere Gruppierungen getreten, und wenn wir heute einmal die im Jahre 1907 abgegebenen gültigen Stimmen ansehen, so will ich Ihnen sofort den Nachweis führen, daß von den 11 Millionen derselben nur noch 2,5 Millionen überhaupt parteipolitisch waren.

Da sind zunächst die beiden konservativen Gruppen, die sich Parteien nennen; sie sind in Wirklichkeit eine Vertretung des großen deutschen Berufsstandes der Landwirtschaft. Sie werden nicht durch politische Ueberzeugungen und Parteimeinungen zusammengehalten, sondern im wesentlichen durch ein berufsständisches Interesse, durch das Interesse unseres großen landwirtschaftlichen Berufsstandes. Sie sind also gar nicht parteipolitische Gruppierungen, sondern berufsständisch-politische.

Dann, meine Herren, die größte Gruppe im Deutschen Reichstage, die Sozialdemokratie —, wird die vielleicht durch politische Ueberzeugungen zusammengehalten? Das ist eine klassenpolitische Organisation der Lohnarbeiterklasse, speziell der gewerblichen Lohnarbeiterklasse. Wir haben hier zum ersten Male die politische Organisation einer Klasse vor uns, im Gegensatz zu der politischen Organisation eines Berufsstandes, wie ihn z. B. die Beamten bilden.

Weiter, meine Herren, das Zentrum. Wird das durch politische Ueberzeugungen zusammengehalten? Das ist vielmehr eine bekenntnispolitische Gruppe. Die Zugehörigkeit zu einem Bekenntnis ist die Grundlage der Zentrumsorganisation. Nehmen Sie die Polen, die Dänen, die Elsaß-Lothringer, das sind wieder nationalpolitische Gruppen. Die Welfen sind eine dynastisch-politische Gruppe, die werden durch die Anhänglichkeit an ein Herrscherhaus zusammengehalten. Die Antisemiten sind eine rassenpolitische Gruppe, die mit abstrakt politischen Ueberzeugungen absolut nichts zu tun hat.

Ja, meine Herren, was bleibt denn da noch übrig? Es bleiben übrig die Nationalliberalen und die freisinnigen Parteien. Das sind die einzigen, die dem Namen nach noch von politischen Ueberzeugungen leben. In Wirklichkeit aber sind auch diese Gruppen eifrig klassenpolitisch geworden. Sie vertreten die Interessen der unteren Klassen gegen die oberen Klassen in der Besitzsteuer und ähnlichen Bestrebungen im Reiche, und es besteht auch bereits in diesen letzten 2,5 Millionen parteipolitischen Wählern eine starke Neigung, die Ueberzeugungsgruppierung aufzugeben und große Bevölkerungsgruppeninteressen zu vertreten.

Die große Frage, vor der unsere Zeit politisch steht, ist nicht mehr die, ob die parteipolitische Gruppierung herrschen soll, sondern diese ist längst von den Verhältnissen mit Nein beantwortet worden, sondern vielmehr die: soll die klassenpolitische Gruppierung oder die berufsstands-politische Gruppierung die maßgebende Gruppierung im Volke werden? Wir haben die Sozialdemokratie bekommen als die klassenpolitische Organisation der gewerblichen Lohnarbeiter. Wir haben eine Mittelklassenbewegung bekommen unter der falschen Flagge eines Mittelstandes, den es nicht gibt. Wir haben eine politische Bewegung der gewerblichen Angestellten bekommen, die sich der Mittelklasse angeschlossen haben. Wir haben andererseits eine berufsständisch-politische Gruppe bekommen im Bunde der Landwirte und in der gesamten politischen Organisation der Landwirtschaft. Wir haben weiter eine berufsständisch-politische Gruppe bekommen, deren Bedeutung doch weit unterschätzt wird, in der berufsständisch-politischen Organisation des Beamtenstandes. Der Beamtenstand hat sich 1907 von unten bis oben politisch organisiert. Sie haben ja im Frühling 1909, im April, nach Ostern die machtvollen Ausbrüche gesehen, die hier in Berlin in politischen Beamtenversammlungen hervortraten. Tatsächlich ist der Gewerbe- und Handelsstand heute der letzte Berufsstand im Deutschen Reiche, dessen politische Organisation sich noch erübrigt, und der zugleich allein durch eine berufsständisch-politische Organisation seiner wirtschaftlich denkenden Mitglieder die klassenpolitische Organisation seiner Lohnarbeiter überwinden kann. Die Landwirtschaft ist berufsständisch-politisch organisiert, der Beamtenstand ist berufsständisch-politisch organisiert, und wenn der Gewerbe- und Handelsstand sich nicht auch berufsständisch-politisch organisiert, so wird er natürlich in Zukunft erst recht, wie schon bisher, stark genug an die Wand gedrückt werden.

Ich halte weder die Sozialdemokratie noch die Landwirtschaft für den gefährlichsten politischen Gegner des Gewerbe- und Handelsstandes. Die Obermacht, die das Beamtentum in den deutschen gesetzgebenden Körperschaften hat, geht ja viel weiter als das, was die Landwirtschaft und Lohnarbeiterschaft in dieser Hinsicht jemals erreicht haben. Die Landwirtschaft hat im Deutschen Reichstage 107 Sitze fest inne, und die Beamten und Literaten zusammen haben 217. Das ist von 397 Sitzen die absolute Mehrheit. Damit komme ich auf einen Punkt, den vorhin auch Herr Bueck streifte: es ist nicht allein das politische Interesse von Gruppen, denen wir gegenüberstehen, es ist nicht allein die Parteiüberzeugung, sondern es ist die abstrakte Theorie, die wirtschaftliche und gesellschaftliche Theorie, die mit allen möglichen sozialistischen und klassenmoralistischen Wünschen durchdrungen ist und, in dieser kolossalen Beamtenmehrheit zusammenstehend, feindlich in der Gesetzgebung sich betätigt. (Sehr wahr!)

Meine Herren, das ist der springende Punkt, und wenn wir an der Saar damals für den Hansabund eingetreten sind, dann ist es geschehen, weil wir in der Gründung des Hansabundes eine berufsständisch-politische Organisation des Gewerbe- und Handelsstandes begrüßen zu können meinten. Ich gebe Ihnen zu, daß wir in dieser Hinsicht neuerdings durch einzelne Vorkommnisse etwas enttäuscht worden sind. In der Gründungsversammlung des Hansabundes war beschlossen worden, daß der Hansabund bei öffentlichen Wahlen für gewerbe- und handelsfreundliche Kandidaten in *erster Linie aus den eigenen Reihen* des Gewerbe- und Handelsstandes eintreten soll. Diesen Satz hat man neuerdings offenbar die Absicht, fallen zu lassen. Man hat ihn praktisch fallen lassen in den Verhandlungen, die mit der Deutschen Mittelstands-Vereinigung in Berlin gepflogen worden sind, die an erster Stelle aus Beamten besteht. Es hat sich da bereits ein Verlassen des reinen berufsständisch-politischen Gebietes angebahnt, und man hat angefangen, gewissermaßen mit dem Beamtentum zu liebäugeln. Das hat weiter zu einem Abweichen von dem ursprünglichen Programm geführt, wie es in den jüngst beschlossenen Richtlinien des Hansabundes zutage tritt. Das Wort Gewerbe- und Handelsstand kommt darin gar nicht vor. Zuerst stand in solchen Kundgebungen gewerbtätiges Bürgertum, dann stand drin erwerbstätiges Bürgertum, und jetzt steht drin Bürgertum überhaupt. Professor Laband in Straßburg hat in seiner Rede bei der Gründung der Ortsgruppe Straßburg sogar gesagt, daß es sich um die Organisation des städtischen Bürgertums gegen die Landwirtschaft handle. Er hat also aus dem Gewerbe- und Handelsstand die Lohnarbeiter ausgeschieden und hat die in den Städten wohnenden Beamten hineingenommen. Das ist eine Verschiebung, eine Abänderung der ursprünglichen Programmrichtung, die auf die Dauer zu Schwierigkeiten führen muß und die zweifellos einer Auseinandersetzung zutreibt. Der Hansabund kann für uns, für den Gewerbe- und Handelsstand, nur von Nutzen sein, wenn er einzig die Interessen des Gewerbe- und Handelsstandes zum Ausdruck bringt und von jedem Liebäugeln mit anderen Gruppen absieht. Diese Gruppen werden zu uns kommen müssen, nicht wir zu ihnen. Es gibt viermal so viele gewerbliche Unternehmer wie Beamte, welche Reichstagswähler sind. An erster Stelle müssen Industrie und Handwerk ihre Lebensinteressen im Hansabunde zum Ausdruck bringen und müssen dort eine Mehrheit zu bilden suchen. Da, glaube ich, besteht für uns ein außerordentlich weites Feld für tatkräftige Betätigung, auch für die Industrie. Ich kann Herrn Kommerzienrat Menck nicht recht geben, wenn er sagt, daß irgendwie versucht worden wäre, auf die Ortsgruppen in ihrer Programmaufstellung hindernd einzuwirken. Wir haben uns in Saarbrücken eine Ortsgruppe gegründet, die genau der Ausdruck der politischen Arbeitgeberbewegung ist, die seit 1½ Jahren bei uns bestanden hat. Wir haben alle unsere Mitglieder unter einem klaren sozialpolitischen Programm zusammengebracht. Niemals ist von der Hauptleitung dagegen ein Einspruch versucht worden. Wir haben die Gründungsreden unserer Ortsgruppe sogar in einer besonderen Broschüre veröffentlicht. Allerdings hat die Hauptleitung in ihrer Korrespondenz diese Kundgebung nicht abgedruckt und nicht erwähnt;

aber ein Versuch, auf unsere Stellungnahme einzuwirken, ist in keiner Weise unternommen worden, und dasselbe ist mir bekannt von anderen Ortsgruppen, die eine ähnliche Richtung verfolgt haben.

Unter diesen Umständen kann es als sicher angesehen werden, daß wir auf eine politische Propaganda im Sinne der Lebensinteressen des deutschen gewerblichen Arbeitgebertums beim Hansabunde im Augenblick nicht unbedingt trauen dürfen. Das ist eine Tatsache, mit der wir rechnen müssen. In dem Wunsche, möglichst viel Mitglieder heranzuziehen und möglichst große Vereinigungen, die bestehen, an sich zu fesseln, hat der Hansabund zum Beispiel der Deutschen Mittelstands-Vereinigung praktische Zugeständnisse gemacht, die eine berufsständisch-politische Vereinigung des Gewerbe- und Handelsstandes, welche die Lebensinteressen dieses Standes vertreten will, wohl kaum hätte machen dürfen. Es ist Ihnen vielleicht nicht in den Einzelheiten bekannt, daß diese Mittelklassenbewegung, die seit 1904 besteht, sich längst in zwei Zweige gespalten hat, indem in den Rheinlanden die Beamten aus ihr hinausgetrieben wurden und eine spezifische gewerbliche Mittelklassenbewegung sich entwickelte, die die Beamten grundsätzlich aus ihren Reihen ausschied, während in Berlin und im Osten überhaupt die Beamten in der Mittelklassenvereinigung durchaus überwogen. Die Ortsgruppe Berlin hat es trotzdem fertig gebracht, sich dem Hansabunde anzuschließen; aber die Ortsgruppen in Schlesien, in Sachsen, in Hessen, in denen ebenfalls die Beamten überwiegen, haben es abgelehnt, mit dem Hansabunde zu gehen, und es ist wohl anzunehmen, daß auch die noch bestehende Ostdeutsche Mittelklassenvereinigung oder Mittelstandsvereinigung, wie sie sich selbst nennt, über diesem Konflikt auseinanderbrechen wird. Je weniger aber Beamte davon in den Hansabund hineingehören, um so weniger besteht für Industrie und Handwerk ein Anlaß, nicht zu versuchen, im Hansabunde wirklich die berufsständisch-politischen Interessen des Gewerbe- und Handelsstandes auch in sozialpolitischer Hinsicht zum Ausdruck zu bringen.

Ich habe mich in den letzten Jahren mit dieser Sache sehr ausgiebig beschäftigt, und in vier Wochen erscheint von mir ein großes Buch von über 500 Seiten, das sich nennt: „Das politische Erwachen des Gewerbe- und Handelsstandes, ein Lehr- und Handbuch der Berufsstandspolitik für gewerbliche Unternehmer und Angestellte.“ Es behandelt die Bedeutung und Größe des Gewerbe- und Handelsstandes, den Geisteskampf der Neuzeit gegen die Ertragswirtschaft, die gewerbefeindliche Gesetzgebung des Deutschen Reiches und alle die Ursachen, die zu ihr geführt haben, es behandelt die politischen Gruppierungen der Gegenwart und auch die Abhilfsmittel gegen die

Gewerbefeindlichkeit der Gesetzgebung. Ich kann Ihnen natürlich nicht im Augenblick den Inhalt dieses Buches vortragen (Heiterkeit); aber ich möchte doch die Gelegenheit benutzt haben, darauf hinzuweisen. Das Buch wird an Sie alle herantreten und hofft sehr auf Ihrer aller Unterstützung bei seiner Ausbreitung im ganzen Gewerbe- und Handelsstande, und insbesondere bei Unternehmern und Angestellten.

Sie sehen daraus, daß ich persönlich durchaus das Vorhandensein von Aufgaben anerkenne, von welchen zurzeit nicht anzunehmen ist, daß sie der Hansabund rein im Interesse von Industrie und Handel lösen wird.

Der Centralverband will jetzt einen Wahlfonds zusammenbringen, der ausschließlich dazu dienen soll, die Interessen der Industrie vertreten zu helfen, und zwar, wie es in dem Rundschreiben heißt, die handelspolitischen und die sozialpolitischen Interessen. Uns an der Saar hat die Frage in unseren wirtschaftlichen Vereinen und auch in der Handelskammer Saarbrücken beschäftigt, und wir sind zu dem Entschluß gekommen, daß wir den Ausdruck „Wahlfonds" nicht für umfassend genug halten. Es sollte unserer Ansicht nach nicht nur ein Wahlfonds sein, sondern allgemein ein politischer Fonds. Wenn seine Wirksamkeit satzungsgemäß beschränkt sein soll auf die Vertretung von Handelspolitik und Sozialpolitik, dann könnte man ihn vielleicht den handels- und gewerbepolitischen Fonds der deutschen Industrie nennen. Es würde manchen Kreisen bei uns angenehm sein, wenn das Wort „Wahl" direkt daraus beseitigt würde. Ich glaube, ein Grund, dem nicht zu entsprechen, liegt wohl nicht vor. Eine Beeinträchtigung seiner Wirkung tritt damit nicht ein.

Dem Centralverband fällt unter den obwaltenden Umständen neben dem Hansabunde noch eine ganze Reihe von politischen Aufgaben zu. Darf es im Augenblick als feststehend betrachtet werden, daß die wirklich berufsständischen Interessen des Gewerbe- und Handelsstandes im Hansabunde nicht rein zum Ausdruck gelangen, so ist es auch von allergrößter Bedeutung, wenn eine Stelle da ist, welche festen Kurs hält und aus keiner Neigung, sich beliebt zu machen und auszubreiten, abweicht von dem, was sie als die richtigen Interessen des Gewerbe- und Handelsstandes erkannt hat. Von diesem Gesichtspunkt aus begrüßen wir es mit großer Freude, daß der Centralverband sich entschlossen hat, die Sache in die Hand zu nehmen, und sind geneigt, dem Centralverband namhafte Beiträge dafür zur Verfügung zu stellen. (Beifall.)

Nun, meine Herren, gibt es ein Sprichwort, das den Opfermut umschreibt, den jemand aufwenden kann. Da heißt es aber nicht bloß, daß man den letzten Groschen opfert, sondern auch den letzten Mann, und der letzte Mann scheint mir nach den Vorschlägen des Rundschreibens des Centralverbandes in seinen politischen Betätigungsplänen noch zu fehlen. Wir können uns leicht ein Bild davon machen, vor welcher praktischen Tätigkeit denn heute der Gewerbe- und Handelsstand politisch steht. Wir haben 397, also rund 400 Wahlkreise im Deutschen Reich. Wenn Sie nicht in jedem Wahlkreise Männer des Gewerbe- und Handelsstandes aufbringen können, die vertraut sind mit den berufsständisch-politischen Verhältnissen, Interessen und Zielen des Gewerbe- und Handelsstandes, die die Einzelheiten des gesetzgeberischen und politischen Materials auf diesem Gebiete beherrschen, die imstande sind, rednerisch in Versammlungen aufzutreten, um politischen Partei- und Klassengruppen gegenüber Ihre Anschauungen zu vertreten, dann nutzt uns alles Geld nichts, dann können wir von vornherein mit unserem Wahlfonds einpacken. Wenn wir aber in 400 Wahlkreisen je 20 solcher Männer aufbringen wollen, dann sind das 8000, und wenn Sie diese Männer für diese Tätigkeit ausbilden wollen, dann müßten, wenn jeder Lehrgang 40 Schüler umfaßt, allein 200 Lehrkräfte vorhanden sein, wenn die Zahl von 8000 ausgebildeten erreicht werden soll. Nun frage ich, wo haben Sie heute die Lehrer, die zuverlässig sind, die auf dem Boden der Zollpolitik und Sozialpolitik stehen in der Weise, wie es den Anschauungen des Centralverbandes und der überwältigenden Mehrheit der deutschen Industrie entspricht? Die sind nicht vorhanden. Ich kann Ihnen fünf oder sechs Männer im Deutschen Reich nennen, die imstande wären, diese Arbeit zu leisten. Sie sind aber sämtlich in so mit Arbeit überlasteten Stellungen, daß es für sie ganz ausgeschlossen ist, eine solche Arbeit nebenher zu übernehmen. Es scheint mir daher, daß eine der ersten und größten Aufgaben für einen gewerbe- und handelspolitischen Fonds der deutschen Industrie sein müßte, die Arbeit in die Hand zu nehmen, solche Männer zu schaffen. Der Hansabund hat bisher nur eins geschaffen: die Organisation. Er hat das Netz einer berufsstandspolitischen Organisation des Gewerbe- und Handelsstandes über das ganze Reich ausgebreitet. Das sind aber erst die Schläuche, in die der Wein erst noch gegossen werden muß. Sorgen Sie dafür, daß die Schläuche mit dem richtigen Wein gefüllt werden, nicht mit Freihändlerei, Klassenpolitik und Sozialmoralismus. Sorgen Sie dafür, daß in diese Organisation nicht Redner hinkommen, die uns auch noch diejenigen Teile des Gewerbe- und Handelsstandes verderben, die heute noch nicht verdorben sind.

Das ist nicht nur meiner Ansicht nach, sondern auch nach Ansicht der wirtschaftlichen Vereine an der Saar eine der größten Aufgaben, die heute berufsstandspolitisch zu lösen sind. Sie kann allein der Centralverband lösen. Und auch er kann sie mit seinem politischen Fonds nur lösen, wenn er die Arbeit aufs tatkräftigste in die Hand nimmt, wenn er sich nicht darauf beschränkt, Mittel für Wahlen aufzuwenden, sondern wenn er uns eine Stelle schafft, die erst einmal solche Männer berufsmäßig ausbildet. Dabei ist an nichts weniger zu denken als an die Gewinnung der Universitätswissenschaft für solche Zwecke. Bei der heutigen Versunkenheit der akademischen Wissenschaft in klassenmoralistische Tendenzen ist nicht daran zu denken, daß irgendeine akademische Lehranstalt ähnliches für uns leisten könnte. Das hat ja der Fall an der Universität Leipzig in den letzten Tagen bewiesen. Da kann uns nur die Selbsthilfe helfen, nur die Schaffung einer ganz eigenen, besonderen Bildungsstätte, einer förmlichen Akademie für Wirtschafts-, Gesellschafts- und Staatswissenschaft. Wenn wir zehn oder zwölf tüchtige, zuverlässige Dozenten haben, und wenn wir die nötigen Beträge dafür aufwenden, um entsprechende Leute anzustellen, so werden wir sie haben — dann können diese Hunderte von Mitgliedern des Gewerbe- und Handelsstandes in halbjährigen oder anderen Kursen mit diesen Dingen vertraut machen, und zugleich den geistigen Kampf aufnehmen gegen den ganzen Unfug des Marxismus, des Kathedersozialismus, des Staatssozialismus, und wie alle die Ismen heißen (Heiterkeit), die heute dem Handels- und Gewerbestande so unendlichen Schaden zufügen. Aber nur, wenn das von einem Mittelpunkte aus geschieht, nur, wenn an diesem Mittelpunkt nicht nur Berufsredner, Berufsabgeordnete und politische Vertreter für den Gewerbe- und Handelsstand erzogen werden, nur dann ist es möglich, auf die Wahlkreise wirklich zu wirken und dem veralteten Parteigerede, das jetzt vielfach die Wahlversammlungen beherrscht, eine sachlich wohlbeschlagene berufsständisch-politische Vertretung entgegenzusetzen. Das wird natürlich Mittel kosten. Das wird im Jahre mindestens eine halbe Million verschlingen. Aber die deutsche Industrie ist zweifellos in der Lage, etwas derartiges zu machen und der Centralverband Deutscher Industrieller ist die einzige Stelle, in deren Hände man diese große Sache beruhigt legen kann.

Natürlich dürfte eine solche Anstalt nicht in einer Universitätsstadt oder am Orte einer Handelshochschule liegen, sondern zum Beispiel in Düsseldorf, wo eine Beeinflussung durch akademische Lehrer anderer Richtungen im persönlichen Verkehr ausgeschlossen ist. Sie müßte geschlossen den Kampf gegen alle ideologischen Wirtschafts- und Gesellschaftstheorien aufnehmen und müßte daneben die praktische Ausbildung der Männer für uns leisten, die gewillt sind, in die berufsständisch-politische Agitation einzutreten.

Sie können die Massen nur durch Masse zwingen, und wenn wir nicht ein paar Tausend solcher ausgebildeter Berufsstandspolitiker auf den Beinen haben, so ist, glaube ich, sehr wenig zu machen. Es besteht vielleicht nicht so absolut in der Schutzzollpolitik wie in der Sozialpolitik eine völlig einheitliche Stellungnahme des deutschen Unternehmertums. Und da kann ich Herrn Bueck nicht recht geben, wenn er meint, daß da tiefere Spaltungen beständen. Wenn sich ein einzelner Verband unter einen Klassenlohntarif hat pressen lassen und nachher, so lange er der Not gehorcht, diesen Standpunkt vertritt, so ist das keine Ueberzeugungsfrage. In seiner Gesamtheit steht das deutsche Unternehmertum auf dem Standpunkt, daß es in seinen Betrieben seinen Willen muß durchsetzen können. Wenn das aufhört, hört jede Ertragswirtschaft überhaupt auf. Wenn in dieser Hinsicht hier und da kleine Auffassungsverschiedenheiten bestehen, so ist da lediglich eine gewisse Aufklärungsarbeit notwendig. Es handelt sich da aber absolut nicht um tiefer gehende Ueberzeugungsgegensätze oder gar um Interessengegensätze wie zwischen unserer Exportindustrie und unserer Industrie für den heimischen Markt. Da sind wirkliche Interessengegensätze vorhanden. In der Sozialpolitik aber bestehen solche nicht. Da mögen Leute ein klein bißchen stärker klassenmoralistisch angekränkelt sein und andere weniger; aber im Grundzug ist das ganze deutsche Unternehmertum einig. Und da muß ich zu meiner großen Freude sagen, daß das nicht nur vom industriellen Unternehmertum gilt, sondern auch vom Handwerk. Bei uns an der Saar gibt es keine Kluft in den Anschauungen zwischen Industrie und Handwerk. Das Baugewerbe und das kleine Handwerk, sie alle stehen ganz auf demselben Boden wie wir, und ich glaube, das kann uns auch mit der Hoffnung und mit der Zuversicht erfüllen, daß unsere Erkenntnis der Lebensbedingungen des Gewerbe- und Handelsstandes im Hansabunde eines Tages doch noch die Oberhand gewinnen werden. Durch die starke Beteiligung des Bankgewerbes, des Großhandels und einer gewissen Gruppe von Angestellten in seiner Leitung scheint allerdings im Augenblick die Erkenntnis der sozialpolitischen Lebensbedingungen aller Gewerbe noch nicht vorhanden zu sein. Aber daß Industrie und Handwerk nicht imstande sein sollten, wenn sie sich wirklich anstrengen, als zwei Drittel des Bundes ihre Lebensinteressen in demselben zur Anerkennung zu bringen, diese Meinung vermag ich nicht zu teilen. Auf die Dauer, glaube ich, können wir, wenn wir nur ordentlich arbeiten, sehr wohl dahin kommen.

Aber, meine Herren, die nächste Aufgabe, die wir haben, ist die Bildung des politischen Fonds, die Ihr Direktorium heute vorgeschlagen hat, und da, muß ich sagen, kann ich Sie nur dringend bitten: treten Sie auf den Boden eines solchen Fonds und erweitern Sie die Aufgabe eines solchen Fonds hinaus über die kurze Unterstützung gewerbefreundlicher Kandidaten bei den Wahlen auf eine wirklich planmäßige berufsständisch-politische Ausbildung des Gewerbe- und Handelsstandes, verbunden mit der Ansagung einer offenen Fehde gegen alle diejenigen Theorien und Theoretiker, welche bis jetzt uns in unseren Lebensinteressen zu bekämpfen versucht haben. (Lebhafter Beifall.)

Geheimer Oberfinanzrat **Müller**-Berlin: Ich kann mich im großen und ganzen den Ausführungen, die der Herr Referent und der Herr Vorsitzende gemacht haben, anschließen. Ich glaube, der Centralverband muß, wenn er in dem gewünschten Sinne auf die politischen Verhältnisse einwirken will, sich an die gegebenen Tatsachen und an die gegebenen Parteien halten. Es ist ja unser Unglück in Deutschland, daß die Parteien so zersplittert sind. Zu den vielen Parteien noch eine neue Partei fügen zu wollen, das würde ein Schritt ganz in der umgekehrten Richtung sein. Wenn man lediglich nach wirtschaftlichen Gesichtspunkten neue Parteien bilden will, so ist das eine Arbeit von Jahrzehnten. Ehe die vollendet ist, würden wir inzwischen dagesessen und keinen Einfluß ausgeübt haben. Im übrigen kann ich mir auch gar keinen Erfolg davon versprechen, denn, wenn es politisch bei uns nach der Zahl, nach der Majorität der Stimmen geht, so hat von allen Ständen am allerwenigsten Chancen, eine Majorität zu erlangen, das gewerbliche Unternehmertum. (Sehr wahr!) Ich glaube, ein Versuch nach dieser Richtung würde sich als ein großer Fehlschlag erweisen.

Wenn der Herr Vorredner beispielsweise von dem Ueberwiegen des Beamtentums gesprochen und das in Verbindung gebracht hat mit einer zielbewußten Organisation des Beamtentums, so liegt da doch ein großer Irrtum zugrunde. Die Landräte der konservativen Partei sind doch nicht gewählt worden als Vertreter des Beamtentums, und die Landgerichtsräte, Direktoren und Reichsgerichtsräte im Zentrum sind doch nicht gewählt worden als Vertreter des Beamtentums, sondern weil unter den Kandidaten die Beamten diejenigen sind, die am besten Zeit haben (Heiterkeit), und diejenigen, denen die politische Karriere noch verlockend erscheint, verlockender als den gewerblichen Unternehmern. Es ist jammerschade, daß bei uns in Gewerbe und Industrie zu wenig Leute sind, die die Zeit haben, sich mit Politik zu beschäftigen. (Generalsekretär Bueck: Das ist richtig!) Deshalb sind Sie nicht genug vertreten. (Generalsekretär Bueck: Sehr richtig!)

Wenn ich nun davon ausgehe, daß wir mit den gegebenen Verhältnissen rechnen müssen und so, wie die Verhältnisse nun einmal liegen, eine möglichst starke Vertretung unserer Interessen wünschen, so, glaube ich, müssen wir den politischen Parteien gegenüber mit vollständiger Vorurteilslosigkeit handeln. Wir dürfen keinen anderen Gesichtspunkt geltend machen als: wer ist innerhalb der gegebenen politischen Parteien geeignet, befähigt, unseren Interessen Rechnung zu tragen und sie zur Geltung zu bringen (sehr richtig!), und weil ich auf diese politische Vorurteilslosigkeit den entscheidenden Wert lege, finde ich, daß das Programm, das uns vorliegt, nach einer Richtung hin nicht zweckmäßig orientiert ist. Ich finde in Nummer 2 am Schluß die national gesinnten Parteien erwähnt und frage mich: ist es taktisch klug und für den zu erreichenden Erfolg zweckmäßig, diese Begrenzung hier einzuführen? Ich schlage vor, statt „national gesinnte Parteien" zu sagen „bürgerliche Parteien". Man könnte es weitschweifiger ausdrücken: mit den auf dem Boden der gegenwärtigen Gesellschaftsordnung stehenden Parteien; aber „bürgerliche Parteien" drückt dasselbe kürzer aus. National gesinnt sind ja zweifellos sehr viele Parteien, deren Mitglieder den Interessen des deutschen Handels und Gewerbes feindlich gegenüberstehen, wenigstens den Interessen, wie wir sie auffassen. Herr Naumann ist zweifellos national gesinnt; aber ich glaube nicht, daß es zweckmäßig wäre, den Wahlfonds zur Unterstützung der Kandidatur Naumann zu verwenden. (Heiterkeit.) Ich kann also eine Bedeutung in dem Worte „national gesinnt" nur finden, wenn ich darin eine Richtung gegen das Zentrum sehe. Nun ist mir ja sehr wohl bewußt, daß das Zentrum eine Partei ist, die am wenigsten von allen den speziellen Interessen von Handel, Gewerbe und Industrie Rechnung getragen hat. Aber hat es denn einen praktischen Zweck, hier definitiv gegen das Zentrum Stellung zu nehmen, wo die Erfahrung doch gelehrt hat, daß das Zentrum in seinen Sitzen so fest steht, daß auch eine nationale Bewegung ihm nichts anhaben kann?

Ich möchte, da ich vielleicht vielen der Herren nicht bekannt bin, voranschicken, daß ich Protestant bin, daß ich als Reichstagsabgeordneter der freikonservativen Partei vor Jahren angehört habe, und daß mir der Ultramontanismus in der Seele zuwider ist. Aber als praktischer Politiker muß ich doch mit der Tatsache rechnen, daß das Zentrum die taktisch klügste, zielbewußteste und erfolgreichste Partei ist und auch in ihren Sitzen am festesten von allen steht. Ich habe drei Wahlkampagnen mitgemacht unter der Flagge der nationalen Begeisterung. Unter dieser Flagge hat Bismarck eine Majorität erreicht und hat Fürst Bülow eine Majorität erreicht. Die Leidtragenden waren früher die Freisinnigen und jetzt die Sozialdemokraten, das Zentrum aber ist unberührt geblieben. (Sehr richtig!) Wenn also ein Kampf gegen das Zentrum, falls wir ihn auf unser Programm schreiben wollen, praktisch keine Aussichten gewährt, so frage ich mich, was hat es für einen Zweck, das Zentrum dadurch, daß man es hier aus der Reihe der national gesinnten Parteien ausstreicht, zu reizen und besonders gegen sich einzunehmen. Wie die Sachen liegen, ist bei der größten Diskretion, die ich ja natürlich hier unter uns voraussetze, doch keine Möglichkeit gegeben, so etwas der Oeffentlichkeit vorzuenthalten. Es wird in irgendeiner Art bekannt, und naturgemäß ist die Folge davon, daß das Zentrum, wenn es schon bisher uns abhold war, nun noch erst recht in seiner feindseligen Haltung bestärkt wird.

Nun sehe ich unter den Vereinen, die den Ausschuß für unseren Wahlfonds bilden sollen, ja beispielsweise auch einen Elsaß-Lothringischen Verein, dessen Mitglieder — vermute ich — nicht durchweg auf der national gesinnten Seite stehen. (Widerspruch.) Es wird auch national gesinnte Mitglieder geben, aber daß wenigstens das Gros der Industrie in Mülhausen nicht gerade als national gesinnt bezeichnet werden darf, das ist doch am Ende sicher. Wenn wir dann den Oberschlesischen Industrieverein nehmen, so weiß ich, daß in Oberschlesien eine ganze Anzahl Arbeitgeber der ultramontanen Partei angehören, und wenn ich Süddeutschland ins Auge fasse, so meine ich, werden da doch im Gegensatz zu den Verhältnissen im Rheinland und Westfalen auch eine ganze Anzahl katholischer und vielleicht dem Zentrum geneigter Arbeitgeber sein.

Nun könnte ich mir in der Tat keine zweckmäßigere Verwendung der von uns gesammelten Mittel denken, als wenn es gelänge, auf unserem wirtschaftlichen Boden stehende katholische Arbeitgeber ins Zentrum wählen zu lassen. (Sehr richtig!) Wenn im Zentrum ein Gegengewicht geschaffen würde gegen Herrn Müller-Fulda und Herrn Erzberger (sehr richtig!), wenn auch nur einer oder zwei darin wären, die den Herren zu Gemüte führten: ihr verletzt ja die vitalen Interessen unseres deutschen Wirtschaftslebens durch eure Politik, so könnte das doch vielleicht einen gewissen Erfolg haben. Wenn ich mir beispielsweise denke, daß wir Mittel aufwenden, um einem Gesinnungsgenossen des Grafen Ballestrem — ich kann mich in der Person irren; aber ich glaube, sein Gegenkandidat war ein gewisser Korfanty, der hat ihn schließlich aus dem Reichstag hinausgedrängt — wieder zu einem Zentrumssitze zu verhelfen in der Gegenkandidatur gegen einen von diesen sozialistisch angehauchten Polacken (Heiterkeit), so wäre das ein Erfolg, wie er besser nicht zu wünschen wäre. (Sehr wahr!)

Aber selbst abgesehen davon, ob ein solcher praktischer Erfolg zu erzielen ist oder nicht, halte ich es für unnütz und zweckwidrig, durch einen Passus, der gar nicht notwendig ist, hier das Zentrum besonders gegen uns aufzubringen. (Sehr wahr!) Also deshalb schlage ich vor, „national gesinnte Parteien" zu ersetzen durch „bürgerliche Parteien".

Es ist nun ferner hier vom Hansabund die Rede gewesen und davon, daß der Centralverband in der Minorität ist. Ich habe der Gründung des Hansabundes ziemlich nahegestanden und habe nicht den Eindruck gewonnen, daß das richtig ist. Wie doch schon in der Wahl unseres Vorsitzenden in das Direktorium seinen Ausdruck gefunden hat, ist eine ausgiebige Vertretung unserer Interessen wohl gesichert. Aber der Gesichtspunkt, unter dem der Hansabund gegründet worden ist, war doch der, daß man eine momentane, elementar zum Ausdruck kommende Stimmung ausnutzen wollte zu einer Organisation von Handel und Gewerbe in allen Teilen. (Sehr gut!) Es handelt sich hier darum, den Tendenzen nicht bloß der Sozialdemokraten, sondern vieler Parteien, auch der konservativen in ihrer extremen Richtung, die auf eine Abbröckelung des Systems unserer gegenwärtigen Gesellschaftsordnung gerichtet sind, entgegenzutreten. Man hat als Eigentümer von Kleidungsstücken und Möbeln und Grundstücken und Hausgerät ja eine gewisse Sicherheit, daß man in seinem Eigentum rechtlich geschützt ist. Inzwischen aber hat die Technik der Gesetzgebung sich doch so verfeinert (Heiterkeit), daß man den Zweck einer Expropriation auf dem Wege einer sozialpolitischen Gesetzgebung oder einer Steuergesetzgebung oder einer Bergbaupolizeiverordnung (sehr gut!) mit ziemlich der gleichen Sicherheit erreichen kann. (Zustimmung und Heiterkeit.) Es sind ganz bedrohliche Erscheinungen, die auch bei der Regierung sich geltend machen. Eins der gefährlichsten Prinzipien, namentlich in der Ausführung ist das Prinzip der Besteuerung des Wertzuwachses. Populär ist es ja natürlich gegen die Grundspekulation in großen Städten gerichtet, aber der Graf Westarp hat ja auch den Wertzuwachs in Wertpapieren schon besteuern wollen. Man kann auf dem Wege der Besteuerung des Wertzuwachses ein Unheil anrichten, welches unsere ganze Industrie ruiniert. (Zustimmung.) Das hat angefangen mit einer Erfindung der Admiralität in Kiautschou. Da haben sie große Anlagen gemacht, die den Wert des Grund und Bodens erhöht haben, und sie haben gesagt, da müssen wir durch eine Wertzuwachssteuer Ersatz schaffen. Ich habe jetzt bei einer Gesellschaft, in deren Verwaltung ich bin, etwas erlebt, was auf die Expropriation von Grund und Boden ohne Entgelt direkt zugeschnitten ist. Die Kolonialgesellschaft für Südwestafrika, die als großkapitalistische Gesellschaft sich einer weiten Unpopularität erfreut (Heiterkeit), hat dort auf Grund ihrer verbrieften Rechte das Eigentum auf große Flächen, zum größten Teil auch Wüstensandes, wo jetzt leider auch Diamanten entdeckt worden sind (Heiterkeit), und da ist man auf die Idee gekommen, dieser Gesellschaft doch das Handwerk zu legen, und man macht jetzt eine Grundwertsteuer in den Gebieten von Swakopmund und Lüderitzbucht, indem man zu den Weichbildern dieser sogenannten Städte Flächen rechnet, die vielleicht in Jahrhunderten nicht zu einer Bebauung herankommen können, aber zu dem Zwecke, daß jeder, der in diesen Weichbildern Eigentum hat, 2 Pf. Grundwertsteuer pro Hektar zahlen soll. Das klingt ja minimal: 2 Pf., aber dort wird der Hektar für 75 Pf. oder 1 M. verkauft und diese Steuer von 2 Pf. ist für diese Gesellschaft eine jährliche Belastung von 400 000 M. bis 500 000 M., also nahezu der Ruin der Gesellschaft, wenn das nicht abwendbar ist.

Also ich sage nur, das Prinzip wird zunächst auf einem harmlosen und populären Gebiet etabliert und nachher findet sich die Neigung, es auch auf andere Gebiete anzuwenden. Dann haben wir in der Tat einen Zustand, wo der Schutz der gegenwärtigen Gesellschaftsordnung, des Eigentums nicht nur an Stiefeln und Stühlen, sondern auch an gewerblichem Eigentum, an den Werten, den durch Jahrzehnte aufgebaute industrielle Unternehmungen haben, zu sichern ist, und deshalb hat man sich bei Gründung des Hansabundes an alle die gewendet, die noch etwas zu verlieren haben, die also ein Interesse daran haben, die jetzige Gesellschaftsordnung zu halten. Das ist außer den gewerblichen Unternehmungen, den großen Betrieben und dem großen Kapital auch das Handwerk, und das sind, weil mit ihren Lebensinteressen an das Gedeihen der Industrie und des Handels gebunden, auch die Angestellten. (Sehr richtig!)

Nun stand man doch vor der Frage, ob man, dem deutschen Hange folgend, sagen soll, wir vereinigen uns nur mit Leuten, die genau auf unserem Boden stehen. Das ist die Neigung, die bei uns allen vorhanden ist. Wer irgendwie gegensätzliche Meinungen hat, der gehört nicht zu uns, sagt man. Ja, wenn man so verfährt, würde man natürlich nur ein kleines Häuflein um sich haben. Wir haben da praktische Politik zu treiben geglaubt, indem wir sagten, hier muß es bloß nach der großen Frage gehen, wer steht in dieser wichtigsten Frage auf unserem Boden, und wo ist also eine Grundlage für ein gemeinsames Vorgehen, allerdings in beschränktem Umfange, noch vorhanden?

Das haben wir in allen Teilen, die zum Hansabund zusammengetreten sind, vorzufinden geglaubt, und deshalb soll man sich nicht dadurch stören lassen, daß nun der besondere Standpunkt des Centralverbandes nicht von allen geteilt wird. Der Centralverband würde natürlich den Hansabund sofort wieder in die Luft sprengen, wenn er sagte: wer nicht in Schutzzoll- und sozialpolitischen Fragen auf unserem Standpunkt steht, gehört nicht in den Hansabund hinein. Dann ist es sofort aus. Statt dessen hat man sich gesagt — und ich schreibe da unserem Vorsitzenden ein großes persönliches Verdienst zu —: man muß jeden nach seiner Fasson selig werden lassen, man muß die Leute nehmen, wie sie nun einmal sind, mit all den verschiedenen Ansichten, mit zum Teil freihändlerischem Anstrich und zum Teil sehr weitgehendem liberalen Anstrich. Es wird die Aufgabe sein, nachdem man zunächst zentralisiert hat — ohne eine feste Zentralisation ist eine solche Sache überhaupt nicht zu machen (sehr richtig!) —, nachher bewußtermaßen die Ortsgruppen gesondert marschieren zu lassen. Selbstverständlich wird man in einzelnen Kreisen, die dazu geeignet sind, weit fortgeschrittene liberale Kandidaten unterstützen (Widerspruch) und wird in anderen Kreisen konservative Kandidaten unterstützen, und man wird die Zentralisation nicht so auffassen, daß die Zentralleitung für jede dieser Kandidaturen die volle Verantwortung zu übernehmen hätte. Das ist doch überhaupt das Geschick der politischen Parteien, die erfolgreich sind. Im Zentrum sind Demokraten und Reaktionäre zusammen und sie vertragen sich dann in casu; sie lassen den einen eben marschieren, sich für allgemeines, gleiches und direktes Wahlrecht in Kommunen und Einzelstaaten begeistern, sie lassen einen für die weitgehendsten sozialpolitischen Forderungen stimmen, und in wichtigen Fragen sind sie doch zusammen.

Also diese Freiheit und diese Vielgestaltigkeit der politischen Bestätigung muß man eben gestatten, wenn man politisch erfolgreich sein will. Man darf sich nicht deshalb in kleine Gruppen zerspalten, weil man nicht über alle Punkte einig ist.

Deshalb bin ich zwar auch der Meinung, daß es nach außen hin nicht schön wirkt, daß der Centralverband einen gesonderten Wahlfonds zusammenbringt und dadurch naturgemäß dem Hansabund Mittel entzieht. Aber ich sage mir wieder: vom praktischen Standpunkt aus ist das kein Unglück; denn das sehe ich allerdings voraus, daß es im Hansabund mitunter Schwierigkeiten bieten kann, eine oder die andere konservative Kandidatur zu unterstützen, und da begrüße ich es als einen Vorzug gerade dieses getrennten Marschierens, daß hier im Centralverband die geeignete Stelle ist, um das ohne Hindernisse machen zu können, und ich glaube, der Hansabund wird das gar nicht übelnehmen, er wird das gar nicht als einen Eingriff in seine Rechte ansehen, wenigstens die Leitung nicht. Daß einzelne darüber räsonieren werden, sehe ich voraus; das ist aber auch wieder kein Unglück.

Wenn wir Erfolg haben wollen, so kann das nicht etwa auf dem Wege erreicht werden, daß wir den Liberalen eine ganze Masse Sitze verschaffen. Denn wenn der Erfolg noch so groß ist, so groß wie irgend denkbar, so wird daraus niemals eine Majorität werden, wie in Deutschland einmal unsere Verhältnisse sind. Die konservative Partei kann bekämpft werden, so viel wie Sie wollen, sie wird immer in den ostelbischen und landwirtschaftlichen Kreisen ihre sicheren Sitze behalten, und es wird nicht zu verhindern sein, daß Zentrum und Konservative zusammen eine ausschlaggebende Rolle im Reichstag spielen. Unsere Aufgabe muß sein, auch innerhalb der konservativen Partei möglichst Vertreter unserer Anschauungen, möglichst verständnisvolle Kenner unserer Anschauungen zu gewinnen, denn da bin ich ganz mit dem Vorsitzenden einverstanden: es liegt nicht überall an bösem Willen, sondern es liegt an der mangelnden Kenntnis und Einsicht. Wie weit dieser Mangel der Kenntnis geht, das braucht man niemandem zu sagen, der Gelegenheit hatte, auch mit unseren Ministerien zu verhandeln. (Heiterkeit.) Wie viel Vortragende Räte sind da, die keine Ahnung hatten von unseren industriellen Interessen. Wie viel Minister sind da, die zunächst den Fragen ratlos gegenüberstanden. Also, wie können wir uns wundern, daß ein Gutsbesitzer, der in Pommern oder in Ostpreußen lebt, sich nicht hineinfinden kann in unsere Verhältnisse und Interessen. Wenn da Leute sind, die das Vertrauen genießen, weil sie sich politisch zu ihnen rechnen und die auf Grund ihrer Sachkenntnis überzeugend zu wirken verstehen, so werden zwei, drei schon eine sehr heilsame Wirksamkeit entfalten können. (Sehr wahr!)

Also ich glaube, das ist unsere Aufgabe, und deshalb müssen wir gemeinsam mit dem Hansabund, ohne gekränkt zu sein über abweichende Ansichten, die in diesem Gremium herrschen, doch dem Ziele zustreben, eine möglichst wirksame Vertretung unserer Interessen herbeizuführen, in dem bescheidenen Maße, wie es nach den gegebenen Verhältnissen überhaupt nur denkbar ist. (Beifall.)

Hüttenbesitzer **von Vopelius**-Sulzbach, Mitglied des Herrenhauses: Meine Herren, ich freue mich, konstatieren zu können, daß meine drei Herren Vorredner in dem Schlußsatz vollständig übereingestimmt haben, daß sie den Propositionen, welche das Direktorium Ihnen vorgelegt hat, zustimmen. Naturgemäß sind ja einzelne Divergenzen zwischen den verschiedenen Herren hervorgetreten. Der Hansabund spielt eine große Rolle in dieser Diskussion. Ich will mich nicht weiter damit befassen, als es absolut notwendig ist.

Herr Kommerzienrat Menck war der Meinung, daß das Direktorium die Sache angefaßt habe aus einem Schwächegefühl gegenüber den Bestrebungen des Hansabundes. Dabei hat Herr Kommerzienrat Menck zweifellos übersehen, daß, wie Herr Landrat Rötger doch vorführte, diese ganze Aktion schon vor über Jahresfrist von dem Direktorium beschlossen worden ist, wo von dem Hansabund noch überhaupt keine Rede war. Von einem Schwächegefühl kann also da nicht gesprochen werden.

Wenn er nun meinte, daß der Centralverband im Hansabund in die Minorität gedrängt worden sei, so vermag ich das auch nicht anzuerkennen. Wenn von drei Herren Präsidenten einer dem Bankiergewerbe, einer dem Centralverband und einer der Mittelstandsbewegung angehört, so ist der Centralverband vollständig richtig beteiligt und namentlich, da der Vertreter des Handwerks zweifellos unseren Anschauungen außerordentlich nahesteht.

Meine Herren, Herr Dr. Tille möchte gern das Programm etwas erweitern, er möchte Tendenzprofessuren (Heiterkeit) errichten. In der Sache hat Herr Dr. Tille meiner Auffassung nach ganz zweifellos recht. Es muß unser Bestreben sein, wenn auch nicht gerade 8000 Agitatoren (Heiterkeit), aber jedenfalls eine ganze Reihe von Agitatoren zu gewinnen, welche sozialpolitisch auf unserem Standpunkt stehen und die dann hernach weitere Agitatoren tüchtig heranbilden. Daß das aber von heute auf morgen geschehen kann, erscheint mir ausgeschlossen, und man muß in dieser Frage doch der ganzen Agitation etwas Zeit lassen.

Herr Geheimrat Müller hat eine Ausführung gemacht, welche ich vollständig unterschreibe. Er schlägt vor, statt „national gesinnte Parteien" zu sagen „bürgerliche Parteien". Meine Herren, seine Ausführungen waren außerordentlich treffend. Ich möchte Ihnen dabei mitteilen, was mir persönlich vor zwei Jahren passierte. Als der Herr Reichskanzler Fürst Bülow mit mir wegen des Wahlfonds gesprochen hat, welcher damals seitens des Centralverbandes gesammelt worden ist, gab er ein Programm heraus, welches sich gegen die

Sozialdemokraten und das Zentrum richtete, und da sagte ich: Durchlaucht, das kann ich nicht mitmachen; gegen die Sozialdemokraten selbstverständlich, aber gegen das Zentrum geht das nicht. Der Centralverband ist keine politische Partei, sondern er ist lediglich eine Partei zur wirtschaftlichen Interessenvertretung und dann eine Partei gegen die Sozialdemokraten. Unter den großen Industriellen sind so viel Katholiken, welche wir nicht auf diese Weise vor den Kopf stoßen dürfen. (Heiterkeit.)

Meine Herren, das trifft meiner Meinung nach auch hier bei diesem Wahlfonds zu. Auch hier haben wir keine Veranlassung, das Zentrum vollständig zu eliminieren. Es war vielleicht in der hohen Politik ein großer Fehler, daß man das Zentrum so eliminiert hat. Es mag dem einzelnen Politiker gewiß sehr angenehm gewesen sein; aber ob es taktisch richtig war, das möchte ich bezweifeln.

Meine Herren, aber nicht um dieser Ausführungen willen habe ich ums Wort gebeten, sondern aus anderen Erwägungen.

Bei den vielfachen Unterhaltungen, welche ich seinerzeit mit dem Reichskanzler Fürst Bülow, namentlich aber mit dem jetzigen Herrn Reichskanzler und dem jetzigen Herrn Staatssekretär im Reichsamt des Innern gehabt habe, als sie noch in ihren früheren Stellungen waren, betonten diese Herren immer, wenn ich beklagte, daß die Reichs-, bzw. die Staatsregierung so wenig auf unsere Wünsche einginge: Sie müssen Ihre Vertretung im Parlament suchen. Ja, meine Herren, die Herren haben ganz recht. Wenn industrielle Vertreter dort sind, dann wird die Reichsregierung auch eine ganz andere Stellung gegenüber den Wünschen der Industrie einnehmen, als wie sie es jetzt tut. (Sehr richtig!) Jetzt ist ja kein Mensch dort, der die Industrie vertritt, und da sagen natürlich die Herren von der Reichsregierung: wir müssen uns doch nach denen richten, welche die Mittel im Etat bewilligen, mit denen müssen wir arbeiten; mit der Industrie haben wir nicht zu arbeiten, weil sie keine Vertreter hier hat.

Meine Herren, ich wollte Ihnen das noch besonders ins Gedächtnis zurückrufen. An und für sich scheint es mir ja, als wenn ein Widerspruch gegen die ganze Tendenz des Wahlfonds nicht vorliegt, und ich freue mich doppelt, konstatieren zu dürfen, daß der Aufruf, mit dem wir doch in einer gewissen Aengstlichkeit an Sie herangetreten sind, von Ihnen gebilligt wird. (Beifall.)

Syndikus Dr. **Rocke**-Hannover: Meine Herren, ich glaube, von den Ausführungen des Herrn Dr. Tille hat Ihnen am besten der Satz gefallen, in dem er erklärte, daß er ermächtigt sei, namens der

Saarbrücker Industrie wesentliche Zuschüsse für den in Aussicht genommenen Wahlfonds zur Verfügung zu stellen. (Heiterkeit.) Ich bedaure, daß ich ebenso plutoisokratisch mich für die hannoversche Industrie nicht ohne weiteres aussprechen kann, da dort bestimmte bindende Beschlüsse noch nicht gefaßt sind. Nach den Verhandlungen aber, die im Hannoverschen Fabrikantenverein über diese Dinge bei früheren Veranlassungen gepflogen worden sind, zweifle ich nicht, daß die Tendenz des Beschlußantrages, der hier vorliegt, gerade auch in Hannover auf lebhafte Zustimmung stoßen wird, und zwar deswegen, weil wir dort sozusagen am eigenen Leibe im kleinen erkannt haben, wie notwendig ein solches Vorgehen ist.

Meine Herren, ich darf wohl sagen, daß sich die hannoversche Industrie in den letzten Jahren von der dort herrschenden bürgerlichen Partei vernachlässigt und gründlich verletzt fühlt. Als wir konsequent bei verschiedenen Gelegenheiten Fühlung mit der Parteileitung genommen und darauf hingewiesen haben, daß wir doch neben den Juristen und Philologen, die uns dort immer als Kandidaten präsentiert werden, auch einmal Industrielle in den Landtag haben wollten, wie wir einen solchen in so hervorragender Weise früher in dem Baurat Wallbrecht gehabt haben, da ist uns bedeutet worden: Sie können nicht verlangen, daß wir uns in Abhängigkeit von der Industrie, von einer einzelnen wirtschaftlichen Gruppe begeben. Die so geredet haben, vergaßen ganz, wie häufig sich ihre Partei bei der Wahl von Kandidaten in Abhängigkeit von dem Bunde der Landwirte begeben hat, auch von Schullehrern und Postsekretären, von der Arbeiterschaft usw. Nur gerade die Industrie scheut man, in deren angebliche Abhängigkeit will man sich nicht begeben, und deswegen haben auch unsere Industriellen gesagt: wir können zurzeit mit der Menge der Stimmen nichts ausrichten innerhalb einer Partei, wohl aber werden wir unser Gewicht in die Wagschale werfen können, wenn man immer und immer wieder, wenn Not am Manne ist, an die finanzielle Opferwilligkeit der Industrie appelliert; unsere Industrie bezahlt ja den größten Teil der Kosten der Wahlen, nicht nur in der Stadt, sondern in der Provinz Hannover. Aus dem Grunde haben wir in Hannover schon im vorigen Jahre ein ähnliches Vorgehen, wie es hier vom Centralverbande in die Wege geleitet ist, ebenfalls ins Auge gefaßt, und selbstverständlich wird diese Bewegung an Stoßkraft gewinnen, wenn sie nicht lokal von uns, sondern wenn sie vom Centralverbande als solchem aufgenommen wird. Schon das Bekanntwerden dieser Tatsache wird die maßgebenden Parteigrößen etwas gefügiger machen, so daß man wohl in Zukunft mehr als bisher auf die hannoversche Industrie und ihre Anschauungen Rücksicht nimmt.

Ich unterschreibe, was Herr Geheimrat Müller gesagt hat betreffs der großen Vorurteilslosigkeit, die wir haben müssen. Sie sehen aber zu gleicher Zeit, wie schwer es unter Umständen in einzelnen Bezirken und Städten für uns ist, gegenüber den Parteien vorurteilslos zu bleiben.

Dann möchte ich aus dem Gedankengange des Herrn Kommerzienrat Menck doch das herausgreifen — ohne mich auf das übrige einlassen zu wollen —, daß es wohl erwünscht ist, wenn man den Ortsgruppen oder Ortsvereinen irgendwie auf die Dauer eine organische Mitwirkung bei dem ganzen Unternehmen einräumt, denn, wenn Sie von vornherein heute 15 Vereine zur Mitwirkung heranziehen, so ist es leicht möglich, daß die übrigen Vereine dann auf die Dauer abseits stehen, während andererseits, wenn Sie eine organisierte Mitarbeit aller Vereine und aller Interessentengruppen heranziehen, es leichter sein wird, an einzelnen Plätzen immer wieder für diese unsere Idee zu wirken. Vielleicht können Sie — ohne daß ich jetzt bestimmte Anträge stellen möchte — doch gleich in die Grundzüge die Möglichkeit hineinnehmen, daß auch die Ortsgruppen selbständig arbeiten können, daß ihnen vielleicht bestimmte Teile dieses Fonds für ihre besonderen lokalen Zwecke verbleiben, während sie das übrige abführen und ähnliches mehr, eben in dem Sinne, um das zu vermeiden, was von einem Vorredner dem Hansabunde vorgeworfen wurde — ich will ganz dahingestellt sein lassen, ob mit Recht oder mit Unrecht —, daß die Selbständigkeit und das Leben in den Ortsgruppen dort zu sehr unterbunden wird.

Dann, meine Herren, möchte ich zur Erwägung stellen, nachdem doch einmal an der Ziffer 2 redaktionelle Aenderungen vorgeschlagen worden sind, ob es nicht möglich wäre, die Worte „im Sinne der Stellungnahme des Centralverbandes" durch andere Worte zu ersetzen. Meine Herren, Sie werden überzeugt sein, daß ich das Ansehen und die Ehre des Centralverbandes bei jeder Gelegenheit gern fördern werde. Ob es aber klug gehandelt ist, an dieser Stelle die ganze Sache ausschließlich unter die Flagge des Centralverbandes zu stellen, ist mir fraglich. Ich glaube, man kann dasselbe erreichen, wenn man lieber etwas aus den Statuten oder aus dem Programm des Centralverbandes hineinnimmt, also wenn man etwa sagt: „im Sinne des Schutzes heimischer Arbeit" und etwa noch zusetzt: „und Aufrechterhaltung der Autorität des Arbeitgebertums". Dadurch erreichen wir, daß auch Leute, die nicht zum Centralverbande gehören oder die nicht durch dick und dünn mit ihm gehen, doch bereit sind, sich auf eine solche Resolution zu einigen und an ihrer praktischen Durchführung mitzuwirken. — Und endlich möchte ich mir die Anfrage gestatten, ob das Direktorium glaubt, die Massen der Centralverbandsmitglieder so im Zuge zu haben, daß diese Masse freiwillig dem Rufe des Ausschusses Folge leisten und diese doch sicherlich auf lange Jahre, wenn nicht auf immer, berechnete bedeutende Erhöhung der ordentlichen Mitgliederbeiträge auf sich nehmen wird, und ob es nicht taktisch klug ist, lieber die Sache noch einmal der Delegiertenversammlung zu unterbreiten. Ich bin der Ueberzeugung, daß die beredten Worte etwa des Vorsitzenden und des Geschäftsführers in der Lage sein würden, in der Delegiertenversammlung eine ebensolche einmütige Zustimmung zu erreichen, wie sie anscheinend hier im Ausschuß hervortritt. Dann haben Sie aber erreicht, daß von vornherein auch hier wieder die große Masse der Centralverbandsmitglieder für die Sache gewonnen ist und dann zu Hause anders dafür arbeitet, als wenn es nur der Ausschuß im kleinen Kreise getan hat.

Herr Generaldirektor Dr. **Gottstein**-Breslau: Meine Herren, das Direktorium schlägt uns vor, ohne Beeinträchtigung der Unterstützung des Hansabundes einen besonderen Fonds zur Vertretung der im Centralverband zusammengeschlossenen Interessen der Industrie zu schaffen. Nun ist von einem der Herren Vorredner bedauert worden, daß der Centralverband im Hansabund keine Mehrheit habe, und es ist darauf auch schon erwidert worden, daß er eine solche Mehrheit nicht haben kann, und er soll sie auch nicht haben, denn der Hansabund wird sich, um wirken zu können und damit mittelbar auch einen großen Teil unserer Interessen — natürlich nicht alle — vertreten zu können, auf Massen stützen müssen, und die Massen haben wir vorläufig nicht hinter uns, können sie auch nicht hinter uns haben, wenn wir nicht etwa die Vorschläge des Herrn Dr. Tille durchführen wollen — und das geht jedenfalls nicht in so kurzer Zeit. Aber gerade durch die Begründung eines besonderen Fonds vom Centralverbande wird ja diesen Bedenken Rechnung getragen.

Nun ist bemerkt worden, daß der Schlußsatz des § 2, wo von den „national gesinnten Parteien" die Rede ist, zu Bedenken führt, und Herr Dr. Tille hat ferner beanstandet, daß dieser neue Fonds Wahlfonds genannt werden soll. Ich glaube, meine Herren, diesen beiden Einwürfen können wir am besten Rechnung tragen, wenn wir den Satz 2 so ändern: „und der ihm angeschlossenen wirtschaftlichen und industriellen Körperschaften sicher zu erwarten ist, soll ein diesen Zwecken dienender Fonds gebildet werden". Wenn wir das machen, können wir den folgenden Satz „Unter den vorstehenden Voraussetzungen" usw. vollständig weglassen, und es fallen alle die Einwände, die an dem Ausdruck „national gesinnte" oder „bürgerliche" Parteien geknüpft werden, fort. Eine derartige Kürzung halte ich auch deswegen für gut, weil wir durch zu lange Erklärungen natürlich eine größere Angriffsfläche bieten. In diesem Falle ist die kürzeste Ausdrucksweise jedenfalls vorzuziehen.

Ich möchte hierbei noch auf einige Bemerkungen der Herren Vorredner eingehen. Es ist betont worden, daß die Begründung des Hansabundes auch in unseren Reihen großem Skeptizismus begegnet. Es ist dies vom Direktorium mit Recht gesagt und auch von Herrn Kommerzienrat Menck hervorgehoben worden, und ich darf wohl hinzufügen, daß ich selbst von Anfang an und auch heute noch zu diesen Skeptikern gehöre, trotzdem es aber für richtig gefunden habe, in den mir nahestehenden Vereinen sehr energisch für den Eintritt in den Hansabund einzutreten. Meine Herren, mit Skeptizismus allein schafft man nichts Großes, man schafft nur etwas mit einem gewissen kühnen Idealismus, uud wir dürfen wohl auch damit rechnen, daß wir den Hansabund im allgemeinen nicht als Gegner, sondern für einen wesentlichen Teil unserer Bestrebungen zum Anhänger haben werden, und zwar namentlich dann, wenn wir ihm beitreten und ihn recht zahlreich und recht energisch unterstützen.

Ich glaube aber auch, daß die Ausführungen des Herrn Dr. Tille nicht so kurz von der Hand zu weisen sind. Als ich zuerst von der Idee eines Arbeitgeberverbandes hörte, freute ich mich über den schönen Gedanken, sagte mir aber auch, daß er nicht ausführbar sei. Als nun der Hansabund begründet wurde, schrieb ich Herrn Dr. Tille: Da ist ja Ihre Idee auf einmal in die Wirklichkeit übersetzt. Ich glaube, das ist auch im gewissen Sinne der Fall, und Herr Dr. Tille denkt jedenfalls nicht daran — er hat meine Unterstützung nicht nötig und kann sich sehr gut selbst verteidigen —, ich glaube aber nicht, daß er jemals daran gedacht hat, jetzt eine neue politische Partei zu begründen, sondern er hat nur ausgedrückt, daß wir einer Neubildung der Parteien gegenüberstehen, die sich langsam vorbereitet. Wenn Herr Geheimer Finanzrat Müller hier gesagt hat, daß wir so viele Beamte im Parlament haben, weil diese am meisten Zeit haben, so wissen wir zwar genau, daß dies richtig ist; wir wissen aber auch, daß wir Industrielle eher Zeit haben würden, wenn wir in erfolgreicher Weise der überhasteten, oft nicht genügend durchgearbeiteten und daher vielfach auch unpraktischen Gesetzmacherei entgegentreten könnten.

Ich möchte also schließen, indem ich Ihnen anheimstelle, diesen Vorschlag, nämlich die vorgeschlagene Kürzung des § 2, in der angegebenen Weise anzunehmen.

Generalsekretär Dr. **Beumer**-Düsseldorf: Meine Herren, ich will mich auf eine ganz kurze Ausführung beschränken. Namens der rheinisch-westfälischen Industrien, die im „Verein zur Wahrung der gemeinsamen wirtschaftlichen Interessen von Rheinland und Westfalen" und in der „Nordwestlichen Gruppe des Vereins Deutscher Eisen- und Stahlindustrieller" organisiert sind, kann ich Ihnen dieselbe erfreuliche Erklärung abgeben, die Herr Dr. Tille für die Saar-Industrie abgegeben hat. (Beifall.) Wir werden diese ganze Sache auch namentlich mit Geld unterstützen, wie in den beiden Körperschaften beschlossen worden ist. Geld, meine Herren, bildet ja bei dieser Frage, die uns heute beschäftigt, die Hauptsache.

Es tut mir außerordentlich leid, daß in den brausenden Wein des nahezu 80jährigen Jünglings Bueck (Heiterkeit) der etwas jüngere Herr Kommerzienrat Menck so viel Wasser gegossen hat. Meine Herren, die Ausführungen unseres verehrten Herrn Generalsekretärs entsprechen nach jeder Richtung hin, meiner persönlichen Ansicht nach, so sehr dem Bedürfnis, das die Industrie nach einer wirklichen Vertretung in den Parlamenten hat, daß wir die Vorschläge, die er namens des Direktoriums gemacht hat, hier rite akzeptieren sollten — von einzelnen kleinen Veränderungen, wie sie namentlich von Herrn Dr. Gottstein vorgeschlagen sind, natürlich abgesehen.

Aber wenn Herr Kommerzienrat Menck hier von einem Zentralisieren gesprochen hat, so zeigen Ihnen die Vorschläge des Direktoriums gerade das Gegenteil. Herr Generalsekretär Bueck hat ausdrücklich hervorgehoben: der Centralverband will an sich mit der Verwendung des Fonds nichts zu tun haben; er verweist die ganze Sache an eine Kommission, die aus 15 Vereinen bestehen soll. Meine Herren, wenn das kein Dezentralisieren ist, dann weiß ich nicht, was dezentralisieren heißt. Und was die Wünsche des Herrn Dr. Rocke anbetrifft, so kann ich mir gar nicht denken, daß diese Kommission wirksam sollte arbeiten können, ohne auch ihrerseits wieder nach der Richtung hin zu dezentralisieren, daß sie Fühlung mit den Zweigvereinen unterhält. Meine Herren, die Kommission muß in jedem einzelnen Fall mit den Zweigvereinen Fühlung nehmen, wie das übrigens auch das Direktorium und die Geschäftsführung des Centralverbandes ja bei anderen Gelegenheiten getan haben.

Und dafür ist doch jedenfalls dem Centralverbande zu danken, daß er diese Frage mit einer großen Hartnäckigkeit und mit einer außerordentlichen Energie schließlich soweit geführt hat, daß sie zu der heutigen Beschlußfassung kommen konnte. Meine Herren, daß der Centralverband es in die Hand genommen hat, die Anregung zu dieser Sache zu geben, daß er durch seinen Geschäftsführer eine Denkschrift über diese Frage für das Direktorium hat ausarbeiten lassen, daß der Geschäftsführer in so warmer und eingehender Weise diese Sache hier empfohlen hat — diese Zentralisierung wird doch auch Herr Menck gelten lassen müssen; denn wenn der Centralverband diese Arbeit nicht getan hätte, dann würde er, wie mir soeben mein Freund Dr. Martens aus Dortmund zurief, besser ein Dezentralverband genannt worden sein. (Heiterkeit.) Eine gewisse Zentralisation — das möchte ich Herrn Kommerzienrat Menck sagen — ist doch in allen diesen Dingen nötig, und wenn diese Kommission nur aus 15 Vereinen bestehen soll, so ist das ja wohl aus dem Grunde geschehen — ich weiß nicht, wie das Direktorium auf die Zahl 15 gekommen ist —, weil nicht ein Parlament etwa von 180 oder 190 Leuten gebildet werden kann, die diesen Fonds zu verwalten haben.

Das, meine Herren, habe ich bezüglich der Bedenken zu sagen, die hier in der Diskussion geäußert worden sind.

Was nun die Verbesserung der Resolution in Absatz 2 anbelangt, so trete ich vollkommen auf den Boden der Ausführungen, die Herr Geheimrat Müller hier bezüglich der bürgerlichen Parteien gemacht hat. Aber ich glaube, daß der Vorschlag des Herrn Dr. Gottstein nach dieser Richtung hin das Bessere bildet, wenn dieser Satz gestrichen und der vorhergehende Satz in der von ihm vorgeschlagenen Form geändert wird.

Ich möchte aber bei der Gelegenheit gegenüber Herrn Dr. Rocke sagen, daß der Name des Centralverbandes in diesem zweiten Absatz der Resolution stehen bleiben muß. Es heißt mit vollem Recht: „die Stellungnahme des Centralverbandes und der ihm angeschlossenen wirtschaftlichen und industriellen Körperschaften“. Meine Herren, wir wissen doch, daß in diesen 199 ihm angeschlossenen Körperschaften selbst in der Zollpolitik Nüancen bestehen können. Wir wollen aber hier zum Ausdruck bringen, daß im allgemeinen nur diejenigen Abgeordneten bei den Wahlen unterstützt werden sollen, die die Richtung der Förderung einer nationalen Industrie im Sinne des Centralverbandes und der ihm angeschlossenen Vereine vertreten. Also, meine Herren, ich glaube nicht, daß es gut ist, den Namen des Centralverbandes da ganz herauszustreichen. Man wird das Kind hier beim richtigen Namen nennen müssen, und ich glaube auch nicht, daß die

Befürchtung zutrifft, die Herr Dr. Rocke geäußert hat, daß wir nicht die große Mehrheit hinter uns haben sollten.

Er hat ja auch gefragt, ob wir nicht nun noch einmal in der Delegiertenversammlung darüber sprechen sollten. Meine Herren, die Sache muß doch möglichst rasch gemacht werden. Weiter hat Herr Dr. Rocke gefragt, ob das Direktorium die Zweigvereine so am Zügel hätte, daß sie nun alle mittäten. Ja, meine Herren, das wird die Aufgabe der Herren sein, die nun nach Hause zurückkehren, in ihren Zweigvereinen im Sinne des Beschlusses zu arbeiten, den wir heute fassen. Wenn irgendwo das Wort gilt: Bis dat, qui cito dat, so ist es hier, und ich möchte Sie deshalb bitten, schon heute diesen Beschluß zu fassen, damit die Sache auch in die Wirklichkeit übergeführt werden kann.

Und dann, meine Herren, habe ich nach den warmen Ausführungen meines Freundes Bueck nur noch die eine Bitte an Sie zu richten: Stellen Sie sich hinter diese Sache, die wir jetzt seit Jahren behandeln, wirklich einmal mit einer besonderen Begeisterung, damit wir einen möglichst großen Fonds bekommen zum Segen der Industrie und des Vaterlandes. (Beifällige Zustimmung.)

Geheimer Kommerzienrat **Meyer**-Hannover: Meine Herren, ich habe nicht die Absicht, eine Rede zu halten. Ich möchte nur das Direktorium auf einen Punkt aufmerksam machen. Es betrifft die Vorschläge für die Zusammensetzung der Kommission. Unter Nr. 15 ist vorgeschlagen die Norddeutsche Gruppe des Vereins Deutscher Eisen- und Stahlindustrieller zu Berlin. Meine Herren, ich hatte den Vorzug, bis vor zwei Jahren Vorsitzender dieser Gruppe zu sein. Herr Dr. Zakrzewski hat immer die Güte gehabt, das Protokoll zu führen. Er wird bestätigen, daß es mir außerordentlich schwierig war, zu der Generalversammlung außer dem Vorsitzenden noch einen Aktionär heranzuziehen. (Heiterkeit.) Ich habe vor zwei Jahren wegen meines vorgerückten Alters die Stellung als Vorsitzender niedergelegt und hatte Mühe, noch einen Aktionär — ich weiß nicht, wer es war — hinzuzuziehen. Ich schlug dann vor, Herrn von Borsig zu meinem Nachfolger zu wählen und meinen Sohn als Stellvertreter. Nun denken Sie sich, wenn diese Gruppe zusammentreten wird, um ein Komiteemitglied zu ernennen, dann wird mein Sohn zweifellos Herrn von Borsig vorschlagen und vielleicht Herr von Borsig meinen Sohn. (Heiterkeit.) Ich schlage Ihnen vor, daß Sie statt der Nr. 15 sagen: Der Arbeitgeberverband in Hannover. Ich glaube, Herr Dr. Rocke ist darüber besser unterrichtet als ich. Es steht an der Spitze, wenn ich nicht irre, Herr

Emil Garsens, ein in der hannoverschen Industrie hoch angesehener Mann. Ich glaube, meine Herren, ich erzeige Ihnen nur etwas ganz Angenehmes, wenn ich Sie darauf hinweise, daß das praktischer sein wird, und wenn Herr Dr. Rocke gesagt hat, er könne sich für die hannoversche Industrie nicht bereits dahin erklären, daß sie die Vorschläge bezüglich der Beiträge akzeptieren würde, so bezweifle ich nicht, daß die hannoversche Industrie das tun wird.

Dann möchte ich noch auf eins aufmerksam machen. Es ist hier gesagt worden, daß es nur sehr wenige Wahlkreise geben würde, auf welche wir einen Einfluß ausüben könnten. Die Provinz Hannover hat 17 solcher Wahlkreise. Ausgeschlossen ist die Stadt Hannover und Meppen, wo früher die Perle von Meppen gewählt wurde. In den 17 übrigen Wahlkreisen schwankt die Wahl immer zwischen dem Bund der Landwirte, im Verein mit dem Zentrum, und den Nationalliberalen. (Sehr richtig!)

Kommerzienrat **Menck**-Altona: Meine Herren, die interessanteste Ausführung, die Herr Geheimrat Müller gemacht hat, war ohne Zweifel die, daß es nicht zu erwarten ist, daß ein anderer als ein liberaler Kandidat vom Hansabund unterstützt wird. (Geheimrat Müller: Das habe ich nicht gesagt!) (Zuruf: Das Gegenteil!) (Geheimrat Müller: Das es schwer sein wird, die Unterstützung eines konservativen Kandidaten zu bekommen!) Nun, das sagt dasselbe. (Heiterkeit.)

Also wenn es so steht, meine Herren, dann ist es gut, daß ein Wahlfonds beim Centralverband errichtet wird, denn vom Centralverband können wir erwarten, daß er auch anderen Parteien etwas zuwenden wird, und das ist absolut notwendig. Es ist schon vorhin mehrfach gestreift worden, daß es außerordentlich töricht wäre, wenn man nicht suchen wollte, Interessenten aus Industriekreisen ins Zentrum hineinzubringen. Aber ebenso verhält es sich mit den Konservativen und mit den Freikonservativen. Wenn die Industrie sich darauf versteifen würde, ihr Heil nur beim Liberalismus zu suchen, dann würde sie stets auf der Verlustseite liegen. Also sie muß, wenn sie auf die Gewinnseite kommen will, auch beim Zentrum und bei den konservativen Parteien Einfluß erreichen, und da ist das, was vom Direktorium vorgeschlagen wird, ein so notwendiger Ausgleich, daß wir uns gar nicht besinnen dürfen. Wir müssen der Bildung des Wahlfonds beim Centralverband zustimmen. (Beifall.)

Geheimer Oberfinanzrat **Müller**-Berlin: Der Unterschied ist ja nicht so sehr bedeutend. Ich lege aber auf diese Nuance doch einen großen Wert, damit nicht etwa sich hier die Legende bildet, als ob der Hansabund auf die Unterstützung der liberalen Parteien vereidigt wäre. Sowohl Ihr Herr Vorsitzender wie ich stehen nicht auf liberalem Standpunkt, haben aber die volle Ueberzeugung, daß auf dem Programm des Hansabundes eine vollständige politische Neutralität steht, und darauf fußend werden wir unseren Einfluß auf den Hansabund dahin ausüben, daß dieser neutrale Standpunkt gewahrt bleibt.

Ich habe vorhin nur gesagt: Da ich den lebhaften Wunsch habe und einen großen Teil des Erfolges darin erblicke, daß es uns gelingt, innerhalb der konservativen Partei und womöglich auch innerhalb des Zentrums Industrieanhänger zu gewinnen, so nehme ich an, daß die Unterstützung dieser Kandidaten dem Centralverbande leichter fallen wird als den Organen des Hansabundes, bei denen eben auf die Gewinnung der Massen hauptsächlich Rücksicht genommen wird. Also ich glaube, es sei das doch ein sehr wesentlicher Unterschied, und ich möchte nicht hier sich die Meinung festsetzen lassen, als ob es in der Zusammensetzung des Hansabundes als notwendig gegeben sei, daß er sich Konservativen gegenüber ablehnend verhält.

Vorsitzender: Meine Herren, die Rednerliste ist erschöpft. Ich schließe die Diskussion und gebe dem Herrn Referenten das Schlußwort.

Berichterstatter Generalsekretär **Bueck**-Berlin: Meine Herren, ich danke zunächst dem Herrn Vorsitzenden für die Ergänzung, die er zu meinem Vortrage gemacht hat; ich erkenne sie als in vollem Umfange berechtigt an.

Sodann spreche ich auch meinen wärmsten Dank aus dem Herrn Kommerzienrat Menck für die Aeußerung, daß er mit allen seinen Kräften für die Einigung der Industrie auf dem Gebiete der Arbeitgeberverbände wirken will. Ich bitte Herrn Kommerzienrat Menck anzuerkennen oder vielmehr ihm sagen zu dürfen, daß mein ganzes Streben dahin geht, die Einigung der Industrie auf allen Gebieten herbeizuführen. Das tut jeder in seiner Art. Ich gebe zu, meine Herren, daß meine Art zuweilen etwas Abstoßendes haben mag. Ich bin nicht 80 Jahre alt, wie mein Freund Beumer sagte, aber in wenigen Wochen werde ich 79, und habe lange an mir gearbeitet, um eine gewisse Schroffheit in meinem Wesen zu dämpfen, muß aber jetzt die Arbeit, mich in dieser Hinsicht zu ändern, wohl aufgeben. (Heiterkeit.) Aber, meine Herren, wie gesagt, ich bitte Herrn Kommerzienrat Menck, sich an dieser Art nicht zu stoßen und überzeugt zu sein, daß es mir eine Befriedigung bereiten wird, als Mitarbeiter an dem Einigungswerke jetzt dem Herrn Kommerzienrat Menck zur Seite treten zu dürfen.

Herr Kommerzienrat Menck hat dann noch einige Ausstellungen gemacht, die ja teilweise schon ihre Erwiderung gefunden haben. Mit vollem Recht hat Herr von Vopelius darauf hingewiesen, daß von dem Gefühl der Schwäche in bezug auf unsere Stellung im Hansabunde bei unseren Vorschlägen gar nicht die Rede sein kann, weil diese Entschließungen schon gefaßt waren, als noch kein Gedanke an den Hansabund existierte. Ich glaube auch nicht, daß aus meinen Ausführungen ein gewisser Gegensatz zwischen den Vertretern der Industrie und dem Hansabunde durchgeschimmert hat, wie Herr Kommerzienrat es ausdrückte. Auch die andere Ansicht, die er dahin ausgesprochen hat, daß wir von einem Zentrum aus die Sache machen wollten, ist durch meinen Herrn Kollegen Beumer bereits widerlegt worden. Ich möchte nur noch eins bemerken. Der Herr Kommerzienrat meinte, politische Bewegungen könnte man nicht von oben aus ins Leben rufen, sondern die müßten von unten kommen, wenn sie sich wirkungsvoll betätigen sollen. Da hat er ganz recht; das ist auch meine Ansicht, meine Herren. Wir wollen aber keine politische Bewegung hervorrufen, wir wollen einfach Einfluß auf die Wahlen ausüben, um unsere Interessen besser zu vertreten; ein solcher Einfluß kann aber wirkungsvoll nur von oben, von einer Zentralstelle geübt werden. Wir wollen auch nicht, wie Herr Menck meinte, auf die Meinungen und Ansichten in den politischen Kreisen, in den Wahlkreisen, einwirken. Das soll nicht geschehen. Wir wollen jeden bei seiner Meinung lassen, nur wollen wir treue Freunde der Industrie zu wählen suchen. Im übrigen sollen sie tun können, was sie wollen.

Meine Herren, Herr Dr. Tille hat sich ja — und das habe ich mit außerordentlich großer Freude begrüßt — mit dem Vorschlage des Direktoriums einverstanden erklärt. Nur ist er nicht mit der Beschränkung der Aufgaben einverstanden. Deswegen will er auch nicht die Bezeichnung „Wahlfonds" gelten lassen. Er hat uns sehr große und bedeutende Ziele vorgesteckt, die ich alle billigen kann. Wenn wir in jedem Wahlkreise 20, im ganzen 8000 Männer anstellen sollen, die für die Industrie wirken, wenn wir diese 8000 vorher in einem akademieartigen Institut ausbilden lassen könnten, das wäre eine vortreffliche Sache, das kann ja mit der Zeit vielleicht kommen. Wenn wir aber solche Ziele uns jetzt im Anfange vorstecken wollten, dann, glaube ich, meine Herren, würden wir falsch operieren. Wir müssen jetzt nur das absolut Erreichbare verfolgen und müssen suchen, einen Erfolg zu erzielen. Ich bin also nicht im Gegensatz zu Herrn Dr. Tille, ich befinde mich nur im Gegensatz bezüglich der Auffassung darüber, was vom praktischen Standpunkt aus zunächst in die Hand genommen werden müßte.

Herr Geheimrat Müller hat Anstoß daran genommen, daß in den Resolutionen der Ausdruck „nationalgesinnte Parteien“ gewählt worden ist. Er schlägt vor, „bürgerliche Parteien“ zu sagen. Meine Herren, er folgert aus der Bezeichnung „nationalgesinnte Parteien“, daß eo ipso das Zentrum ausgeschlossen und verletzt wird. Meine Herren, eine Verletzung könnte es doch bloß sein, wenn das Zentrum den Satz aufstellte: wir sind keine nationale Partei. Sagen Sie das einmal einem Zentrumsmann; ich möchte die Antwort hören, die Sie dann bekommen würden! Das Zentrum hält sich für eine direkt nationale Partei wie jede andere, und ich habe auch nicht geglaubt, durch diesen Ausdruck „nationalgesinnte Parteien“ das Zentrum auszuschließen. Meine Herren, ich bin fest überzeugt, daß das, was Herr Geheimrat Müller ausgeführt hat, richtig ist, daß wir — und besonders auch Herr von Vopelius steht ganz auf demselben Standpunkt — keine bürgerliche oder nationale Partei ausschließen sollen, sondern wir sollen gerade Angehörige dieser Parteien zu gewinnen suchen, für uns einzutreten. Davon bin ich ausgegangen, als ich mir erlaubte, das Wort „nationalgesinnte Parteien“ dem Direktorium in Vorschlag zu bringen. Ich habe aber nichts dagegen, meine Herren, wenn dieser Ausdruck durch „bürgerliche Parteien“ ersetzt wird.

Was im übrigen das Zusammenhalten der verschiedenen politischen und sozialen Richtungen im Zentrum anbetrifft, so glaube ich, daß das nicht das Ergebnis höherer politischer Erleuchtung ist, sondern doch wohl das Ergebnis des großen konfessionellen Bandes und der großen konfessionellen Bestrebungen, die eigentlich die Hauptsache und das Entscheidende für das ganze Zentrum sind.

Meine sehr verehrten Herren, Herr Dr. Rocke hat beanstandet, daß hier von den Entschließungen und Ansichten des Centralverbandes die Rede ist. Er hat geglaubt annehmen zu dürfen, daß diese Erwähnung des Centralverbandes gleichsam wie ein rotes Tuch wirken und manchen von der Betätigung bei unserem Unternehmen abhalten könnte. In einzelnen Fällen mag das vielleicht zutreffen; aber ich glaube nicht, daß wir uns zu genieren haben, mit unseren Bestrebungen — die ja überhaupt seit 33 Jahren offen liegen — uns in der Oeffentlichkeit in jedem Augenblick zu nennen. (Sehr richtig!) Ich glaube, die Entschließungen und die Stellungnahme des Centralverbandes — und ich habe ausdrücklich hinzugesetzt: und der ihm angeschlossenen Vereine — sind eben maßgebend und bezeichnend für das, was wir von unseren Vertretern im Parlament und in den gesetzgebenden Körperschaften erwarten und verlangen, und daher stehe ich ganz auf dem Standpunkt meines verehrten Freundes Beumer, daß wir in dieser Beziehung den Centralverband hier nennen sollen, weil er eben die volle Richtung dessen bezeichnet, was wir wollen.

Meine Herren, die heute behandelte Sache noch einer Delegiertenversammlung zu unterbreiten, würde in gewissem Maße gegen die Gepflogenheiten im Centralverbande verstoßen, wenn darüber auch statutarisch nichts festgelegt ist. Verfolgen Sie die Delegiertenversammlungen bis fast an die Begründung des Centralverbandes, so werden Sie finden, daß den Delegiertenversammlungen gewöhnlich nur Fragen unterbreitet werden, in denen man ein ziemlich einstimmiges Votum ihrer Besucher erwartet. Ueber große Fragen, von denen die Interessen der einzelnen hervortreten, per majora zu entscheiden, ist nicht Sache des Centralverbandes. Solche Sachen haben wir nie vor Delegiertenversammlungen gebracht. Ueber derartige Fragen zu entscheiden, ist Sache des Ausschusses, der doch eine gewisse ausgewählte Körperschaft bildet, während der Zutritt zu den Delegiertenversammlungen allen unseren direkten und indirekten Mitgliedern gestattet ist.

Meine Herren, ich habe Ihnen schon gesagt: mein Optimismus ging nicht dahin anzunehmen, daß hier nicht lebhafter Widerspruch gegen die Vorschläge des Direktoriums erhoben werden würde. Daher habe ich mir erlaubt, dem Direktorium vorzuschlagen, diese Frage in den Ausschuß zu bringen, weil er die richtige Instanz und das richtige Organ des Centralverbandes ist, um wirklich zu entscheiden, durch Abstimmung die Meinung festzustellen, und deswegen, meine Herren, möchte ich nicht raten, die Sache noch einmal, auch schon wegen der Verschleppung, die sie erleiden würde, einer Delegiertenversammlung zu unterbreiten.

Nun noch zuletzt, meine Herren, der Einwurf des Herrn Kommerzienrat Meyer. Meine Herren, ich möchte Ihnen aus der ersten Zeit der großen industriellen Bewegung, als es sich darum handelte, die große Umkehr in unserer Wirtschaftspolitik zu vollziehen, einen kleinen Zug mitteilen. Bei der intensiven, ungeheuren Arbeit, die notwendig war, ist die Nordwestliche Gruppe des Vereins Deutscher Eisen- und Stahlindustrieller und der Verein Deutscher Eisen- und Stahlindustrieller selbst auf das Allerentschiedenste hervorgetreten und hat die größten Verdienste sich erworben. Besonders die bereits genannte Nordwestliche Gruppe des Vereins hat, in Verbindung mit dem Verein Süddeutscher Baumwollindustrieller, am meisten dazu beigetragen, daß der Umschwung vollzogen worden ist. In der Nordwestdeutschen Gruppe, deren Vorstand diese große Tat vollbracht hat, war es immer ein Ereignis, wenn bei der sogenannten Generalversammlung auch noch ein anderes Mitglied erschien. (Zuruf: In der Norddeutschen!) Nein, in der Nordwestdeutschen Gruppe des Vereins Deutscher Eisen- und Stahlindustrieller haben wir diese Arbeit geleistet. (Zuruf: Das ist ja Düsseldorf!) Ja, das meine ich, die Düsseldorfer Gruppe, die sich damals die größten Verdienste um die Industrie erworben hat. Das ist, wie gesagt, nur im Vorstand dort gemacht worden. Die anderen zahlreichen bedeutungsvollen Mitglieder mögen ja wohl gedacht haben, daß die Herren vom Vorstand das schon alles ganz gut machen und daß sie sich selbst nicht zu bemühen brauchten. Meine Herren, so mag es auch hier in der Norddeutschen Gruppe gehen.

Gegen den Vorschlag, an die Stelle der Norddeutschen Gruppe, deren Versammlungen freilich nur vom Vorstande besucht werden, den Hannoverschen Arbeitgeberverband zu setzen, möchte ich Widerspruch erheben; denn, meine Herren, Mitglieder der Norddeutschen Gruppe befinden sich in Pommen, in dem nördlichen Teile Preußens, in den Hansastädten, auch in Hannover und besonders in Berlin. Daher glaube ich, daß durch die Norddeutsche Gruppe, weil wir keine andere Verbindung da haben, am besten unser Ziel erreicht wird. Alle Achtung vor dem Arbeitgeberverband Hannover, aber er erstreckt sich doch nur über einen Teil Hannovers, nicht einmal über die ganze Provinz; daher würde ich die Aenderung, die Herr Geheimrat Meyer vorgeschlagen hat, doch für bedenklich halten.

Meine Herren, ich kann mich auch nur der Mahnung meines Freundes Beumer anschließen, daß Sie möglichst einstimmig dem Vorschlage des Direktoriums beitreten, und daß jeder an seinem Teile mitwirken möchte, diese Sache ins Leben treten zu lassen.

Vorsitzender: Meine Herren, ich glaube in Ihrer aller Sinne zu handeln, wenn ich jetzt nicht noch eine Spezialdiskussion eröffne. Wir haben ja einige Punkte bereits hier in der Generaldiskussion gehört, in denen Meinungsverschiedenheiten in Spezialfragen bestehen. Die beschränken sich aber auf die Fassung des Satzes 2. Ueber alle die übrigen Nummern der Entschließung ist eine Meinungsverschiedenheit bisher nicht geäußert worden, und ich glaube annehmen zu dürfen — ich bitte aber zu widersprechen, wenn das nicht der Fall sein sollte —, daß die Herren mit dem Vorschlage, den ich mache, die Spezialdiskussion zu unterlassen, aus dem Grunde einverstanden sind, weil Sie mit mir der Meinung sind, daß Spezialwünsche in bezug auf die übrigen Punkte nicht vorzubringen sind.

Generalsekretär **Bueck**-Berlin: Ich habe gegen den Gottsteinschen Antrag nichts einzuwenden.

Vorsitzender: Ich möchte, nachdem ich konstatiert habe, daß in der Generaldiskussion über die generelle Frage der Schaffung dieses Fonds keine Meinungsverschiedenheit bestanden hat, nunmehr zur Abstimmung über die Entschließung zu Punkt 3 der Tagesordnung schreiten, und zwar nummernweise.

Ich möchte mir vorher die Frage erlauben, ob Sie den Wunsch haben, daß ich jede Nummer, abgesehen von der Nummer 2, zur Verlesung bringe. (Wird verneint.) — Es wird nicht gewünscht. Es ist also nicht nötig, und deswegen frage ich, ob die Herren mit der Nummer 1 einverstanden sind? (Wird bejaht.) Das ist der Fall.

Wir gehen weiter. Zu Punkt 2 der Vorlage sind verschiedene Wünsche geäußert worden. Einmal hat der Herr Geheime Oberfinanzrat Müller den Wunsch geäußert, den Ausdruck: „nationalgesinnte Parteien" durch „bürgerliche Parteien" zu ersetzen. Gegen diesen Wunsch ist vom Referenten keine Einwendung erhoben worden. Des weiteren ist im Zusammenhang mit dieser Nummer von Herrn Dr. Rocke der Wunsch geäußert worden, den Passus: „im Sinne der Stellungnahme des Centralverbandes und der ihm angeschlossenen wirtschaftlichen und industriellen Körperschaften" zu ersetzen etwa durch die Worte: „im Sinne des Schutzes der heimischen Arbeit". Hiergegen sind von verschiedenen Seiten Einwendungen erhoben worden. Endlich hat Herr Dr. Gottstein den Antrag gestellt, dem Absatz 2 folgende Fassung zu geben: „Um die Wahl solcher Abgeordneten für den Reichstag und im gegebenen Falle auch für die Landtage der einzelnen Staaten zu unterstützen und zu fördern, von denen die Vertretung der Interessen der Industrie im Sinne der Stellungnahme des Centralverbandes und der ihm angeschlossenen wirtschaftlichen und industriellen Körperschaften sicher zu erwarten ist, soll ein diesen Zwecken dienender Fonds gebildet werden." Dazu ist noch zu bemerken, daß Herr Dr. Tille die Anregung gegeben hat, den Ausdruck „Wahlfonds" zu ersetzen durch den Ausdruck: „Handels- und gewerbepolitischer Fonds der deutschen Industrie." Ich glaube, daß der Antrag des Herrn Gottstein mit Rücksicht darauf, daß er einen ganzen Satz streicht, der weitestgehende ist. (Zustimmung.) Durch Annahme dieser Streichung würde die Anregung, die Herr Geheimrat Müller gegeben hat, erledigt. Nur die Anregung, die Herr Dr. Rocke gegeben hat, die übrigens nicht in die Form eines Antrages gekleidet ist, wäre nicht erledigt. Ich würde also, wenn aus der Versammlung sich kein Widerspruch erhebt, zunächst über den Antrag des Herrn Dr. Gottstein abstimmen lassen. Sollte sich eine Mehrheit für diesen Antrag nicht ergeben, dann würde ich über den Antrag 2 abstimmen lassen, mit der Maßgabe, wie sie Herr Geheimrat Müller wünscht, und sollte sich dafür auch keine Mehrheit ergeben, dann würde ich auf den Wunsch des Herrn Dr. Rocke zurückgreifen.

Sind die Herren damit einverstanden?

Geheimer Oberfinanzrat **Müller**-Berlin (zur Geschäftsordnung): Ich möchte doch bitten, die Fragestellung so einzurichten, daß zunächst über den ersten Satz in der Fassung des Herrn Gottstein abgestimmt wird, wo ich also auch in der Lage wäre, zuzustimmen (Vorsitzender: Sehr einverstanden!), daß dagegen über den Antrag, den zweiten Satz zu streichen oder eventuell in meiner Fassung stehen zu lassen, besonders abgestimmt wird (Vorsitzender: Jawohl!), denn ich muß sagen, ich lege auf den zweiten Teil doch einen wesentlichen Wert, weil er positiv ausspricht, daß die Unterstützung unter den gegebenen Verhältnissen allen bürgerlichen politischen Parteien zuteil werden soll. (Sehr richtig!) In dem Sichausschweigen über diesen Punkt liegt keine klare Stellungnahme. Die Sache hat ja eine untergeordnete Bedeutung insofern, als wahrscheinlich, wie auch hier beschlossen wird, die Direktive so ausfallen wird; aber man kann nie wissen, was kommt. Es kann dieses Programm gelegentlich in öffentlichen Diskussionen kritisiert werden, und da ist es zur Verteidigung der Stellung des Centralverbandes von nicht unerheblicher Bedeutung, daß der Centralverband den Grundsatz festgelegt hat: er verhält sich politisch neutral, die Unterstützung kann, wenn die Kandidaten seiner wirtschaftlichen Auffassung entsprechen, allen politischen Parteien zuteil werden. (Zustimmung.)

Vorsitzender: Ich werde also zunächst über den ersten und dann über den zweiten Satz abstimmen lassen.

Handelskammersyndikus Dr. **Tille**-Saarbrücken (zur Geschäftsordnung): Ich hatte vorhin beantragt, das Wort „Parteien" überhaupt zu streichen, da wir doch auch z. B. den Bund der Landwirte besitzen, der keine Partei ist. Es gibt auch sonst Herren, die keiner politischen Partei angehören; im Reichstage allein ein Dutzend Fraktionslose. Ich würde vorschlagen zu sagen: Wahlkandidaten. Es ist doch nicht die Absicht, daß wir nur Kandidaten bestimmter Parteien unterstützen wollen. Das Wort „bürgerlicher Wahlkandidat" würde unsere Absicht tatsächlich besser treffen.

Vorsitzender: Ich glaube, daß die Einwendung des Herrn Dr. Tille sich wohl damit erledigen würde, wenn wir sagen würden statt: Wahlkandidaten aller bürgerlichen Parteien: Wahlkandidaten aller bürgerlichen Richtungen. (Dr. Tille: Gewiß!) Damit würde der Einwand erledigt sein, und ich glaube, Herr Geheimrat Müller würde dies auch zu seinem Antrage machen. — Der Herr Geheimrat nickt.

Generalsekretär **Bueck**-Berlin: Ich möchte als Referent widersprechen. Ich halte das Wort „Partei" in jedem Falle für das gebräuchlichste und aus den Gründen, die Herr Geheimrat Müller angeführt hat, für das vorgeschriebene Wort. „Richtung" ist etwas unbestimmter, ebenso wie „Richtlinien". Ich will mich darüber nicht aussprechen. Aber „Partei" ist das, was wir brauchen, um in der Oeffentlichkeit unsere Stellung für alle Zeiten klarzulegen.

Handelskammersyndikus Dr. **Tille**-Saarbrücken: Meine Herren, der Bund der Landwirte z. B. ist doch keine Partei. Es kann auch sonst sehr gut in Frage kommen, daß irgendein Kandidat unterstützt werden soll, der keiner Partei angehört. Also das Wort „Partei" ist direkt irreführend. Wenn wir sagen: alle bürgerlichen Wahlkandidaten, dann ist jedes Mißverständnis ausgeschlossen.

Vorsitzender: Ich meine, der Gedanke, den Herr Dr. Tille eben ausgesprochen hat, läßt sich doch dahin fortsetzen, daß Leute, die z. B. dem Bund der Landwirte angehören, unter allen Umständen sich einer Partei anschließen. (Handelskammersyndikus Dr. Tille: Nicht alle!) (Generalsekretär Ditges-Berlin: Sagen wir doch Parteirichtungen!)

Geheimer Oberfinanzrat **Müller**-Berlin: Der Unterschied ist ja außerordentlich geringfügig. Aber gerade für den Zweck, den ich im Auge habe, das Programm des Centralverbandes festzulegen, ist der Ausdruck „Parteien" klarer. Der Fall, den Herr Dr. Tille erwähnte, ist auch ganz unwahrscheinlich. (Generalsekretär Bueck: Sehr richtig!) Ich meine, solche Eigenbrödler, die keiner Partei sich zurechnen, sind wohl selten und haben keine große Bedeutung.

Vorsitzender: Wir werden, wenn einmal der Fall eintritt, auch darüber hinwegsehen können.

Prof. **Budde**-Berlin: Ich bedauere, in diesem Falle Herrn Geheimrat Müller nicht zustimmen zu können. Es kann doch sehr gut passieren, daß unser Industriekandidat sagt: ich will den Kern einer künftigen rein industriellen Partei bilden und gerade deshalb mich keiner bestehenden Partei anschließen, und der ist dann gerade ausgeschlossen.

Dr. **Gottstein**=Breslau: Meine Herren, die Aufrechterhaltung oder Streichung dieses letzten Satzes scheint mir nicht von so großer Wichtigkeit zu sein. Indessen möchte ich darauf aufmerksam machen, daß schon hier in unserem kleinen und im wesentlichen gleichgesinnten Kreise sich gegen die Fassung dieses Schlußsatzes mannigfache Bedenken erhoben haben und eine Menge verschiedener Ansichten geäußert wurden. Auch ich wollte vermeiden, daß wir in der Oeffentlichkeit mit der Behauptung angegriffen werden, daß wir uns auf eine bestimmte Partei festlegen. Wenn wir den Schlußsatz fortlassen und nur sagen, wir bilden einen Fonds für die Unterstützung von Kandidaten, welche unsere Ansichten vertreten, so ist damit ausgedrückt, daß jeglicher Kandidat, der unsere Ansichten vertritt, unterstützt werden kann. Damit sind auch alle national gesinnten Richtungen eo ipso gemeint. Wenn Ihnen „bürgerliche Parteien" gefällt — ich finde den Ausdruck nicht gerade sehr schön —, dann können Sie den Schlußsatz auch beibehalten. Aber jedenfalls dürften Angriffe nach dieser Richtung durch Fortfall des Schlußsatzes eher vermieden werden.

Vorsitzender: Ich bringe den ersten Satz zur Abstimmung. Diejenigen Herren, die sich gegen diesen ersten Satz, wie ich ihn verlesen habe, aussprechen wollen, bitte ich, sich zu erheben. — Der Satz ist einstimmig angenommen.

Nun bringe ich den zweiten Satz zur Abstimmung, zunächst in der Fassung, wie er nach dem Antrag des Herrn Geheimrat Müller zu formulieren ist: Unter den vorstehenden Voraussetzungen soll die Unterstützung aus diesem Fonds — dem Wahlfonds — den Wahlkandidaten aller bürgerlichen Parteien zuteil werden. Diejenigen Herren, welche gegen die Annahme dieses Satzes sind, bitte ich, sich zu erheben. (Geschieht.) Das ist die Minderheit. Der Satz ist also angenommen.

Nr. 3. — Darf ich annehmen, daß die Herren einverstanden sind? — Das ist der Fall.

Nr. 4. — Darf ich annehmen, daß die Herren einverstanden sind? — Das ist der Fall.

Nr. 5. — Das ist hier verdruckt, es muß statt Nr. 6 heißen Nr. 5. — Darf ich annehmen, daß die Herren einverstanden sind? — Das ist der Fall.

Nr. 6 — also hier im Druck Absatz 7. — Darf ich annehmen, daß die Herren einverstanden sind? — Das ist der Fall.

Endlich der letzte Absatz. — Darf ich ebenfalls annehmen, daß die Herren einverstanden sind? — Das ist der Fall.

Die Resolution ist also mit den Aenderungen nach dem Antrag des Herrn Dr. Gottstein angenommen.

Nun, meine Herren, würde es sich darum handeln, daß Sie sich damit einverstanden erklären, daß diese 15gliedrige Kommission nach den Vorschlägen zusammengesetzt wird, die Ihnen auf einem besonderen Zettel unterbreitet worden sind, also in der Weise, daß diesen dort namhaft gemachten Verbänden die Wahl je eines Mitgliedes übertragen wird. Herr Geheimrat Meyer hat auf die Schwierigkeiten hingewiesen, welche die Wahl in der Norddeutschen Gruppe mit sich bringen könnte, und hat deshalb in Form eines Antrages den Arbeitgeberverband in Hannover in Vorschlag gebracht. Wir werden also über diesen Antrag abzustimmen haben, und zwar möchte ich bitten, daß der Einfachheit halber darüber zuerst abgestimmt wird. Diejenigen Herren, welche für den Antrag des Herrn Geheimrat Meyer sind, bitte ich, sich zu erheben. (Geschieht.) Das ist die Minderheit.

Nun bitte ich diejenigen Herren — ich darf annehmen, daß die Wahl dieser 15 vorgeschlagenen Vereine in einer Wahlhandlung erfolgen kann —, welche gegen die Wahl dieser 15 Vereine sind, sich zu erheben. — Es erhebt sich niemand. Die Wahl ist also einstimmig genehmigt (s. S. 85). Ich danke Ihnen, meine Herren.

Nun kämen wir zum letzten Punkt der Tagesordnung:

4. Die Beschlüsse der Gewerbeordnungskommission des Reichstages.

Berichterstatter ist Herr Regierungsrat Dr. Bartels. Meine Herren, Herr Dr. Bartels wird sich mit Rücksicht auf die vorgeschrittene Zeit sehr kurz fassen.

Berichterstatter Regierungsrat Dr. **Bartels**-Berlin: Sehr verehrte Herren! Die Novelle zur Gewerbeordnung hat bereits dreimal die Delegiertenversammlung des Centralverbandes Deutscher Industrieller beschäftigt. Zum erstenmal nahmen die Delegierten am 13. März 1908 zu dem von der Regierung vorgelegten Gesetzentwurf Stellung und waren in der Lage, eine große Anzahl von Bedenken vorzubringen. Ich verweise wegen der Einzelheiten auf Heft Nr. 108, S. 62 fg. der „Verhandlungen, Mitteilungen und Berichte". Weiter behandelte der Centralverband Deutscher Industrieller in der Delegiertenversammlung vom 30. Januar 1909 dieselbe Novelle, die durch die Beschlüsse der inzwischen damit befaßten Reichstagskommission erheblich zuungunsten der Industrie verschlechtert worden war. — Ich will mich wegen der fortgeschrittenen Zeit nur auf das allernotwendigste beschränken. Damals war es namentlich die Textilindustrie, die sich aufs Schwerste bedroht fühlte durch die Beschlüsse der Gewerbeordnungskommission; sie befürchtete, daß sie neben der Verkürzung der Arbeitszeit der Frauen, die ihr bereits durch das inzwischen in Kraft getretene Sondergesetz vom 28. Dezember 1908 aufoktroyiert war, durch die Ausdehnung des Fortbildungsschulunterrichts auf Fabrikarbeiterinnen bis zum 18. Lebensjahre noch weiter in der Arbeitsdauer eingeschränkt werden würde. Damals wurde namentlich zutreffend ausgeführt, daß der Betrieb in der Textilindustrie ein einheitlicher sei, und infolge der Herausnahme der jugendlichen Arbeiterinnen während der gewöhnlichen Arbeitsstunden ganze Teile bzw. der ganze Betrieb früher zum Stillstande gebracht werden müßte. Endlich beschäftigte sich die Delegiertenversammlung am 29. April 1909 wiederum mit den Beschlüssen der Reichstagskommission. Damals war es die sehr schwierige Frage der Konkurrenzklausel und die Einführung der obligatorischen Arbeiterausschüsse, welche im Vordergrunde der Erörterung standen.

Zum Punkte „Konkurrenzklausel" will ich nur ganz kurz hervorheben, daß die Reichstagskommission insofern über die Anträge der Regierung hinausgegangen war, als sie eine Differenzierung der Angestellten in vier Klassen vornahm, solche mit einem Gehalt bis zu 1500 M., solche von 1500 bis zu 3000 M., solche von 3000 bis zu 8000 M. und solche über 8000 M. Angestellte in den kleinen Betrieben, die gerade häufig in Fabrikationsgeheimnisse eingeweiht werden müssen, können danach gar nicht mehr gebunden werden. Das nennt man „Schutz der schwachen Schultern"! Auch bei den mittleren Beamten, die Bezüge von 1500—3000 M. haben, den Werkmeistern, Technikern usw. soll die Karenz nur auf ein Jahr beschränkt werden dürfen. Dies ist völlig unzureichend, denn diese Beamtenkategorie muß in vielen Unternehmungen in wichtige Betriebsgeheimnisse eingeweiht werden. Bei den Beamten mit Bezügen von 3000—8000 M. soll eine unbegrenzte Karenzzeit nur zulässig sein, wenn ihnen die vertragsmäßigen Leistungen in jedem Falle für die Zukunft zugesichert werden. Eine Prämie auf Kündigung! Hierzu wurde noch darauf hingewiesen, daß es zweifelhaft sei, ob unter solche Leistungen auch die Tantième fallen solle. Auch dagegen wurden u. a. Bedenken erhoben, daß alle Vereinbarungen nur Geltung haben sollen, wenn sie bezwecken und geeignet sind, den Unternehmer vor Schäden zu bewahren, die durch Bekanntgabe von Betriebs- und Geschäftsgeheimnissen entstehen können. Damit würde die Beweislast stets den Arbeitgeber treffen. In bezug auf die Einführung der obligatorischen Arbeiterausschüsse für alle Betriebe, die über 20 Arbeiter beschäftigen, verweise ich auf die früheren Ausführungen. Unter den Befugnissen, die diesen Arbeiterausschüssen eingeräumt werden sollen, befinden sich solche, die auf das Erheblichste in die Verfügungsfreiheit der Unternehmer eingreifen, indem nämlich den Arbeiterausschüssen ein Mitbestimmungsrecht zugestanden werden soll bei Ueberarbeiten, bei der Zulassung von Ausnahmen von der Sonntagsruhe, bei der Verwendung der Strafgelder usw. Diese und andere Funktionen werden von den Vertretern der Richtung, welche das System der konstitutionellen Fabrik durchgeführt zu sehen wünschen, gefordert; sie sitzen nicht nur bei den Sozialdemokraten und Linksliberalen, sondern namentlich auch beim Zentrum und in der Wirtschaftlichen Vereinigung. Es war damals auch noch Gegenstand der Erörterungen die Loslösung der Gewerbeinspektoren von den örtlichen Polizeiorganen, die Einführung besonderer Handelsinspektoren, die gesetzliche Festlegung der neunstündigen Arbeitszeit in den Kontoren usw. Alle diese Bestimmungen sind auf das Breiteste besprochen worden, ich darf daher weitere Ausführungen unterlassen.

Nach der letzten Delegiertenversammlung hat sich die Reichstagskommission im wesentlichen nur noch mit der Regelung der Hausarbeit befaßt, diese weiteren Beschlüsse geben wiederum Anlaß zu den schwerwiegendsten Bedenken. Neben den Bestimmungen, daß Lohntafeln ausgehängt werden, daß die Werkstätten bestimmten Vorschriften unterstellt werden sollen, daß gesundheitsgefährliche und sittlich schädliche Arten von Betrieben auch in der Hausindustrie verboten werden können usw., ist die Kommission zu dem verhängnisvollen Beschlusse der Einführung sogenannter Lohnämter gelangt. Man hat in der Kommission diesen Gedanken offenbar aus der französischen Gesetzgebung übernommen. Das Gefährlichste hierbei ist, daß nicht nur für die Hausarbeiter von den Lohnämtern Mindestlöhne festgesetzt werden können, sondern daß diese Festsetzungen für die betreffenden gesamten Gewerbezweige gelten sollen, also auch für die Fabrikbetriebe. Das ist ein so gefährlicher Beschluß, daß dem die Industrie den allerstärksten Widerstand entgegenzusetzen haben wird. (Sehr richtig!) Die technische Durchführung dieses Gedankens würde außerdem zu den größten Schwierigkeiten führen; wenn aber die Festsetzungen dieser Lohnämter noch behördlich genehmigt werden sollen, entscheidet schließlich ein bureaukratischer Apparat über die Lohnhöhe. Eins der schwierigsten volkswirtschaftlichen Probleme, die Regelung der Löhne nach Maßgabe der Konjunktur, nach Angebot und Nachfrage, soll von einer Behörde entschieden werden! Die Regierung hat ja allerdings in der Kommission erklären lassen, daß sie der Einführung dieser Lohnämter ein entschiedenes „Nein“ entgegensetzen würde. Aber ob sie weiteren Anstürmen, die aus dem Reichstage kommen, gewachsen sein wird, bleibt doch recht fraglich.

Meine Herren, daneben ist noch darauf hinzuweisen, daß durch die Festsetzungen der Lohnämter zweifellos die Tendenz der Steigerung der Löhne gefördert werden wird, daß es zu einer Schematisierung der Löhne kommen wird ohne Berücksichtigung der örtlichen, geographischen und sonstigen Verhältnisse. Vor allem wird aber auch ein Erfolg hervorgerufen werden, der von den „Gesetzemachern“ nicht beabsichtigt war, daß gerade die weniger kräftigen Hausarbeiter von den Arbeitgebern ausgeschaltet werden würden, indem die Unternehmer, wenn sie zur Zahlung höherer Löhne gezwungen werden sollten, natürlich nur das beste Arbeitermaterial behalten würden.

Meine Herren, die ganze Tendenz dieses Gesetzentwurfes, namentlich wie er aus den Beschlüssen der Gewerbeordnungskommission hervorgegangen ist, hat eine seltene Beunruhigung in den Kreisen des gesamten gewerblichen Unternehmertums herbeigeführt. Ich darf erfreulicherweise dabei feststellen, daß gegen die Einführung der obligatorischen Arbeiterausschüsse sich auch die gesamten Handelskammern ausgesprochen haben. Um so weniger war es zu verstehen, daß die Regierung trotz dieses Votums der gesetzlich berufenen Vertretungen von Handel und Industrie den Beschlüssen der Kommission nicht einen energischeren Widerstand entgegengesetzt hat, als es tatsächlich geschehen ist. Ueberhaupt war die Befürchtung vorhanden, daß, wenn diese Novelle an das Plenum des Reichstags gelangte, dieser bei der vorhandenen Majorität die Beschlüsse der Kommission bestätigt hätte. Ob dann der Bundesrat die Kraft gehabt hätte, diesen Beschlüssen seine Zustimmung zu versagen, muß füglich bezweifelt werden.

Die Resolution, die Ihnen vorgelegt ist, geht daher darauf aus, die Verbündeten Regierungen zu bitten, eine Novelle, die zu so schwerwiegenden Bedenken Anlaß gibt, in Zukunft überhaupt nicht wieder vorzulegen. Denn, meine Herren, es ist nicht zuviel gesagt, daß die Beschlüsse der Kommission die Gesetzgebung weiter in eine Bahn bringen, die auf den Staatssozialismus hinausläuft und das utopische Ziel der konstitutionellen Fabrik verfolgt. Zum mindesten würde durch derartige gesetzgeberische Maßnahmen das gewerbliche Unternehmertum derart in seiner Bewegungs- und Verfügungsfreiheit gelähmt werden, daß die Freude an der Arbeit vernichtet, die Lust, Kapitalien in industrielle Unternehmungen zu stecken, unterbunden, unsere blühende Industrie in ihrer weiteren Entwickelung gehemmt und in ihrer Wettbewerbsfähigkeit auf dem Weltmarkt ausgeschaltet werden würde.

Ich darf vielleicht alsbald im Anschluß die Resolution verlesen?

Vorsitzender: Wünschen die Herren, daß die Resolution verlesen wird? (Wird verneint.) Es ist nicht notwendig.

Meine Herren, ich eröffne die Diskussion.

Direktor **Haasemann**-Bremen: Meine Herren, ich möchte in erster Linie den Dank dafür aussprechen, daß der Herr Referent in so vorzüglicher Weise seine Ausführungen gemacht hat. Es trifft ganz entschieden zu, daß in allen Kreisen, namentlich in denen der Textilindustrie — auch in unseren hanseatischen Kreisen — eine große Beunruhigung infolge der Gewerbenovelle besteht, und ich hoffe, daß hier von den großen Organen ganz energisch gegen die Beschlüsse der Gewerbeordnungs-Kommission Stellung genommen werden wird. Auch der Hansabund könnte sich wohl dieser Sache annehmen. Es ist ja eine rein wirtschaftliche Frage, bei der die Parteipolitik nicht mitzusprechen braucht.

Durch die Ausführung der Beschlüsse der Gewerbekommission würde unser wirtschaftliches Leben schwer beeinträchtigt werden. Die ganzen Vorschriften laufen tatsächlich darauf hinaus, daß die Lebenshaltung noch verteuert wird, und bei der ganzen Lage unserer Verhältnisse in Deutschland sollte man doch auf dieser schiefen Ebene nicht noch weiter vorwärts gehen. Namentlich England gegenüber dürfen wir unsere Lebensverhältnisse nicht weiter verteuern. Denn während unsere Gesetze die Industrie belasten, wird die englische Industrie unterstützt, namentlich dadurch, daß England noch immer die Kinderarbeit gestattet, wodurch die Heranbildung von geschickten Textilarbeitern enorm erleichtert wird. Als Mene Tekel für unsere Industrie muß deshalb gelten: kein weiterer Ausbau der Gewerbeordnung, die unser wirtschaftliches Leben so schwer belastet, bevor nicht England die Kinderarbeit beseitigt hat.

Kommerzienrat **Langen**-M.-Gladbach: Mir erscheint der Schluß ein bißchen arg zahm. Es ist da gesagt: „Der Ausschuß des Centralverbandes Deutscher Industrieller gibt sich daher der Hoffnung hin, daß die Verbündeten Regierungen einen Gesetzentwurf, der zu derart tief in das Wirtschaftsleben eingreifenden Beschlüssen führt, in Zukunft nicht wieder einbringen werden." Ich wollte hier den Antrag stellen, zu sagen: daß der Bundesrat, falls der Reichstag dementsprechend beschließen sollte, einem solchen Beschluß seine Zustimmung versagen möge. Eben bin ich aber durch Herrn Regierungsrat Dr. Bartels darauf aufmerksam gemacht worden, daß die Vorlage durch den Schluß des Reichstages in der Versenkung verschwunden ist, und erübrigt sich daher, einen solchen Antrag zu stellen.

Vorsitzender: Es ist mit dem erfolgten Schluß des Reichstages alles, was noch nicht erledigt war, in die Versenkung gefallen, so daß also für jeden Gesetzentwurf, mit dem sich der Reichstag in der neuen Session zu beschäftigen haben wird, eine neue Einbringung von seiten der Verbündeten Regierungen erforderlich ist. Ich glaube, unter diesen Umständen wird diese Fassung ausreichen.

Es hat sich niemand mehr zum Wort gemeldet. Ich schließe die Diskussion und bringe nun die Entschließung zu Punkt 4 der Tagesordnung zur Abstimmung. Die Herren haben vorher auf eine Verlesung verzichtet. Ich glaube, daß ich jetzt auch wieder annehmen darf, daß Sie damit einverstanden sind, daß ich in einer Frage die ganze Resolution zur Abstimmung bringe, also nicht über die verschiedenen Absätze für sich gesondert abstimmen zu lassen brauche. — Das ist der Fall. Ich stelle also die Frage, ob jemand von den Herren gegen die Annahme dieser Entschließung ist. Diejenigen Herren, welche dagegen sind, bitte ich, sich zu erheben. — Die Entschließung ist einstimmig angenommen.

Wir sind damit am Schlusse unserer Tagesordnung.

Mit dem Danke an die Erschienenen und an Ihre Geduld, meine Herren, schließe ich die heutige Sitzung.

Schluß 2³/₄ Uhr.

Beschlüsse
der Sitzung des Ausschusses des Centralverbandes Deutscher Industrieller
am 15. Oktober 1909.

Die Bildung eines industriellen Wahlfonds.

Der Ausschuß des Centralverbandes Deutscher Industrieller beschließt:

1. Die seit Jahrzehnten in der Gesetzgebung zum Ausdruck gelangte ungenügende Berücksichtigung der Industrie und Mißachtung ihrer berechtigten Interessen hat die weitesten Kreise der Unternehmer und Arbeitgeber mit schwerer Sorge und zunehmender Erbitterung erfüllt. Eine Aenderung zum Besseren ist nur zu hoffen von einer wirkungsvolleren Vertretung der Industrie in den gesetzgebenden Körperschaften, insbesondere im Reichstage.

2. Um die Wahl solcher Abgeordneten für den Reichstag und im gegebenen Falle auch für die Landtage der einzelnen Staaten zu unterstützen und zu fördern, von denen die Vertretung der Interessen der Industrie im Sinne der Stellungnahme des Centralverbandes und der ihm angeschlossenen wirtschaftlichen und industriellen Körperschaften sicher zu erwarten ist, soll ein diesen Zwecken dienender Fonds gebildet werden. Unter den vorstehenden Voraussetzungen soll die Unterstützung aus diesem Fonds den Wahlkandidaten aller bürgerlichen Parteien zuteil werden.

3. Der Wahlfonds soll von einer Kommission zusammen mit der von ihr zu errichtenden und unter ihrer Leitung stehenden Geschäftsstelle, vollkommen unabhängig vom Centralverbande

Deutscher Industrieller, gesammelt, verwaltet und verwendet werden. Die Kommission beschließt ebenso selbständig über ihre Verfassung.

4. Die Kommission wird zusammengesetzt aus 15 Mitgliedern und ist berechtigt, zu ihrer Ergänzung weitere Mitglieder zuzuwählen. Der Beitrag zu dem Wahlfonds soll nach der Bestimmung der Kommission in einem Prozentsatz von der jährlich gezahlten Lohnsumme bestehen und in vorher bestimmten Zeitabschnitten von den unmittelbaren und mittelbaren Mitgliedern des Centralverbandes erhoben werden. Die Unternehmer sollen diesen Beitrag als eine freiwillig übernommene, für längere Zeit zu zahlende Steuer ansehen.

5. Die Kommission soll gehalten sein, jährlich in angemessener Weise über die Sammlung, Verwaltung und Verwendung des industriellen Wahlfonds zu berichten und diesen Bericht in geeigneter Form allen zugänglich zu machen, die Beiträge zu dem Fonds leisten.

6. Der Ausschuß des Centralverbandes beauftragt das Direktorium, die Ausführung dieser Beschlüsse in die Wege zu leiten. Er erwartet, daß alle zur Mitwirkung berufenen Faktoren ihr möglichstes tun werden, um die Kommission sobald als irgend tunlich zu bilden und in Tätigkeit zu setzen.

7. Der Ausschuß erwartet ganz besonders, daß alle Mitglieder des Centralverbandes die immer schwieriger werdende Lage der Industrie erkennen und zu deren Abhilfe die Steuer für den Wahlfonds auf sich nehmen werden, um weiteren, viel schwereren Schädigungen und Belastungen durch die Gesetzgebung vorzubeugen.

Gewerbeordnungskommission.

Die Delegiertenversammlung des Centralverbandes Deutscher Industrieller hat bereits dreimal zu dem Entwurfe eines Gesetzes, betreffend die Abänderung der Gewerbeordnung, Stellung genommen. Zunächst wurden schon gegen die Fassung des Regierungsentwurfs am 13. März 1908 erhebliche Bedenken erhoben. Am 30. Januar 1909 wandte sich dann die Delegiertenversammlung gegen die Beschlüsse der mit der Beratung der Gewerbeordnung befaßten Reichstagskommission, betreffend die Ausdehnung des Fortbildungsschulunterrichts auf Fabrikarbeiterinnen, sowie gegen die weitere Beschränkung der Frauenarbeit. Am 29. April 1909 erhoben die Delegierten des Centralverbandes Einspruch gegen die die Regierungsvorlage noch erheblich verschärfenden Kommissionsbeschlüsse in Sachen der Konkurrenzklausel und gegen die obligatorische Einführung der Arbeiterausschüsse. Letzteren sollen danach bei der Betriebsleitung Befugnisse eingeräumt werden, durch die den Arbeitgebern ihre freie Verfügung über ihre Unternehmungen bis zur Unerträglichkeit beeinträchtigt werden würde.

Die weiteren Beschlüsse der Reichstagskommission, zu denen bisher eine Stellungnahme nicht erfolgte, betreffen die Regelung der Hausarbeit. Hierbei erregt namentlich die Einführung sogenannter Lohnämter, welche für alle Unternehmungen eines bestimmten Gewerbezweiges Mindestlöhne festsetzen dürfen, die allerschwersten Besorgnisse der Industrie.

Alle diese Beschlüsse, die voraussichtlich die Zustimmung der Mehrheit des Plenums des Reichstages zu erwarten hatten, greifen so tief in die Freiheit des privaten Arbeitsvertrags ein und bedeuten eine weitere so schwere Einengung der Befugnisse der Unternehmer, daß diese befürchten, bei dem Fortschreiten der Gesetzgebung auf diesem Wege, der auf die Durchführung des sogenannten konstitutionellen Fabriksystems hinzielt, ihre Betriebe nicht mehr aufrechterhalten zu können.

Der Ausschuß des Centralverbandes Deutscher Industrieller gibt sich daher der Hoffnung hin, daß die Verbündeten Regierungen einen Gesetzentwurf, der zu derart tief in das Wirtschaftsleben eingreifenden Beschlüssen führt, in Zukunft nicht wieder einbringen werden.

Verzeichnis der Vereine,

welche zunächst zur Ernennung von Delegierten für die Verwaltung des industriellen Fonds berufen wurden.

1. Der Verein zur Wahrung der gemeinsamen wirtschaftlichen Interessen in Rheinland und Westfalen in Düsseldorf.
2. Der Verein für die bergbaulichen Interessen im Oberbergamtsbezirk Dortmund in Essen-Ruhr.
3. Der Verein der Industriellen des Regierungsbezirks Cöln in Cöln.
4. Der Mittelrheinische Fabrikantenverein in Mainz.
5. Der Verein zur Wahrung der gemeinsamen wirtschaftlichen Interessen der Saarindustrie in Saarbrücken.
6. Das Elsaß-Lothringische industrielle Syndikat in Mülhausen i. Els.
7. Der Verein Süddeutscher Baumwollindustrieller in Augsburg.
8. Der Bayerische Industriellenverband in München.
9. Der Verband von Arbeitgebern der sächsischen Textilindustrie in Chemnitz.
10. Der Oberschlesische Berg- und Hüttenmännische Verein in Kattowitz.
11. Der Verband Schlesischer Textilindustrieller in Breslau.
12. Der Verband Ostdeutscher Industrieller in Danzig.
13. Der Verein Deutscher Papierfabrikanten in Berlin.
14. Der Ausschuß der Ton-, Zement- und Kalkvereine in Berlin.
15. Die Norddeutsche Gruppe des Vereins Deutscher Eisen- und Stahl-Industrieller in Berlin.

Liste der Anwesenden
in der
Ausschußsitzung am 15. Oktober 1909 in Berlin.

Mitglieder des Direktoriums:

Herr Rötger, Landrat a. D., Berlin, Vorsitzender.
„ von Rieppel, A., Dr.-Ing. h. c., Baurat, Vorsitzender des Bayerischen Industriellen-Verbandes, Nürnberg, Aeußere Cramer-Klettstr. 12, Erster stellvertretender Vorsitzender.
„ Koenig, G., Geh. Regierungsrat, Vorsitzender des Direktoriums des Vereins der Deutschen Zucker-Industrie, Zweiter stellvertretender Vorsitzender, Berlin W, Kleiststr. 32.
„ Kirdorf, E., Geh. Kommerzienrat, Generaldirektor der Gelsenkirchener Bergwerks-Aktiengesellschaft, Rheinelbe bei Gelsenkirchen.
„ von Vopelius, R., Hüttenbesitzer, Mitglied des Herrenhauses, Vorsitzender des Verbandes der Glasindustriellen Deutschlands und der Glas-Berufsgenossenschaft, Sulzbach bei Saarbrücken.
„ Schlumberger, Th., Geh. Kommerzienrat, Vorsitzender des Elsässischen Industriellen-Syndikats, Mülhausen i. Els.
„ Vogel, Geh. Kommerzienrat, Vorsitzender des Verbandes der Textilindustriellen Chemnitz, Chemnitz.
„ Bueck, H. A., Generalsekretär, geschäftsführendes Mitglied im Direktorium, Berlin.

Mitglieder der Geschäftsführung:

Herr Bartels, Dr. jur., Regierungsrat, stellvertretender Geschäftsführer, Berlin.
„ Zakrzewski, Dr., Berlin.
„ Ballerstedt, Dr., Berlin.

Mitglieder:

Herr Beumer, Dr., Mitglied des Hauses der Abgeordneten, Generalsekretär, Geschäftsführer der Nordwestlichen Gruppe des Vereins Deutscher Eisen- und Stahl-Industrieller und des Vereins zur Wahrung der gemeinsamen wirtschaftlichen Interessen in Rheinland und Westfalen, Düsseldorf.

„ Blohm, Herm., Hamburg.

„ Graf von Brockdorff, Dr., Syndikus der Handelskammer für den Regierungsbezirk Oppeln, Oppeln.

„ Brückner, Richard, Calbe a. Saale, Vorsitzender des Vereins Deutscher Papierfabrikanten.

„ Budde, Professor, Generaldirektor der Aktiengesellschaft Siemens & Halske, Berlin, Askanischer Platz 3.

„ van Delden, Gerrit, Kommerzienrat, Gronau i. W.

„ Ditges, Generalsekretär, Geschäftsführer des Vereins Deutscher Papierfabrikanten und des Vereins Deutscher Schiffswerften, Berlin, Lützow-Ufer 17.

„ Fleitmann, Kommerzienrat, Düsseldorf, Tonhallenstr. 15.

„ Flohr, Baurat, Bredow-Stettin.

„ Fuchs, Hermann, Direktor der Norddeutschen Wagenbau-Vereinigung, Charlottenburg.

„ Funcke, Wilh., Kommerzienrat, Hagen i. W.

„ Goldberger, Geh. Kommerzienrat, Vorsitzender der Ständigen Ausstellungskommission für die deutsche Industrie, Berlin, Markgrafenstr. 53/54.

„ Gottstein, Dr., Generaldirektor, Vorsitzender des Vereins Deutscher Zellstoffabrikanten, Breslau.

„ Graßmann, Bergrat, Essen (Ruhr).

„ Hallbauer, Kommerzienrat, Lauchhammer.

„ Haumann, Oberbürgermeister, Vertreter des Vereins der Industriellen des Regierungsbezirks Cöln, Cöln.

„ Hirsch, W., M. d. A., Syndikus der Handelskammer für den Kreis Essen, Essen (Ruhr).

„ Hoeter, Ministerialdirektor a. D., Berlin W, Kurfürstendamm 220.

„ Hummel, Friedrich, Generaldirektor, Ettlingen.

Herr Kamp, Kommerzienrat, Grunewald-Berlin, Auerbachstr. 9.
„ Klemme, Dr.-Ing. h. c., Generaldirektor, St.-Avold, Lothringen.
„ Krabler, E., Geh. Bergrat, Altenessen.
„ Kraner, R., Vertreter des Vereins süddeutscher Baumwoll-Industrieller, Erlangen.
„ Krüger, Exzellenz, Gen.-Leut. z. D., Geschäftsführer des Vereins der Fabrikanten landwirtschaftlicher Maschinen und Geräte, Berlin.
„ Kuhlo, Dr., Syndikus des Bayerischen Industriellen-Verbandes, München.
„ Langen, C. O., Kommerzienrat, Vorsitzender des Vereins Rhein.-Westf. Baumwollspinner, M.-Gladbach.
„ Lehmann, Professor, Dr., Handelskammersyndikus, Geschäftsführer des Vereins Deutscher Tuch- und Wollwarenfabrikanten und des Vereins für die berg- und hüttenmännischen Interessen im Aachener Bezirk, Aachen.
„ Lueg, H., Dr.-Ing., Geh. Kommerzienrat, Düsseldorf.
„ Martens, Dr., Syndikus der Handelskammer Dortmund, Dortmund.
„ Menck, J. A., M. d. A., Kommerzienrat, Altona.
„ Meyer, Gerh. L., Geh. Kommerzienrat, Hannover.
„ Meyer, Paul, Dr., i. Firma Paul Meyer A.-G., Berlin.
„ Müller, W., Geh. Ober-Finanzrat, Berlin.
„ Mundt, Artur, i. Fa. Berliner Gipswerke L. Mundt vorm. H. Kühne, Berlin SW, verlängerte Trebbiner Straße.
„ Neubarth, Eug., Kommerzienrat, Forst i. L.
„ Röchling, Louis, Kommerzienrat, Völklingen a. Saar.
„ Rocke, Dr., Geschäftsführer des Fabrikantenvereins für Hannover, Linden und die benachbarten Kreise, Hannover.
„ Schaafhausen, Direktor, Neu-Welzow (Niederlausitz).
„ Schaltenbrand, Vorsitzender des Direktoriums des Stahlwerksverbandes, Düsseldorf.
„ Schieß, Ernst, Geh. Kommerzienrat, Düsseldorf.
„ Schrey, Geh. Regierungs- und Baurat, Vorsitzender des Verbandes Ostdeutscher Industrieller, Danzig.
„ Stark, Emil, Kommerzienrat, Chemnitz.

Herr Tille, Alexander, Dr., Syndikus der Handelskammer Saarbrücken, Generalsekretär des Vereins zur Wahrung der gemeinsamen wirtschaftlichen Interessen der Saarindustrie und der Südwestlichen Gruppe des Vereins Deutscher Eisen- und Stahl-Industrieller, Saarbrücken III.

„ Werminghoff, Generaldirektor, Berlin.

„ Ziegler, Kommerzienrat, Oberhausen.

Als Gäste waren anwesend:

Herr Baer, Dr., Forst i. L., Vertreter des Fabrikanten-Vereins Forst i. L. und des Forster und Lausitzer Arbeitgeber-Verbandes.

„ Ebner, Dr., Berlin.

„ Fasolt, Dr., Geschäftsführer des Vereins zur Wahrung der gemeinsamen wirtschaftlichen Interessen der deutschen Elektrotechnik, Berlin.

„ Frölich, Fr., Ingenieur, stellvertretender Geschäftsführer des Vereins Deutscher Maschinenbau-Anstalten, Düsseldorf.

„ Guggenheimer, Dr., Direktor, Vertreter der Maschinenfabrik Augsburg-Nürnberg, Augsburg.

„ Haasemann, A., Direktor, Bremen.

„ Junk, Henry, Direktor, Vertreter der Sächsischen Maschinenfabrik vorm. Rich. Hartmann, A.-G., Chemnitz.

„ Müller, Th., Direktor, Neunkirchen, Bez. Trier, Vertreter der Firma Gebr. Stumm, G. m. b. H.

„ Olfe, W., Direktor, Vertreter des Rheinisch-Westfälischen Kohlensyndikats, Essen (Ruhr).

„ Peters, Dr., Berlin.

„ Ramelow, H., Rechtsanwalt, Geschäftsführer der Deutschen Exportvereinigung zur Förderung gemeinsamer deutscher Exportinteressen und zum Schutze der Mitglieder bei Auslandsprozessen, Berlin.

„ Reusch, Generaldirektor der Gutehoffnungshütte, Oberhausen (Rheinland).

„ Roitzsch, Ernst, Geschäftsführer des Verbandes von Arbeitgebern der Sächsischen Textilindustrie und der Vereinigung Sächsischer Spinnereibesitzer, Chemnitz.

Herr Schweinburg, D., Herausgeber der „Berliner Politischen Nachrichten“, Berlin.
„ Steinmann-Bucher, Herausgeber der „Deutschen Industrie-Zeitung“, Berlin.
„ Strecker, Dr., Chefredakteur, Berlin, Herausgeber der „Deutschen volkswirtschaftlichen Korrespondenz“.
„ Tänzler, Dr., Syndikus der Hauptstelle Deutscher Arbeitgeberverbände, Berlin.
„ Walter, W., Direktor, Hannover-Linden, Vertreter der Hannoverschen Baumwollspinnerei und Weberei, Hannover.
„ Ziemssen, Rechtsanwalt, Berlin, Vertreter der Akkumulatorenfabrik A.-G.

Entschuldigt haben sich:

Vom Direktorium:

Herr Jencke, H., Dr.-Ing. h. c., Geh. Finanzrat a. D., Mitglied des Preußischen Staatsrats und der Sächsischen Ersten Kammer, Dresden, Parkstr. 8.
„ Vorster, Jul., Geh. Kommerzienrat, M. d. H. d. Abg., Vorsitzender des Vereins der Industriellen des Reg.-Bez. Cöln, Cöln.
„ Semlinger, H., Kommerzienrat, Vorsitzender des Vereins Süddeutscher Baumwollindustrieller, Bamberg.
„ Hilger, Geh. Bergrat, Generaldirektor der Vereinigten Königs- und Laurahütte, Vorsitzender der Oestlichen Gruppe des Vereins Deutscher Eisen- und Stahlindustrieller, Berlin NW, Dorotheenstr. 50.

Von Mitgliedern:

Herr Beukenberg, Baurat, Hörde.
„ Böcking, Rud., Geh. Kommerzienrat, Halbergerhütte.
„ Brauns, Kommerzienrat, Eisenach.
„ von Buz, Heinrich, Kommerzienrat, Augsburg.
„ Dietel, Franz, Geh. Kommerzienrat, Coßmannsdorf.
„ Dulon, Kommerzienrat, Magdeburg.
„ Euler, Kommerzienrat, Bensheim.
„ Fiebelkorn, Dr., Geschäftsführer, Berlin.

Herr Goldschmidt, Dr., M. d. A., Essen.
„ von Guilleaume, Th., Kommerzienrat, Cöln.
„ Haarmann, Dr.-Ing., Geh. Kommerzienrat, Osnabrück.
„ von Langen, Gottlieb, Cöln.
„ Laurenz, Anton, Kommerzienrat, Ochtrup i. W.
„ Linke, Domänenrat, Slawentzitz.
„ Lindgens, Adolf, Cöln-Bayenthal.
„ Meesmann, Direktor, Mainz.
„ Möhlau, Ad., Kommerzienrat, Düsseldorf.
„ Müllensiefen, Th., Kommerzienrat, Crengeldanz.
„ Schmid, W., Direktor, Hof.
„ Sedlmayr, Gabriel, Geh. Kommerzienrat, München.
„ Selve, Geh. Kommerzienrat, Altena i. W.
„ Servaes, Geh. Kommerzienrat, Düsseldorf.
„ von Skene, Carl, Geh. Kommerzienrat, Klettendorf.
„ Steller, Generalsekretär, Cöln.
„ Stumpf, Generalsekretär, Osnabrück.
„ Ugé, Kommerzienrat, Kaiserslautern.
„ Voltz, Dr., Generalsekretär, Kattowitz.
„ Wandel, Justizrat, Essen.
„ Weisdorff, Generaldirektor, Burbacherhütte.
„ Winkler, Paul, Geh. Kommerzienrat, Fürth i. Bayern.

Verzeichnisse.

Der Ausschuß des Centralverbandes

nach den Neuwahlen und Ergänzungen vom 15. Oktober 1909.

Mitglieder.	Stellvertreter.
Böcking, Rud., Geh. Kommerzienrat, Brebach.	Röchling, Louis, Kommerzienrat, Völklingen a. Saar.
Brauns, H., Kommerzienrat, Eisenach.	Lehmann, Professor, Dr., Handelskammersyndikus, Geschäftsführer des Vereins Deutscher Tuch- und Wollwarenfabrikanten und des Vereins für die berg- und hüttenmännischen Interessen im Aachener Bezirk, Aachen.
Brückner, Rich., Fabrikbesitzer, Vorsitzender des Vereins Deutscher Papierfabrikanten, Calbe a. S.	Euler, W., Kommerzienrat, Bensheim.
Delius, Karl, Dr.-Ing. h. c., Geh. Kommerzienrat, Aachen.	Delden, Gerrit van, Kommerzienrat, Gronau i. W.
Flohr, Baurat, Bredow-Stettin.	Toussaint, Direktor, Kiel.
Gärtner, R., Kommerzienrat, Freiburg i. Schl.	Websky, Ernst, Fabrikbesitzer, Tannhausen.
Goldschmidt, Karl, Dr., Essen.	Curtius, Richard, Duisburg.
Haarmann, A., Dr.-Ing., Geh. Kommerzienrat, Osnabrück.	Baare, Fritz, Geh. Kommerzienrat, Bochum.
Hummel, Friedrich, Generaldirektor, Ettlingen.	Kraner, Direktor, Erlangen.
Kauffmann, Georg, Dr., Kommerzienrat, Wüstegiersdorf in Schlesien.	Dierig, Friedrich, Kommerzienrat, Oberlangenbielau.

Kraushaar, Dr., Generaldirektor, Hannover.	Caro, Geh. Kommerzienrat, Gleiwitz.
Langen, C. O., Kommerzienrat, M.-Gladbach.	Heintze, G., Direktor, Döhren bei Hannover.
Linke, Paul, Domänenrat, Slawentzitz.	Laurenz, Anton, Kommerzienrat, Ochtrup i. W.
Lueg, H., Dr.-Ing., Geh. Kommerzienrat, Düsseldorf.	Knochenhauer, Bergrat, Kattowitz.
	Schrödter, E., Dr.-Ing., Ingenieur, Geschäftsführer des Vereins Deutscher Eisenhüttenleute und des Vereins Deutscher Maschinenbauanstalten, Düsseldorf.
Melchior, A., Kommerzienrat, Nürtingen.	Bourcart, Fabrikbesitzer, Gebweiler.
Meyer, Ed., Fabrikbesitzer, Aachen.	Neubarth, Eug., Kommerzienrat, Forst i. L.
Meyer, Gerh. L., Geh. Kommerzienrat, Hannover.	Jüngst, Geh. Bergrat, Berlin, Kurfürstendamm 214.
Mieg, Daniel, Fabrikant, Mülhausen i. E.	Kiener, André, Handelskammerpräsident, Colmar i. Els.
Müser, Generaldirektor, Dortmund.	Graßmann, Bergrat, Essen (Ruhr).
Nickel, Ferd., Direktor, Harburg.	Herbst, Kommerzienrat, Triebes.
Sartorius, Franz, Kommerzienrat, Bielefeld.	Möhlau, Ad., Kommerzienrat, Düsseldorf.
Servaes, Geh. Kommerzienrat, Düsseldorf.	Kamp, Kommerzienrat, Grunewald-Berlin, Auerbachstr. 9.
Stark, Emil, Kommerzienrat, Chemnitz.	
Ugé, Kommerzienrat, Kaiserslautern (Pfalz).	Stumpf, F., Generalsekretär des Georgs-Marien-Bergwerks- und Hütten-Vereins, Syndikus der Handelskammer zu Osnabrück, Osnabrück.
Walter, W., Direktor, Hannover-Linden.	Goertz, Ed., Kommerzienrat, Mülfort bei Odenkirchen.
Weisdorff, Generaldirektor, Burbacher Hütte bei Saarbrücken.	Wandel, Justizrat, Essen (Ruhr).

Williger, Bergrat, Kattowitz.

Winkler, Paul, Kommerzienrat, Fürth.

Ziegler, Kommerzienrat, Oberhausen.

Voltz, Dr., Generalsekretär des Oberschlesischen Berg- und hüttenmännischen Vereins, Kattowitz.

Müllensiefen, Th., Kommerzienrat, Crengeldanz.

Scheidtweiler, Regierungsrat, Oberhausen.

Zugewählte Mitglieder.

Beukenberg, Baurat, Hörde i. W.

Beumer, W., Dr., M. d. A., Generalsekretär des Vereins zur Wahrung der gemeinsamen wirtschaftlichen Interessen in Rheinland und Westfalen und der Nordwestlichen Gruppe des Vereins Deutscher Eisen- und Stahl-Industrieller, Düsseldorf.

Blohm, Herm., Hamburg.

Böker, M., Kommerzienrat, Vorsitzender des Bergischen Fabrikantenvereins, Remscheid.

von Borsig, E., Kommerzienrat, Berlin.

Brandt, Dr., Syndikus der Handelskammer Düsseldorf, Geschäftsführer des Vereins Deutscher Eisengießereien, Düsseldorf.

Graf von Brockdorff, Dr., Syndikus der Handelskammer Oppeln, Oppeln.

Brockhaus, Prokurist der Firma Berliner Sandsteinwerke Rob. Gutmann, G. m. b. H., Berlin, Neustädtische Kirchstr. 15.

Budde, Professor, Generaldirektor der Aktiengesellschaft Siemens & Halske, Berlin, Askanischer Platz 3.

von Buz, Hch., Kommerzienrat, Direktor der Maschinenfabrik Augsburg-Nürnberg A.-G., Augsburg.

Clouth, Franz, Fabrikbesitzer, Cöln-Nippes.

Coste, D., Kommerzienrat, Biere.

Dietel, Franz, Geh. Kommerzienrat, Coßmannsdorf.

Dietrich, Dr., Handelskammer-Syndikus, Plauen.

Ditges, Generalsekretär der Vereins Deutscher Papierfabrikanten und des Vereins Deutscher Schiffswerften, Berlin, Lützow-Ufer 17.

von Donnersmarck, Fürst Guido Henckel, Neudeck (O.-S.).

Dulon, M., Kommerzienrat, Magdeburg.

Evers, Ziegeleibesitzer, Vorsitzender des Verbandes Deutscher Tonindustrieller, Berlin, Gitschinerstraße 109.

Fiebelkorn, Dr., Geschäftsführer des Verbandes Deutscher Tonindustrieller, Berlin, Stephanstraße 50.

Fleitmann, Kommerzienrat, Düsseldorf, Tonhallenstr. 15.

Funcke, Wilh., Kommerzienrat, Hagen i. W.

Fuchs, H., Direktor der Norddeutschen Wagenbau-Vereinigung, Charlottenburg, Bleibtreustr. 20.

Goldberger, Geh. Kommerzienrat, Vorsitzender der Ständigen Ausstellungskommission für die deutsche Industrie, Berlin, Markgrafenstr. 53/54.

Gottstein, L., Dr., Generaldirektor, Vorsitzender des Vereins deutscher Zellstoff-Fabrikanten, Breslau I.

Gräßner, Bergwerksdirektor a.D., Leopoldshall-Staßfurt.

von Guilleaume, Th., Kommerzienrat, Cöln.

Haas, Karl, Geh. Kommerzienrat, erster stellvertretender Vorsitzender des Vereins Deutscher Zellstoffabrikanten, Waldhof bei Mannheim.

Haeffner, Ad., Fabrikbesitzer, Frankfurt a. M.

Hallbauer, Kommerzienrat, Lauchhammer.

Hartmann, Gust., Geh. Kommerzienrat, Dresden.

Haumann, Ober-Bürgermeister, Generaldirektor der Vereinigten Stahlwerke van der Zypen und Wissener Eisenhütten, Cöln.

Heckmann, Paul, Geh. Kommerzienrat, Berlin, Lützowstr. 64.

von der Herberg, C., Direktor, Mülheim a. Rh., Vorsitzender der Verkaufsstelle des Deutschen Kupferdrahtverbandes, Cöln.

Hirsch, M. d. A., Syndikus der Handelskammer Essen, Essen (Ruhr).

Hoeter, Ministerialdirektor a. D., Berlin W, Kurfürstendamm 220.

Jordan, H., Dr., Bankdirektor, Elberfeld.

Junghann, Geheimer Bergrat, Schlachtensee, Zietenstraße.

Kirdorf, A., Geh. Kommerzienrat, Aachen.

Kleine, Bergrat, Dortmund, Vorsitzender des Vereins zur Wahrung der bergbaulichen Interessen im Ober-Bergamtsbezirk Dortmund.

Klemme, Dr.-Ing. h. c., Generaldirektor, Bergassessor a. D., St. Avold (Lothringen).

Körting, Berth., Kommerzienrat, Hannover.

Krause, Max, Baurat, Berlin, Chausseestr. 13.

Krüger, Generalleutnant z. D., Exz., Geschäftsführer des Vereins der Fabrikanten landwirtschaftlicher Maschinen und Geräte, Berlin, Burggrafenstr. 13.

Kuhlo, Dr., Syndikus des Bayerischen Industriellen-Verbandes, München, Ludwigstr. 13.

Landsberg, Heinrich, Direktor des Heddernheimer Kupferwerks, vormals F. A. Hesse Söhne zu Frankfurt a. M., Vorsitzender der Verkaufsstelle des Kupferblechverbandes, Kassel.

von Langen, Gottlieb, Cöln.

von und zu Loewenstein, Bergassessor, Geschäftsführer des Vereins zur Wahrung der bergbaulichen Interessen im Oberbergamtsbezirk Dortmund, Essen (Ruhr).

Mann, L., Handelsrichter, Vorsitzender des Vereins Deutscher Lackfabrikanten, Berlin, Meinekestraße 4.

March, Fabrikbesitzer, Vorsitzender des Deutschen Vereins für Ton-, Cement- und Kalkindustrie, Charlottenburg, Sophienstr. 23/25.

Martens, Dr., Syndikus der Handelskammer Dortmund, Dortmund.

Marwitz, Kommerzienrat, Vorsitzender des Vereins der Baumwollgarnkonsumenten, Dresden.

Mathies, Regierungsrat, Generaldirektor der „Union“, Dortmund.

Meesmann, Geschäftsführer des Mittelrheinischen Fabrikanten-Vereins und der Süddeutschen Gruppe des Vereins Deutscher Eisen- und Stahl-Industrieller, Mainz.

Menck, J. A., M. d. A., Kommerzienrat, Altona.

Merwitz, Direktor, per Adresse: C. Heckmann, A.-G., Duisburg, Postfach 125.

Meyer, Paul, Dr., Berlin N 39, Lynarstr. 5/6.

Müller, Waldemar, Geh. Ober-Finanzrat a. D., Direktor der Dresdener Bank, Berlin W 9, Bellevuestr. 13.

Müller, Dr., Kalkberge/Mk., Vorsitzender des Vereins Deutscher Portland-Cement-Fabrikanten.

Mundt, Arthur, i. Fa. Berliner Gipswerke L. Mundt vorm. H. Kühne, Berlin SW, verl. Trebbinerstraße.

Neidhardt, Kommerzienrat, Präsident der Handelskammer Plauen, Reichenbach i. V.

Offermann, Geh. Kommerzienrat, Leipzig.

Protzen, Kommerzienrat, Berlin, Köllnischer Fischmarkt 4.

Reinecker, J. E., Dr.-Ing., Chemnitz, stellvertretender Vorsitzender des Vereins Deutscher Werkzeugmaschinenfabriken, Düsseldorf.

Rentzsch, H., Dr., Blasewitz bei Dresden.

Rocke, Dr., Geschäftsführer des Fabrikantenvereins für Hannover-Linden und die benachbarten Kreise, Hannover.

Schaafhausen, Direktor, Neu-Welzow (N.-L.).

Schaltenbrand, Vorsitzender des Direktoriums des Stahlwerksverbandes, Düsseldorf.

Schieß, Ernst, Geh. Kommerzienrat, Düsseldorf.

Schimpff, Direktor, Berlin, Uhlandstr. 159.

Schmid, Th. W., Direktor, Hof in Bayern.

Herzog Ernst Günther zu Schleswig-Holstein, Schloß Primkenau.

Schott, F., Kommerzienrat, Heidelberg.

Schrey, Geh. Regierungs- und Baurat, Vorsitzender des Verbandes Ostdeutscher Industrieller, Danzig, Holzmarkt 12—14.

Schroers, A., Kommerzienrat, erster Vorsitzender des Vereins der deutschen Textilveredlungsindustrie, Düsseldorf, Crefeld.

Sedlmayr, Gabriel, Geh. Kommerzienrat, München.

Selve, Geheimer Kommerzienrat, Altena i. W.

Siemens, Bergrat, Halle a. S., Königstr. 84, Vorsitzender des Deutschen Braunkohlen-Industrievereins, Halle a. S.

von Skene, Karl, Geh. Kommerzienrat, Klettendorf bei Breslau.

Springorum, Kommerzienrat, Generaldirektor, Dortmund, Vorsitzender des Vereins Deutscher Eisenhüttenleute, Düsseldorf.

Steller, Paul, Generalsekretär des Vereins der Industriellen des Regierungsbezirks Cöln und des Vereins Deutscher Werkzeugmaschinenfabriken, Cöln.

Tille, Alexander, Dr., Syndikus der Handelskammer Saarbrücken, Generalsekretär des Vereins zur Wahrung der gemeinsamen wirtschaftlichen Interessen der Saarindustrie und der Südwestlichen Gruppe des Vereins Deutscher Eisen- und Stahl-Industrieller, Saarbrücken.

Weinlig, Generaldirektor, Dillingen a. d. Saar.

Wenzel, Kommerzienrat, Direktor der Kammgarnspinnerei zu Leipzig, Leipzig.

Werminghoff, J., Generaldirektor, Berlin, Potsdamer Straße 21.

Wessel, C., Geh. Kommerzienrat, Bernburg.

van den Wyngaert, Jos., J., Direktor, Wilmersdorf, Prinzregentenstr. 118.

Zanders, Hans, Kommerzienrat, i. F. J. W. Zanders, Papierfabriken, Bergisch-Gladbach.

Zörner, Bergrat, Generaldirektor der Maschinenbauanstalt „Humboldt", Kalk b. Cöln.

Zschille, Georg Herm., Dresden, Wienerstr. 45.

Sitzung
der
Deutschen Exportvereinigung
vom Freitag, den 25. Juni 1909,
vormittags 10 Uhr, zu Berlin, Hotel Adlon.

Herr Regierungsrat Dr. **Bartels:** Meine Herren, ich eröffne die Sitzung. Zunächst habe ich das Bedauern des Direktoriums hier zum Ausdruck zu bringen, daß es keinem unserer Herren möglich ist, in der Versammlung zu erscheinen. Unser Vorsitzender, der allerdings in Berlin ist, muß heute an der Beratung der Satzungen des „Hansabundes" teilnehmen. Das ist — wie Sie wissen — eine sehr wichtige Sache für die gesamte deutsche Industrie. Ebenso ist sein 1. Stellvertreter, Herr Baurat Dr. von Rieppel, verhindert; auch Herr Geheimrat König, der 2. stellvertretende Vorsitzende, der zwar in Berlin ist, hat eine andere Sitzung. Ich bitte zu gestatten, daß ich hier den Vorsitz führe. Herr Bueck befindet sich in Kissingen zum Kurgebrauch.

Ich will einleitend bemerken, wir sind dem Anerbieten des Herrn Rechtsanwalts Ramelow, der durch seine Beschäftigung als Handelssachverständiger in Argentinien besonders wertvolle Kenntnisse über den dortigen Markt erworben hat, sehr gern nachgekommen, die Interessenten des Centralverbandes Deutscher Industrieller hierher zu bitten, um seine Ausführungen über seine Vorschläge, wie er den Export nach Argentinien zu organisieren gedenkt, anzuhören. Wir haben dies um so lieber getan, als der Centralverband ja von manchen Kreisen immer als derjenige hingestellt wird, der nur für die schwere Industrie Interesse habe und für den Export namentlich der weiterverarbeitenden Industrie nichts tun wolle. Herr Rechtsanwalt Ramelow ist so gütig gewesen, sich mit der Exportvereinigung für Argentinien uns anzuschließen.

Ich glaube, daß ich auf die Sache selbst besser nicht eingehe, sondern Herrn Ramelow bitte, sofort mit seinen Ausführungen zu beginnen.

Herr Rechtsanwalt **Ramelow**=Berlin: Meine Herren, gestatten Sie mir, daß ich einleitend Ihnen die allgemeinen Gesichtspunkte des deutschen Exports nach Argentinien darlege. Alsdann werde ich die Stellung des heutigen Argentinien auf dem Weltmarkt beleuchten und Ihnen Vorschläge zur Organisation des deutschen Exportes unterbreiten. Zur Abkürzung meines Vortrages habe ich Ihnen gedruckte statistische Daten überreicht. Ich hoffe, daß die Diskussion nach meinem Referat recht lebhaft wird, damit wir aus den Kreisen der Praktiker und der Exporteure heraus hören, wie sich die Praxis die Ausgestaltung des Gedankens der Exportsyndizierung denkt.

Ich kann Ihnen schon jetzt mitteilen, es bestehen bereits mehrere derartige G. m. b. H., welche sich die syndizierte Beschickung ausländischer Märkte zur Aufgabe gemacht haben; zufälligerweise ist es gerade ein großes Berliner Exporthaus, welches in der Art arbeitet, daß es eine Untergesellschaft, eine G. m. b. H., mit mehreren industriellen Werken zusammen gegründet hat, welche kaufmännisch gebildete Techniker heraussendet. Diese Gruppe bearbeitet den ostasiatischen Markt. Ich hebe dies Beispiel hervor, weil in den ersten Monaten des Bestehens der Deutschen Exportvereinigung gerade von seiten der organisierten deutschen Exporteure Angriffe auf die Exportvereinigung erhoben wurden, während, wie Sie sehen, die Exporteure selbst zu einer Syndizierung der Industrie für den Export geschritten sind.

Aus diesem Grunde ist es mir ferner eine besondere Genugtuung — und ich nehme gern die Gelegenheit wahr, Herrn Regierungsrat Dr. Bartels, als Vertreter des Centralverbandes Deutscher Industrieller, meinen verbindlichsten Dank dafür zu sagen —, daß der Centralverband, unser größter wirtschaftlicher Verband, durch die Einberufung der heutigen Versammlung in dieser energischen Weise für die Bestrebungen der von mir angeregten Exportorganisation eingetreten ist. Ich habe bei den Verhandlungen mit den Organisationen der Exporteure wiederholt die Frage aufwerfen hören: „Wenn wir nur wüßten, welche Stellung der Centralverband dazu einnimmt?" Und ferner die Schlußfolgerung: „Wenn wir wüßten, daß die deutsche Industrie für den

Gedanken der Exportsyndizierung der technischen Betriebe eintritt, daß die maßgebenden Kreise, welche der Centralverband vertritt, sich für die Idee aussprechen, daß die industriellen Werke sich zur gruppenweisen Entsendung von technischen Vertretern zur Unterstützung der heimischen Exporthäuser zusammenfinden, dann könnte ein derartiges Zusammenarbeiten uns nur erwünscht sein, da es uns die Spesen verringern würde!"

Ich werde Ihnen nun kurz die Gründe, welche die deutsche Volkswirtschaft zum Export drängen, vortragen: Der jährliche Geburtenüberschuß von fast einer Million Seelen drängt die deutsche Volkswirtschaft zur expansiven Wirtschaftspolitik, zur Eroberung der Weltmärkte. Auf dem heutigen Areal Deutschlands kann die stets wachsende Bevölkerung nicht ernährt werden, falls sich nicht die deutsche Industrie mit aller Macht auf den Export wirft, um die Werte zu erzeugen, für welche die Nahrungsmittel für die deutsche Bevölkerung auf dem Weltmarkte gekauft werden können. Ferner ist es Ihnen allen, meine Herren, die Sie in der Praxis stehen, bekannt, daß die Massenproduktion der Güter für die modernen rationellen Betriebe Erfordernis ist. Bei vielen Industrien ist aber die Massenerzeugung erst dadurch ermöglicht, daß Export betrieben wird. Durch die Massenproduktion werden der Unkostenkoeffizient, die Erstehungs-, die Fabrikationskosten, die Spesen für die Maschinen, die Amortisationsquote verringert. Vor allem ist der Export zu Zeiten der Wirtschaftskrisen das Ventil, welches geöffnet werden kann, um eine Ueberspannung des überlasteten Inlandsmarktes zu verhüten. Sie wissen selbst, wie die letzten Krisen sich ganz besonders für diejenigen Industrien, welche den Export nicht betrieben, verderblich gezeigt haben. Das Auslöschen der Hochöfen und Stillegen der Werke war in vielen Fällen das Resultat, und Arbeiterentlassungen in allen Branchen folgten. Diese wirken dann wieder verschärfend auf die Krise selbst zurück, da sie wieder andere Werke in Mitleidenschaft ziehen. So wirken Arbeiterentlassungen in den Gewinnungszentren der Rohprodukte, z. B. bei den Hochöfen und in den Kohlenzechen auf die Halbfabrikatsindustrie, weil da wieder eine Ueberfüllung des Marktes an Arbeitskräften eintritt, und so drückt diese dann wieder auf die Fertigindustrie. So hängen die einzelnen Gruppen der Vokswirtschaft in intimster Beziehung zusammen, so daß, falls einmal die Lawine ins Gleiten kommt, die Krise immer verheerendere Dimensionen annimmt. Dies kann durch das Ventil, welches der Export gewährt, vermieden oder wenigstens verringert werden. Aber gerade in den Zeiten der aufsteigenden Konjunktur ist es geboten, sich auf den Export und auf die Eroberung der auswärtigen Märkte zu werfen, da in Zeiten der Krise sich Alles auf den Export stürzt. Z. B. auf einem derartig aufnahmefähigen Markte, wie es der argentinische ist, drängen in Zeiten der Krise sämtliche exportierende Länder zusammen, und dann ist es für den noch nicht dort eingeführten Fabrikanten schwer, in den Markt einzudringen. Deshalb ist es notwendig, daß in den guten Zeiten, in den Zeiten der aufsteigenden Konjunktur, die Auslandsmärkte erobert werden, und daß der Industrielle nicht denkt: jetzt habe ich einen guten Absatz zu Hause, und wenn da schlechte Zeiten kommen, dann will ich den ausländischen Markt bearbeiten. Vor meiner Ausreise nach Argentinien, die ins Jahr 1906, also in die Zeit der aufsteigenden Konjunktur, fiel, hatte ich eine Besprechung mit mehreren rheinischen Werken, und unter anderem auch mit einem unserer größten Etablissements in der Nähe von Köln. Der leitende Direktor dieses Werkes war einer der wenigen Industriellen Deutschlands, welcher erkannt hatte, daß man in Zeiten der aufsteigenden Konjunktur den Export organisieren muß; er zeigte mir eine Wandtafel, auf welcher die Welt sozusagen in Operationszentren für den Export seines Werkes eingeteilt war. Das eine Zentrum z. B. war Argentinien mit Dependancen, dann das übrige Südamerika, Australien, die afrikanischen Märkte, Ostasien usw. usw. Diese einzelnen Hauptzentren des Exportes bearbeitete die betreffende Firma schon damals in Verbindung mit einer Reihe anderer Firmen dadurch, daß sie eins von diesen Operationsfeldern nach dem andern durch Entsendung eines Herrn auf gemeinsame Kosten studieren und bearbeiten ließ.

Ich habe Ihnen gezeigt, meine Herren, daß der Export für Deutschland eine Lebensfrage ist, und wie er von einzelnen weitblickenden Industriellen bereits zu Zeiten der aufsteigenden Konjunktur organisiert ist.

Nach diesen einleitenden Worten gestatten Sie mir nun, Ihnen ausführlich über den argentinischen Markt zu berichten. Ich werde meinem Vortrage drei Punkte zugrunde legen: Zuerst werde ich den glänzenden wirtschaftlichen Aufschwung des heutigen Argentinien beleuchten und kurz auf die Ihnen übermittelten Zahlen hinweisen, dann will ich darlegen, wie sich heute der Export und speziell der deutsche Export in Argentinien abspielt, und in dritter Linie werde ich Ihnen Vorschläge unterbreiten, wie sich eventuell dieser Export besser organisieren läßt. Ich bitte Sie nun, die Ihnen überreichte Tabelle zur Hand zu nehmen:

Zahlentafel 1

Größe: 295 Mill. ha	Deutschland 54 Mill. ha
Einwohner: 6,5 Mill. (1887: 2,98 Mill.)	Stadt Buenos Aires 1,25 Mill. (1887: 433 000)

Einwanderungsüberschuß

(ausschließlich der zurückkehrenden Sachsengänger)

1905:	rd.	138 800
1906:	„	198 400
1907:	„	119 800

Eisenbahnen: 23 295 km (1887: 5437) — Deutschland 56 267 km

Gesamthandel:*)

	2,72 Milliard. Frcs.	(1900: 1,34)	„	15,5 Milliard. Frcs.		
Ausfuhr	1,48 „ „	(1900: 0,77)	„	6,85 „ „	(1900: 4,61)	
Einfuhr	1,24 „ „	(1900: 0,57)	„	8,75 „ „	(1900: 5,76)	

Fremde Kapitalien in Argentinien rd. 10 Milliarden Frcs., davon:

Anleihen, Eisenbahnen, Banken, Trambahnen, Gas- und Elektrizitätsanlagen, Hafenbauten, Estancias und National-Industrien:

England	6 500 000 000	Frcs.
Deutschland	800 000 000	„
Frankreich	750 000 000	„
Belgien	450 000 000	„

Unter Kultur genommene Anbauflächen:

1895	4 892 005 ha
1902	8 534 346 „
1907	14 611 972 „

die Anbaufläche verteilt sich auf:

Weizen	5 759 987 ha
Mais	2 783 100 „
Leinsaat	1 391 467 „
Alfalfa	1 749 800 „
Hafer	281 968 „
Gerste	64 700 „
Zuckerrohr	73 500 „
Weinreben	39 116 „
Tabak	9 745 „
Kanariensamen	41 150 „
Verschiedenes (Obst, Garten- u. Gemüsekulturen, Baumwolle, Maulbeerbäume)	2 437 259 „

Hauptausfuhrerzeugnisse:*)

Weizen	350	Mill.	Frcs.
Mais	230	„	„
Leinsaat	121	„	„
Weizenmehl	53	„	„
Oelkuchen	20	„	„
Kleie	25	„	„
Hafer	5	„	„
Häute, Felle, Knochen, Knochenasche	192	„	„
Gefrorenes Fleisch	100	„	„
Dörrfleisch	6,5	„	„
Fleischextrakt	5	„	„
Talg und Fett	20	„	„
Butter	9	„	„
Kasein	3	„	„
Wolle	292	„	„
Quebrachoholz und -Extrakt u. andere Forstprodukte	36	„	„

Fernere Erzeugnisse des Landes:*)

Zucker	65	Mill.	Frcs.
Zuckerrohrbranntwein	2	„	„
Wein	117	„	„

In den Anfängen: Tabakbau; Seidenraupenzucht; Baumwollanbau; Reispflanzungen.

*) Die Zahlen der Handelsbilanz usw. beziehen sich auf das Wirtschaftsjahr 1907/08.

Argentiniens Bedeutung für den Weltmarkt unter den Ausfuhrländern.*)

I. Weizen:	Mill. t	II. Mais:	Mill. t	III. Leinsaat	t
Vereinigte Staaten	4	Vereinigte Staaten	1,9	Argentinien . .	827 000
Argentinien . . .	3	Argentinien . . .	1,7	Indien . . .	334 000
Rußland	2,5	Donauländer . . .	1,6	Ver. Staaten .	114 000
Balkanländer . .	2	Rußland	0,8	Rußland und Donauländer	80 000
Kanada	1,1				

Zahlentafel 2.
Welterzeugung an Getreide.
(Wirtschaftsjahr 1906/07.)

Länder	(in Mill. t)				
	Weizen	Roggen	Gerste	Hafer	Mais
Deutschland	3,9	9,5	3,1	7,4	—
Frankreich	8,9	1,1	0,9	4,6	0,7
Oesterreich-Ungarn	6,4	3,4	3,1	3,1	4,6
Italien	3,7	1,8	0,1	0,2	2,3
England	1,6	0,5	1,7	3,0	—
Rußland	16,5	23,3	7,3	13,5	1,2
Donauländer und Balkanstaaten .	2,5	0,2	0,6	0,4	3,2
Vereinigte Staaten	18,2	0,8	2,9	14,3	56,6
Kanada	2,1	—	0,7	2,0	0,7
Australien	2,2	—	—	—	0,2
Argentinien	4,2	—	—	—	4,4
Indien	8,0	—	—	—	—
Aegypten	0,3	—	—	—	—

Zahlentafel 3.
Argentiniens Weizen-Erzeugung und -Ausfuhr im Vergleich zu den übrigen Ländern.
(Wirtschaftsjahr 1906/07.)

Länder	(in Mill. t)		
	Erzeugung	Ausfuhr	Einfuhr
Vereinigte Staaten	18,2	4,0	—
Rußland	16,5	2,5	—
Indien	8,0	0,8	—
Frankreich	8,9	—	—
Oesterreich-Ungarn	6,4	0,1	1,4
Argentinien	4,2	3,0	—
Deutschland	3,9	—	3,0
Italien	3,7	—	1,45
Spanien	3,0	—	1,28
Donauländer	2,5	2,1	—
Australien	2,2	0,8	—
Kanada	2,1	1,2	—
England	1,6	—	6,0
Belgien	—	—	1,37

*) Die Zahlen der Handelsbilanz usw. beziehen sich auf das Wirtschaftsjahr 1907/08.

Zahlentafel 4.

Argentiniens Hauptlieferer in pCt. der Gesamteinfuhr.

Länder	1876	1886	1896	1906	1907
England	24,8	33,9	39,8	35,1	34,3
Vereinigte Staaten von Nordamerika	5,4	8,0	9,9	14,6	13,6
Deutschland	4,9	8,3	12,3	14,2	16,0
Frankreich	23,2	16,7	10,7	9,9	8,9
Italien	6,6	4,8	10,1	8,9	8,4

Zahlentafel 5.

Argentinisch-Deutsche Handelsbilanz.

Jahr	(in Mill. Mark)		
	Argentinische Einfuhr nach Deutschland	Deutsche Ausfuhr nach Argentinien	Also Mehreinfuhr Argentiniens nach Deutschland
1898	143,2	42,7	100,5
1899	194,4	52,3	142,1
1900	232,5	63,8	168,7
1901	200,8	54,2	146,6
1902	201,7	47,2	154,5
1903	270,6	71,0	199,6
1904	336,5	102,7	233,8
1905	369,2	131,5	237,7
1906	372,2	170,2	202,0
1907	442,5	179,2	263,3

Zahlentafel 6.

Einfuhr von Eisen, Maschinen und Fahrzeugen nach Südamerika (davon nach Argentinien):

Jahr	(in Mill. Mark)			
	aus Großbritannien	aus den Ver. Staaten	aus Deutschland	Zusammen
Im Durchschnitt 1890/94	110,4 (41,9)	29,9 (8,1)	32,5 (9,6)	172,8 (59,6)
Im Durchschnitt 1895/99	80,3 (29,1)	30,8 (10,1)	38,8 (12,6)	148,8 (51,8)
Im Durchschnitt 1900/04	98,7 (51,0)	47,0 (22,5)	52,5 (23,1)	198,2 (96,6)
1903	92,8 (46,1)	43,6 (21,3)	46,8 (26,2)	183,2 (93,6)
1904	127,9 (75,5)	60,7 (30,7)	48,8 (31,3)	237,4 (137,5)
1905	182,8 (107,3)	82,2 (47,4)	88,6 (43,2)	353,6 (197,9)
1906	— (250,1)*	— (92,2)*	— (90,3)*	— (432,6)*
1907	— (291,1)*	— (85,2)*	— (122,5)*	— (498,8)*

*) Die Zahlen für die Gesamtausfuhr nach Südamerika in den Jahren 1906 und 1907 waren nicht zu ermitteln.

Sie sehen: die Größe Argentiniens beträgt 300 Millionen Hektar; Deutschland hat 54 Millionen Hektar. Die Einwohnerzahl beträgt jetzt $6\frac{1}{2}$ Millionen Seelen, und zwar herrscht ein sehr starker Einwanderungsüberschuß. Man kann annehmen, daß alljährlich $\frac{1}{4}$ Million Seelen als Einwanderungsüberschuß in Argentinien bleibt. Die Einwanderung selbst ist viel stärker. Es sind aber namentlich Italiener, welche während der Ernteperiode als Sachsengänger in das Land kommen, und dann, wenn sie einen relativ großen Verdienst erworben haben, in ihre Heimat zurückkehren, um sich dort als selbständige Bauern anzukaufen. Hunderttausende von Italienern kommen alljährlich nach Argentinien als Erntearbeiter und kehren nach der Ernte in die Heimat zurück. Die Beträge, welche hierdurch dem italienischen Mutterlande zugute kommen, betragen nach sachverständiger Schätzung, welche auf Grund der Banküberweisungen und der Postaufträge stattgefunden hat, mehr als 100 Millionen Frank pro Jahr.

Das argentinische Eisenbahnnetz hat jetzt eine Ausdehnung von über 24 000 km; im Jahre 1885 waren es nur 5000 km. Der Gesamthandel beträgt über 3 Milliarden Frank! Die Einfuhr nach Argentinien betrug im letzten Jahre 1340 Millionen, und die Ausfuhr 1937 Millionen Frank. Diese Zahlenangaben wachsen in ihrer Bedeutung noch, wenn Sie sich vergegenwärtigen, in wie rapider Steigerung das heutige Argentinien in diese wirtschaftliche Bedeutung hineingewachsen ist. Noch im Jahre 1900 betrugen diese Zahlen 0,77 und 0,57 Milliarden Frank, wie Sie aus der Tabelle 3 ersehen.

Ich gehe nun dazu über, Ihnen darzulegen, in welchem Maße fremde Kapitalien in Argentinien arbeiten. Deutsches Kapital ist leider nur schwach an der wirtschaftlichen Auferschließung Argentiniens beteiligt. Der innere Grund hierfür liegt darin, daß wir Deutschen im Verhältnis zu England, Frankreich und Belgien, ein armes Land sind. An der Gesamtbeteiligung fremder Kapitalien in Argentinien, die vielleicht auf 10 Milliarden Frank zu schätzen ist, partizipiert England mit über 6 Milliarden, Deutschland mit 800 Millionen. England ist in Argentinien namentlich an der Finanzierung der Eisenbahnen beteiligt, aber auch in Landbesitz, in Estancien. Der Engländer, der sich dort angekauft hat, namentlich vor 15 bis 20 Jahren, als die Landpreise noch spottbillig waren, bleibt im Lande, und die nächste Generation bildet als Anglo-Argentinier eins der wertvollsten Elemente der argentinischen Bevölkerung als Großgrundbesitzer. Dem Engländer, der sich dort angekauft hat, wird Argentinien eine zweite Heimat. Wenn man weiß, wie der Engländer sonst zähe an seinem englischen Mutterlande hängt, ist das ein Beweis von der inneren Güte und Solidität der argentinischen Verhältnisse.

Wollen Sie sich bitte die unter Kultur genommenen Anbauflächen Argentiniens vergegenwärtigen: Im Jahre 1895 waren es 4,9 Millionen Hektar, und heute nach 14 Jahren sind es 14,6 Millionen. Der landwirtschaftliche Sachverständige der deutschen Gesandtschaft in Buenos Aires, Kaerger, hat in seinem heute noch maßgebenden Buche über Argentinien behauptet, daß mindestens $^1/_6$ der Bodenfläche Argentiniens anbaufähig sei, also bei 300 Millionen Hektar Gesamtfläche etwa 50 Millionen. Sie ersehen, meine Herren, welcher Steigerung die unter Kultur zu nehmende Fläche Argentiniens noch fähig ist! Sie sehen, daß Argentinien noch ein Land der unbegrenzten Möglichkeiten ist!

Nun mit kurzen Worten die Hauptausfuhrerzeugnisse: An erster Stelle rangiert Weizen mit 350 Millionen Frank, dann kommt Mais mit 230 Millionen, ferner Leinsaat, dann die Produkte dieser Kulturen: Weizenmehl, Oelkuchen, Kleie, ferner sind sehr bedeutend die Exportziffern für Häute, Felle, gefrorenes Fleisch, Dörrfleisch, Fleischextrakt, besonders auch für Wolle, ferner Quebrachoholz und Quebrachoextrakt. Wollen Sie sich bitte aus der Tabelle über die weiteren Erzeugnisse des Landes informieren: so Zuckerrohrbranntwein (Kachas) und Wein. Der argentinische Wein ist recht gut und die Weinproduktion bedeutend. In der nächsten Tabelle ersehen Sie Argentiniens Bedeutung für den Weltmarkt unter den Ausfuhrländern. Gerade durch die vergleichende Gegenüberstellung mit anderen Ländern erhellt erst, welche Bedeutung Argentinien unter den Weizenexporteuren auf dem Weltmarkt hat. Es nimmt nächst den Vereinigten Staaten die bedeutendste Stelle ein. In Mais hat es auch fast die Vereinigten Staaten erreicht, dagegen ist es in Leinsaat führend auf dem Weltmarkt. Trotzdem ist, da in Argentinien an der Börse kein Terminhandel besteht, die argentinische Leinsaatproduktion bisher ohne Einfluß auf die Notierung und Festsetzung der Weltmarktpreise, da diese von Nordamerika durch corners und Ringe reguliert werden. Es wäre für die deutsche Industrie, speziell z. B. für unsere Linoleumindustrie, von Wichtigkeit, wenn an der Börse in Buenos Aires terminmäßig gehandelt würde.

Ich will mich bezüglich der Zahlen kurz fassen; nur möchte ich noch auf die Ausfuhr von Eisen, Maschinen und Fahrzeugen hinweisen. Im Jahre 1905 betrug die Ausfuhr nach Gesamtsüdamerika 353 $^1/_2$ Millionen Mark, und im Jahre 1906 hat allein die Ausfuhr nach Argentinien diese Ausfuhr nach dem gesamten Südamerika überholt. Sie ersehen daraus, welche große Bedeutung Argentinien und speziell Buenos Aires — denn über Buenos Aires gehen vielleicht 90 pCt. des gesamten Importes — für den deutschen Export hat.

Nun einige wenige Mitteilungen über den Aufschwung Argentiniens in industrieller Beziehung und über die Verhältnisse der sich entwickelnden nationalen Industrien. Die dort ins Leben gerufenen und entstehenden Industrien sind für die deutsche Industrie, namentlich was Maschinen anlangt, von großer Bedeutung; aber auch für diejenigen Industrien, die Halbprodukte liefern, wie Garn und dergl., ist die argentinische Textilindustrie von Interesse. Eine Großeisenindustrie in unserem Sinne besteht in Argentinien nicht. Die Gründe dafür liegen darin, daß es in den Anden allerdings wertvolle Eisen- und Kupferlager gibt, daß man jedoch heute noch nicht oder nur in ganz beschränktem Maße dazu geschritten ist, diese Erzlager abzubauen. Vor vier oder fünf Jahren hat die Firma Bleichert im Auftrage der Regierung eine Drahtseilbahn in den Anden zur Kupferbeförderung vom Gebirge zur Eisenbahn gebaut. Im allgemeinen fehlt es bei diesen Industrien an Arbeitskräften und ferner an Kapital. Dann fehlen auch Kohlen und vor allem sind erschwerend die hohen Transportkosten, da der Transport per Eisenbahn das Produkt natürlich sehr verteuert.

Die Eisenkonstruktionswerkstätten bestehen dort vor allem im Anschluß an die großen Eisenbahnen. So hat die Südbahn eine bedeutende Werkstätte in der Nähe von Buenos Aires, in Talleres, errichtet. Dort werden Wagen und Lokomotiven zusammengesetzt und die reparaturbedürftigen Teile repariert. Im Anschluß daran bestehen kleine Gießereien und kleinere Eisenkonstruktionswerkstätten. Diese Werke in Talleres haben einen Wert von über 100 Millionen Mark; dies hat darin seinen Grund, daß alle Materialien für Eisenbahnen zollfrei in Argentinien eingehen. Sie ersehen hieraus das Entgegenkommen, welches die argentinische Regierung den „werbenden" Kapitalien entgegenbringt, um das Land in jeder Weise wirtschaftlich zu heben. Der große Wert des Lagers erklärt sich daraus, daß die Eisenbahnwerkstätten alle nur möglichen Materialien zollfrei einführen und dort in großen Massen aufstapeln, selbst bis zu dem Stoff für die Bekleidung der Eisenbahnbeamten, Papier für die Fahrkarten und Annoncen, die Aexte, Beile, Schrauben, Oele usw. für den Betrieb bis zu den kleinen Apotheken herab, welche die Eisenbahnzüge für Unfälle mit sich führen.

Ich möchte Ihnen mit kurzen Worten schildern, in welchem hervorragenden Zustande sich die argentinischen Eisenbahnen befinden. Man ist dort gewohnt, bei weiteren Entfernungen des Nachts zu reisen, schon wegen der großen Hitze im Sommer. Die argentinischen Schlafwagen — zu $^9/_{10}$ unter englischer Leitung — erfreuen sich einer Bequemlichkeit und eines Komforts, wie ihn leider unsere deutschen nicht annähernd bieten können. Die Eisenbahnkonstruktionswerkstätten der Südbahn beschäftigen 2000 bis 3000 Arbeiter, für argentinische Verhältnisse eine recht achtungswerte Ziffer. Dann gibt es auf dem Gebiete der Eisenindustrie einige kleinere Fabriken, die Geldschränke, auch landwirtschaftliche Geräte primitivster Art, Bettstellen u. dgl. fabrizieren; natürlich nicht hochkomplizierte Geldschränke und Tresors, wie sie unsere ersten Firmen hier einrichten. Bis jetzt gibt es in Argentinien nur einige kleinere Werften. Es wäre empfehlenswert, eine größere Werft in Buenos Aires zu errichten. Namentlich die Hamburg-Amerika-Linie und Hamburg-Südamerikanische Dampfschiffahrtsgesellschaft, die dort gemeinschaftlich arbeiten und auch die Südargentinische Linie, welche von Buenos Aires nach Patagonien geht, betreiben, würden sehr daran interessiert sein, in Buenos Aires eine eigene größere leistungsfähige Werft zur Verfügung zu haben. Die Fahrt nach Europa zur Reparatur kostet naturgemäßig viel und nimmt viel Zeit in Anspruch. Die Gegend am Riachuelo, dem kleinen Flusse, der in den La Plata mündet, ist für Werftanlagen besonders geeignet. Der Riachuelo hat 23 Fuß Tiefgang und ist gut reguliert. Für die Anlage einer großen Werft ist vor allem die Platzfrage entscheidend, weil der Transport zu Wasser auf diesem die ganze Stadt durchströmenden Flusse die Möglichkeit konkurrenzfähigen Transportes bietet, während der Transport auf Karren solche schweren Produkte — es handelt sich um Zement, Kohlen, Steine u. dgl. — derartig verteuern würde, daß sie nicht mehr konkurrenzfähig wären. Vor ungefähr einem halben Jahre hat die argentinische Regierung für den Neubau eines Hafens im Anschluß an das große Eisenbahnnetz 28 Millionen pesos oro — der peso oro ist 4.10 M. — bewilligt; und soweit mir berichtet ist, sind die Anfangsarbeiten für diesen Hafenbau schon im Gange. Sie sehen an diesem Beispiel, in wie intensiver Weise drüben die Regierung sich für das wirtschaftliche Fortschreiten des Landes betätigt. Bei diesen Aufträgen von über 100 Millionen Mark, z. B. auch was Zement, Konstruktionseisen, Krane, Bagger usw. anlangt, wird natürlich das Land in erster Linie Berücksichtigung finden, welches die Finanzierung des Projektes in die Wege leitet.

Ein besonders gutes Absatzgebiet bieten ferner die Bauten für die Mühlenindustrie; gerade für den Mühlenbau ist Argentinien ein hervorragendes Feld. Argentinien exportiert Weizenmehl stark nach Brasilien und ringt dort mit der nordamerikanischen Weizeneinfuhr. Argentinien kommt dabei die größere Nähe und der billigere Transport zustatten. Nordamerika geht, im Gegensatz zu unserem deutschen

Vaterlande, gegenüber den südamerikanischen Republiken in bewußter und zielbewußter Arbeit auf handelspolitischem Gebiete vor. Ihnen allen ist bekannt, daß in Brasilien die Erzeugnisse Nordamerikas, speziell der Weizen, auf den es gerade ankommt, eine Zollermäßigung von 20 pCt. erhalten hat. Trotzdem hat sich aber der argentinische Weizen gegenüber dem nordamerikanischen behaupten können, und Argentinien sucht nun das Vorgehen Nordamerikas dadurch wieder zu parallelisieren, daß es dem brasilianischen Kaffee in Argentinien leichten Eingang gewährt, um die gleiche Zollermäßigung von brasilianischer Seite zu erlangen.

Es kann nicht der Zweck meines Vortrages sein, auf das zollpolitische Gebiet ausführlich einzugehen. Ihnen allen ist bekannt, daß bei unserer gespannten finanzpolitischen Lage auch von einer Erhöhung des Kaffeezolls die Rede war. Auf dem Papier ließ sich der Kaffeezoll ja wunderschön erhöhen; vergessen Sie aber nicht, daß bei allen solchen Zöllen, die das Ausland, in diesem Falle Brasilien, schädigen, in gleicher Weise natürlich die deutsche ausführende Industrie geschädigt wird; denn statt wie Nordamerika den Zoll zu ermäßigen und Entgegenkommen zu beweisen, erhöhen wir die Zölle zugunsten der anderen Gruppen des deutschen Wirtschaftsgebietes, die nicht am Export interessiert sind. Geschädigt wird dadurch natürlich der deutsche Exporthandel.

Da ich nun einmal dieses Gebiet berührt habe, gestatten Sie mir noch ein anderes Beispiel: Frankreich erlaubt in neuester Zeit Brasilien — und zwar ist das ein Erfolg der brasilianischen Propagandakommission in Paris —, den Auswanderern nach Brasilien die Fahrt zu vergüten. Bekanntlich verbietet § 6 unseres deutschen Auswanderungsgesetzes von 1897, daß Agenten in Deutschland die Konzession erhalten, falls das betreffende Land sich nicht verpflichtet, keine Vergütung an die Auswanderer zu zahlen. Es wäre im Interesse unserer handelspolitischen Beziehungen zu erwägen, ob es sich nicht empfehlen würde, Argentinien und Brasilien gegenüber den erwähnten § 6 des Gesetzes von 1895 zu suspendieren, da hierdurch in Deutschland niemand geschädigt wird, wir aber andererseits auf diese Art handelspolitisch in gleicher Weise Konzessionen erhalten könnten, wie z. B. Frankreich und Nordamerika in Brasilien. Und noch eine andere Möglichkeit gibt es für uns, zollpolitische Vorteile zu erlangen, nämlich durch eine erleichterte Einfuhr des gefrorenen argentinischen Fleisches. Argentinien exportiert für 100 Millionen Mark gefrorenes Fleisch. Im ganzen werden dort jährlich 6½ Millionen Rinder geschlachtet; in Deutschland werden noch nicht 5 Millionen Rinder jährlich konsumiert. Wenn Sie nun die Bevölkerung von $6\frac{1}{2}$ Millionen in Argentinien und von 60 Millionen in Deutschland bedenken, so sehen Sie, welche Bedeutung die Fleischverwertungsindustrie für Argentinien hat. Das gefrorene Fleisch wird zum größten Teil nach England ausgeführt, zum Teil auch nach Südafrika. Auch dies möchte ich nur streifen: es würde unsere Landwirtschaft kaum schädigen, falls in beschränktem Maße, vielleicht in der Art, wie über unsere Süd-grenze ein bestimmtes Kontingent Schweine zur Einfuhr gestattet ist, nach Deutschland eine bestimmte Quantität gefrorenen Fleisches importiert würde. Dadurch würden zugleich unsere Industriearbeiter eine ebenso vollwertige Ernährung finden, wie sie der englische Arbeiter heute hat; Voraussetzung einer gleichen Leistungsfähigkeit des Arbeiters ist es, daß ihm die gleichen Bedingungen der Ernährung geschaffen werden. Daß das gefrorene argentinische Fleisch gut ist, dürfte un-bestritten sein.

Ich habe diesen Punkt nur gestreift, um zu zeigen, wie durch unsere einseitig die agrarischen Interessen berücksichtigende Gesetz-gebung die Kreise, welche am Export interessiert sind, geschädigt werden. Als Ergänzung will ich auf die Quebrachozölle hinweisen, welche, abgesehen von den relativ minimalen Interessen der Eichschälwaldungen, niemand nützen, welche aber andererseits unsere deutsche Lederindustrie auf das schwerste schädigen, und die in Argentinien lediglich die deutschen Kapitalien geschädigt haben, denn in der argentinischen Quebrachoindustrie sind Millionen deutschen Kapitals investiert.

Verzeihen Sie mir diese Abschweifung auf das zollpolitische Gebiet; ich will Ihnen nun weiter die Verhältnisse Argentiniens schildern. Naturgemäß beruht die Stärke des Landes auf der Landwirtschaft und auf den die landwirtschaftlichen Produkte verarbeitenden Industrien. Die Bedeutung der argentinischen Landwirtschaft ersehen Sie aus den Ihnen überreichten Zahlen. Ich habe auf das ständige Wachsen des bebauten Areals hingewiesen, und Sie können sich vergegenwärtigen, wie sehr in jedem Jahre der Absatz von Dreschmaschinen, Säemaschinen, Pflügen usw. usw. zunimmt. Wie ich bereits mitteilte, habe ich vor 14 Tagen im Verein landwirtschaftlicher Maschinenbauanstalten über den Export nach Argentinien einen Vortrag gehalten. Leider ist unsere deutsche Industrie landwirtschaftlicher Maschinen von dem südameri-kanischen Markt, sowohl in Brasilien wie auch in Argentinien innerhalb der letzten 15 Jahre fast ganz verdrängt worden. Auch auf diesem Gebiet hat es Nordamerika in geschickter Weise verstanden, sich den Markt zu erobern. Ich will Ihnen ein Beispiel anführen: Die Chatanoaga-Company in Chikago sandte an die landwirtschaftliche

Versuchsstation in São Paulo ein Probeexemplar ihrer bekannten Pflüge zur kostenlosen Benutzung. Das Resultat war, daß, als die Landwirte und Estancieros sich von der Versuchsstation ihre Instruktion holten, welche Maschine sie kaufen sollten, die genannte Firma den Landwirten aufs wärmste empfohlen wurde. Eine derartig großzügige und entgegenkommende Reklame liebt der deutsche Fabrikant leider nicht. Es wäre zu begrüßen, wenn wir auf diesem Gebiet die Handgriffe Nordamerika absehen und in gleicher Weise ein Auslandsgebiet bearbeiten würden wie Nordamerika.

Dem nordamerikanischen Vorgehen will ich gegenüberstellen, wie eine unserer ersten deutschen Fabriken landwirtschaftlicher Maschinen ihre Reklame macht. Da können Sie in den Reklameschriften lesen: „Unsere berühmten" — ich will den Namen weglassen — „Pflüge, die die ganze Welt im Siegeslauf genommen haben, werden sich auch allmählich Argentinien erobern; die Bevölkerung fängt immer mehr und mehr an" usw. usw. Ja, meine Herren, das ist der verkehrte Weg! Wir Deutschen sind sonst stolz darauf, daß wir uns auf das intensivste den Bedürfnissen und dem Geschmack des ausländischen Marktes angepaßt haben, und gerade hierdurch hat sich unsere Ausfuhrindustrie die Weltmärkte erobert. Nicht der Weg ist der richtige, daß sich allmählich der Argentinier davon überzeugen soll, wie gut das deutsche Fabrikat ist, sondern wir Deutsche müssen sehen, was die Leute haben wollen. Einen argentinischen Bauern werden Sie nie davon überzeugen, daß er hinter dem Pfluge hergehen soll. Wenn der Argentinier auf dem Camp auch nur 100 Schritte Entfernung zu Fuß gehen soll, fängt er erst sein Pferd und sattelt es, aber 100 Schritte gehen, das tut er nicht! Sie sehen aus diesem Beispiel, wie es darauf ankommt, in welcher Weise man einen derartigen Markt erobert, und zweitens, wie geschickt die Nordamerikaner in Südamerika vorgehen.

Ich will noch mit einigen Worten Nordamerikas Vordringen auf dem argentinischen Markte beleuchten. Bis vor etwa zwei Jahren war auf dem Gebiet des Trägerimports der Stahlwerksverband, welcher in internationaler Vereinbarung mit der belgischen und französischen Trägerproduktion arbeitet, unbestrittener Herr des argentinischen Geschäfts. Es bestehen dort drei größere Importfirmen dieser Branche. Der Direktor einer dieser Firmen, ein Deutscher, reiste 1907 nach Deutschland; er hat auch den Centralverband besucht und hat mit dem Stahlwerksverband mehrere Konferenzen gehabt, um den Verband davon zu überzeugen, daß, wenn er nicht in Argentinien seine Politik ändere, daß, wenn er dort nicht ein ständiges Lager und ein technisches Bureau errichte, er gegen Nordamerika nicht aufkommen könne. Der betreffende Herr zeigte die Angebote seitens des nordamerikanischen Steeltrust, welche sich für den Importeur viel günstiger stellten, da Nordamerika weiß, wie man ein Gebiet erobert. Man unterbietet die Konkurrenz, also in diesem Falle die des Stahlwerksverbandes; sie wird dadurch vom Markt verdrängt, daß man dem Importeur kostenlos ein ständiges Lager errichtet, wo er die Träger in jeder Ausführung beziehen kann, daß man ihm ferner eine allererste Kraft als Techniker unentgeltlich zur Verfügung stellt, welche bei allen Neubauten kostenlos die ersten Anschläge und Pläne liefert. Natürlich kommt dann das „Aber" hinterher, darin bestehend, daß das ganze Geschäft von Nordamerika bezogen werden muß. Hat sich Nordamerika auf diese Art erst einmal fest in den Sattel gesetzt, ist es für die deutsche Industrie zu spät, das Feld wieder zu gewinnen, denn dann hat sich der Abnehmer und der Konstrukteur drüben an die nordamerikanischen Maße gewöhnt. Bis jetzt — und das kommt uns Deutschen gerade so zu statten — befindet sich wohl fast ein Drittel von den gesamten Importhäusern in Buenos Aires in deutschen Händen oder im Besitze von Herren deutscher Abstammung. Ferner sind die Ingenieure zum größten Teil deutscher Abstammung, und daher waren lediglich deutsche Maße, die von den nordamerikanischen bekanntlich differieren, gang und gäbe, so daß, wenn Nordamerika nicht in dieser geschickten Art vorging, es schwer war, in den Markt einzudringen. Ferner kommt Nordamerika in dieser Branche zugute, daß es Spezialist auf dem Gebiet der Konstruktion von Wolkenkratzern ist, und daß diese Bauten jetzt in Buenos Aires eindringen. Das hängt damit zusammen, daß die Stadt sehr eng gebaut ist, und daß die Grundstücke einen Bodenwert erlangt haben, der es erforderlich macht, Bauten von vielen Stockwerken zu errichten.

Auch auf dem Gebiet der Maschineneinfuhr für die Schuhwarenfabrikation ist Nordamerika sehr energisch vorgegangen. In dieser Branche steht es heute an erster Stelle. Nordamerika liefert die ersten Maschinen kostenlos unter der Bedingung, daß alle Nachbestellungen und Nachlieferungen von Nordamerika bezogen werden.

Einen anderen modus procedendi hat Nordamerika bei den Maschinen für die Gefrierindustrie bevorzugt. Auf diesem Gebiete ist bisher die deutsche Industrie sehr gut eingeführt gewesen. Die Maschinenfabriken Winterthur, Eßlingen, Nürnberg-Augsburg und andere hatten bisher dort gute Resultate erzielt. Da hat Nordamerika die Aktien der größten dieser Betriebe aufgekauft. Gewöhnlich nimmt man an, daß man mit 40 pCt. der Aktien eine Industrie regulieren kann. Eine der ersten Gesellschaften war die Compañia Sansinena, die noch vor drei Jahren 100 pCt. Dividende gab. In den letzten Zeiten ist die Dividende allerdings bedeutend gesunken. Dann wurden die Aktien verwässert und nach der bekannten nordamerikanischen Art der Trust gebildet. Worauf es für Deutschland vor allen Dingen ankommt: Sie werden einsehen, daß für die Fabriken, welche Maschinen für die Gefrierindustrie erzeugen, durch das Vorgehen der Nordamerikaner dieser Absatzmarkt gesperrt ist; denn mit demselben Augenblick, wo sich die Industrie in nordamerikanischen Händen befindet, werden natürlich auch die Maschinen von Nordamerika bezogen.

Ferner sind die Einrichtungen für Gerbereien im Entstehen begriffen. Argentinien ist bekanntlich einer der stärksten Häute-Exporteure des Weltmarktes. Ferner erzeugt es den als hervorragendes Gerbemittel anerkannten Quebracho-Extrakt. Argentinien hat also selbst die besten Rohprodukte, und wir werden es voraussichtlich noch erleben, falls sich unsere Politik bezüglich der Quebrachozölle nicht ändert, daß eines Tages argentinisches Leder nach Deutschland exportiert wird.

Außer der Industrie, welche sich mit der Herstellung des gefrorenen Fleisches befaßt, ist noch die Fabrikation von „tasajo" (Dörrfleisch) hervorzuheben, sowie die Fleischextraktfabrikation, die sich an den Namen „Liebig" knüpft. Die Hauptfabriken sind jetzt an englisches Kapital verkauft worden. Jetzt rückt die Liebig-Kompagnie immer mehr nach dem Westen. Der Zug nach dem „far west" ist auch für Argentinien bestimmend; jetzt soll in Paraguay eine neue Liebigsche Fabrik gegründet werden. Da das Rind dort sich ungefähr auf einen Preis von 40 bis 44 M. stellt — das Fell allein kostet 16 bis 20 M. —, so können Sie sich vergegenwärtigen, daß die Fleischextraktfabrikation dort äußerst günstige Bedingungen findet. Natürlich spielt die Arbeiterfrage eine große Rolle, jedoch hat man in Paraguay — gerade wie in Nordargentinien, in Tucumán, bei der Zuckerfabrikation — es verstanden, die Indianer als Arbeiter zu gewinnen, welche dort im allgemeinen ein recht brauchbares Arbeitermaterial bilden.

Ferner sind hervorzuheben Bäckereianlagen größten Stils, ferner Konservenfabriken. Engländer sind führend in dieser Industrie, namentlich bezüglich des Einmachens der wunderbaren Früchte, deren sich Argentinien erfreut; es steht in dieser Hinsicht auf gleicher Höhe wie das früchteberühmte Kalifornien. In Paraguay bin ich wochenlang durch wundervolle wildwachsende Orangenhaine geritten. Wir Deutschen sind vor allem für die Blech- und Emballagefabrikation auf diesem Gebiete interessiert.

Ich habe hervorgehoben, in wie schneller Progression sich die Zunahme der Anbauflächen in Argentinien gestaltet hat. Ich möchte Ihnen noch ein Beispiel vorführen, wie dort Zufall und Glück eine Rolle spielt: Bis vor wenigen Jahren waren z. B. in der Provinz Cordoba, derjenigen Provinz, die sich an die fruchtbaren Provinzen Buenos Aires und Sa. Fé anschließt, die Cämpe noch für einen Spottpreis zu kaufen. Vor einigen Jahren entdeckte man, daß sich die Alfalfa (Luzerne) ausgezeichnet für diese Gebiete eignet, falls sich Grundwasser in vier oder fünf Meter Tiefe befindet, da die Alfalfa ihre Wurzeln bis zu dieser Tiefe treibt. Das Resultat war, daß aus diesen bisher als Einöde geltenden Provinzen sich blühende Alfalfafelder entwickelt haben. Die Alfalfakultur bietet ferner den großen Vorzug, daß sie der Dürre nicht ausgesetzt ist, und daß auch die Heuschrecken die Alfalfafelder nicht zerstören, da der Alfalfa wieder nachwächst. Das Vordringen der Alfalfakultur hat einen Umschwung in der Produktionsweise der argentinischen Landwirtschaft hervorgebracht. Noch zu Kaergers Zeiten, also 1901/02, stand Argentinien auf der Grenze der Entwickelung vom viehzucht- zum ackerbautreibenden Lande. Damals überstieg zum ersten Male der Export der Ackerbauprodukte den der Erzeugnisse der Viehzucht. Seitdem hat der Export der Ackerbauprodukte, namentlich durch das Anwachsen der Weizenerzeugung, die Ausfuhr der Viehzuchtprodukte weit überflügelt. Nun erleben wir, daß scheinbar wieder eine Rückkehr stattgefunden hat. Durch die Alfalfakultur ist der Schwerpunkt in vielen Provinzen wieder auf die Viehzuchtproduktion gelenkt worden. Der argentinische Estanciero verpachtet z. B. einem Italiener oder sonstigen Einwanderer ein Stück Land, liefert das Saatgetreide, Pflugbespannung usw. kostenlos, der Kolonist verpflichtet sich, im ersten Jahre das Land mit Mais, im zweiten mit Weizen, im dritten wieder mit Weizen zu bebauen und Alfalfa unterzusäen. Auf diese Art dient in einzelnen Provinzen die Weizenbestellung lediglich als Vorbedingung für die Alfalfaproduktion, um den Boden für die Alfalfakultur zu lockern. Heute ist die Alfalfakultur in einzelnen Provinzen das non plus ultra des argentinischen Landwirts. Wir haben in einzelnen Jahren für über 2 Millionen Mark an Alfalfasamen nach Argentinien exportiert. Sie sehen, von welcher Bedeutung es sein kann, in die wirtschaftlichen Grundlagen eines solchen Exportgebiets einzudringen.

Windmotoren sind ein besonders guter Artikel, weil man dort, wo Vieh gehalten wird, das Wasser durch Windmotore heraufpumpt; ich glaube, sie würden sich auch für Südwestafrika eignen. Wer nach Südwestafrika auswandern will, kann meines Erachtens nichts Besseres tun, als einige Jahre in Argentinien die Vorbedingungen zu studieren, weil Argentinien das bietet, was Südwest vielleicht in einem Menschenalter werden wird.

Im Entstehen begriffen ist die Bergwerks- und Salinenindustrie in Argentinien. Borax wird dort gewonnen, Kupfer in beschränktem Maße, in neuester Zeit Petroleum. Falls die Petroleumausbeute sich steigert und den bisherigen Erwartungen entspricht, würde das für Argentinien von allergrößter Bedeutung sein, da heute die englische Kohle 30 bis 40 Schilling pro Tonne kostet.

Beim Bericht über das Baugewerbe habe ich schon erwähnt, welche Rolle die Konstruktion der Wolkenkratzer in neuster Zeit spielt. Jetzt geht man dazu über, die einstöckigen Häuser — das spanische einstöckige Haus gruppiert sich um den „patio", den Innenhof, so daß nach diesem hin sämtliche Türen gehen — aufzugeben, und moderne mehrstöckige Häuser zu bauen. Bis vor einigen Jahren war, wie überhaupt im Ingenieurfach, auch auf dem Felde der Architektur, Deutschland ausschlaggebend. Es kommt uns zustatten, daß die Angehörigen der jungen südamerikanischen Republiken mit Vorliebe auf deutschen Hochschulen studieren. Im Reichstag wurde beantragt, den Ausländern das Studium auf deutschen Polytechnischen Hochschulen zu erschweren; ein derartiges Vorgehen wäre aufs lebhafteste zu bedauern, denn gerade die Ausländer, die auf deutschen Hochschulen studiert haben, sind die begeisterten Pioniere des deutschen Handels. Diesem Umstand hat es Deutschland zu danken, daß es auf dem Gebiete der Ingenieurwissenschaft in Buenos Aires dominiert. Ich war im Verein der Architekten in Buenos Aires, dem über 20 Firmen angehören; der Vorsitzende ist ein Herr, der in Deutschland studiert hat und der die deutschen Verhältnisse gut kennt, da wurde mir gegenüber angeregt, eine Spezialausstellung für die Produkte der Architekturbranche zu veranlassen, da die Bautätigkeit in Argentinien sehr groß ist, und da andererseits von allen Fortschritten der deutschen Architektur, wie Rabitzwände, Dachdecken, die gegen die Hitze widerstandsfähig sind, Isoliermaterial usw., die sich für Argentinien gut eignen, dort leider noch allzuwenig bekannt sei. Bis jetzt liebte es der Argentinier, wenn es im Winter kalt wurde — der Thermometer sinkt in Ausnahmefällen auf 0 Grad herunter —, sich den „brasero", eine mit Holzkohle gefüllte Schüssel ins Zimmer zu stellen. Dieses primitive Heizen genügt nun nicht mehr den anspruchsvollen Bedürfnissen des wohlhabend gewordenen Argentiniers, man nimmt auch an, daß die klimatischen Verhältnisse sich geändert haben und daß die Temperatur kühler geworden ist. Jedenfalls verlangt man heute in

Argentinien energisch gußeiserne Oefen oder sonstige gute Heizung zu haben. Für Wasserheizung ist in den großen Neubauten und in den öffentlichen Gebäuden ein großes Absatzfeld. Speziell auf dem Camp, wo kein Brennholz ist, bietet sich für Spiritus- und auch Petroleumöfen heute ein weites Feld.

Nun noch einiges über die industriellen Betriebe im engeren Sinne: Sie wissen, die Elektrizitätsindustrie befindet sich fast ausschließlich in deutschen Händen. Die „Deutsche Ueberseeische Elektrizitätsgesellschaft" ist die führende Gesellschaft dieser Branche in Buenos Aires. Sie ist eine Tochtergesellschaft der Allgemeinen Elektrizitätsgesellschaft. Es sind dort für die Kleinbetriebe, z. B. Tischlereiwerkstätten Motore, sowohl Gasmotore wie auch elektrische Motore, sehr gesucht, da auch auf diesem Gebiet die Industrie sich allmählich entwickelt. Auf dem Gebiet der Textilfabrikation bestehen schon einige Spinnereien, namentlich im Anschluß an die bestehenden Importhäuser der Textilindustrie. Z. B. sind Firmen wie Staudt oder Engelbert Hardt dazu übergegangen, einzelne grobe Artikel wie Bauernstoffe, Jagdwesten und dergleichen selbst zu fabrizieren. Ich darf wohl auf den betreffenden Artikel im Heft I der „Zwanglosen Berichte der Exportvereinigung" verweisen, welche ich Ihnen überreicht habe. Sie finden die betreffenden Mitteilungen Seite 21 dortselbst, desgleichen über die Papierfabriken Seite 20.

Einige Worte über Brauereien. Die größte Brauerei der Welt befindet sich in Quilmes bei Buenos Aires, sie ist größer als die großen nordamerikanischen Brauereien in Chikago. Dann ist ein gutes Gebiet für die Maschinen zur Fabrikation von Selterwasser und alkoholfreien Getränken. Die bekannte Firma Hartmann-Detmold, Bilz-Sinalco, hat dort eine Tochtergesellschaft gegründet, welche für mehrere Hunderttausende Mark allein an „Bilzseele" importiert hat. Das Klima bedingt es, daß an alkoholfreien Getränken starker Absatz ist. Ferner Maschinen zur Eisfabrikation. Ein starker Absatz besteht für Flaschenspülmaschinen, für Füll- und Kellereimaschinen; desgleichen für Holzbearbeitungsmaschinen, namentlich auch für Maschinen für die Quebrachoextraktfabrikation. Ferner Maschinen für Zuckerfabriken für die Rohrzuckerfabrikation. Leider habe ich Klagen gehört, daß Deutschland auf diesem Gebiete nicht die Erfahrungen hat, welche England durch seine Kolonien auf dem Gebiete der Maschinen für Rohrzuckerfabrikation besitzt. Ein gutes Gebiet sind auch Druckereimaschinen, so hat Nürnberg — Augsburg für eine der ersten Zeitungen eine Schnellpresse geliefert. Auf hoher Stufe befindet sich die Zigarettenfabrikation. Drüben raucht jeder, selbst der Schutzmann und der Trambahnkontrolleur im Dienst. Im Gegensatz zu Chile, wo sich der Raucher die Zigarette selbst dreht, wird in Argentinien die Zigarette fertig fabriziert. Die Hauptsache beim argentinischen Zigarettengeschäft besteht in richtiger Reklame: Es werden 100 000 Dollar erst zur Reklame ausgegeben; ist dann die Zigarettenmarke beim Publikum eingeführt, so beginnt der Verdienst, der sich dann sehr lohnt, da der Tabak nicht teuer ist. Also Maschinen für Zigarettenfabrikation sind auch gute Produkte des Imports. Ferner die Streichholzfabrikation. Dort werden Wachsstreichhölzer fabriziert, auch hieran ist unser deutscher Maschinenexport interessiert.

Es dürfte sich empfehlen, chemische Waschanstalten drüben zu errichten. Die jetzt bestehenden sind kleinen Maßstabes und bestehen nur im Anschluß an die Textilfabriken. Hervorragende Artikel sind Krankenhauseinrichtungen, Operationstische und Medikamentenschränke, dann optische Artikel aller Art. Ich möchte Ihnen an einem Beispiel zeigen, mit welchen Schwierigkeiten es verbunden ist, neue Produkte auf den Markt zu bringen. Eins der ersten Importhäuser für optische Instrumente und Artikel, welches in der Hauptstraße Florida ein mehrstöckiges Haus hat, hat selbst eine kleine Fabrik errichtet, in der es Medikamentenschränke, Operationstische u. dergl. herstellt, und zwar vor allem die Artikel, welche sich wegen der Fracht für den Import sehr teuer stellen. Dieses Haus ist — sagen wir einmal — Vertreter von Zeiß-Jena. Ich besuchte als Handelssachverständiger die Firma und fragte den mir gut bekannten Chef, ob er nicht Interesse für feine Gläser oder sonstige optische Instrumente habe und erhielt die Antwort: „Ich bin überzeugt, daß die Fabrikanten, deren Absatz Sie vermitteln wollen, erstklassiges Material liefern, ich würde mir aber doch selbst Konkurrenz machen, da ich schon eine Firma, die auch erstklassig ist, vertrete, wenn ich noch andere Fabrikate aufnehmen wollte." Sie sehen an diesem einen Beispiel: der Hauptfehler liegt darin: die großen alten Importhäuser sind saturiert, sie haben keine Veranlassung, sich selbst Konkurrenz zu machen und neue konkurrierende Artikel aufzunehmen. Dies sind die Gründe, die zur Organisation der Exportvereinigung Veranlassung gegeben haben. Der deutsche Fabrikant denkt, er kann dadurch, daß er Prospekte und Preislisten an die Importhäuser schickt, an den argentinischen Markt kommen. Mit diesem Glauben befindet er sich im Irrtum. Ich bin persönlich zu den Vertretern hingegangen, wenn ich derartige Anfragen auf dem Konsulat hatte, und habe mich mit aller Wärme bemüht, für die deutschen Fabrikanten drüben Vertretungen zu schaffen, aber aus den dargelegten Gründen ist es sehr schwer, das Interesse eines guten

Hauses für derartige neue Produkte zu gewinnen. Diejenigen Firmen, welche drüben noch nicht vertreten sind, können nur dadurch vorwärts kommen, daß sie selbst die Sache in die Hand nehmen, selbst hinausgehen, bzw. zwecks Kostenverminderung sich zusammentun und jemand hinausschicken, der drüben die Reklame für ein spezielles Erzeugnis betreibt und den Importeuren klar macht, daß das deutsche Produkt mit dem ausländischen Fabrikat konkurrieren kann. Falls das deutsche Fabrikat aber schon drüben vertreten ist — die schlimmste Konkurrenz ist drüben oft die deutsche —, so empfiehlt es sich, gemeinschaftlich mit anderen Firmen eine eigene Vertretung zu errichten oder ein eigenes Haus aufzutun. Ich habe schon hervorgehoben, daß 90 pCt. des gesamten Imports über den Hafen von Buenos Aires gehen. Das ist insofern von besonderer Wichtigkeit, als es maßgebend für den Geschmack der argentinischen Abnehmer ist und daher auch von besonderer Bedeutung für den exportierenden Fabrikanten. Es genügt daher ein Haus in Buenos Aires für Gesamtargentinien.

Ich habe bezüglich der Textilindustrie auf Heft 1 der „Zwanglosen Mitteilungen und Berichte" verwiesen; desgleichen möchte ich bezüglich des Artikels „Baumaterialien" Sie auf die Ihnen überreichten gedruckten Hefte verweisen. Ich habe dem hier anwesenden Herrn Vertreter der deutschen Zementindustrie vor Beginn des Vortrages schon privatim einige Mitteilungen über den Zementimport nach Argentinien gemacht, und kann daher auch hier abkürzen und auf die „Berichte" verweisen.

Ein hervorragender Artikel sind ferner Bureaumöbel, dann vor allen Dingen Kücheneinrichtungen und Spielzeug. Jetzt errichtet ein erstes Nürnberger Haus drüben eine Filiale. Desgleichen ist guter Absatz für Spitzen, namentlich aus der Chemnitzer und Plauener Gegend; der „K. K. Spitzenkurs-Wien", der echte Sachen fabriziert, hat eine Filiale vor einigen Monaten drüben errichtet. Auf diesem Gebiete fällt der argentinische Markt mit dem von Buenos Aires zusammen; in dieser Branche ist der Bewohner von Buenos Aires mindestens so anspruchsvoll wie der Pariser oder Wiener und viel anspruchsvoller als der Deutsche. Deshalb gehen auf diesem Gebiete nur die allerersten und besten Sachen oder aber für die unbemittelte Bevölkerung das sogenannte Warenhausgenre.

Ferner noch Produkte, die sich für Argentinien gut eignen: Molkereimaschinen, Brutmaschinen, Automaten für Zeitungs- und Briefmarkenverkauf und dergleichen mehr.

Meine Herren, Sie haben gesehen, ein wie überaus günstiges Absatzgebiet das heutige Argentinien bietet! Ich möchte nun kurz erörtern, wie sich der deutsche Export abspielt, und ob seine Organisation derart ist, daß sie der Bedeutung des deutschen Exports überhaupt, und dann der Bedeutung, welche der argentinische Markt für uns hat, entspricht. Nach der technischen Seite betrachtet ist es unstreitig, daß Deutschland allen anderen Nationen mindestens ebenbürtig ist, namentlich auf dem Gebiet der Maschinenindustrie. Man kann ohne Uebertreibung behaupten, daß Deutschland durchaus auf der Höhe ist, so in der Frage der Kohlenersparnis und in den modernsten Konstruktionsmethoden und Erfindungen der Maschinenindustrie. Dagegen muß man leider zugeben, daß Deutschland nach der kaufmännischen Seite den anderen Nationen zum Teil nicht gewachsen ist. Ich habe hervorgehoben, in welcher Art der Nordamerikaner auf dem dortigen Markt vorgeht. Ich will noch ein Beispiel geben, wie der Engländer dort Geschäfte entriert. Nehmen wir an, es handele sich um Mühlenbauten. Da gibt es in Buenos Aires zwei oder drei Konzerne, welche hinter der Anlage einer derartigen Mühle stehen. Auf diesem Gebiete sind sehr einflußreich der Tornquistkonzern oder der Konzern Bunge und Born; wie Sie sehen, deutsche Namen. Wenn es sich um einen Mühlenbau handelt, sind Maschinen von großen Dimensionen erforderlich. Der englische Importeur wendet sich in diesem Fall an den Konzern, welcher der Anlage der Mühle nahesteht, und wenn er sich sagt, es steht ein Name wie Tornquist oder Bunge und Born hinter dem Auftrag, so ist er beim Angebot in allerweitestem Maße entgegenkommend. Es ist kaum zweifelhaft, daß er sich dann über die Zahlungsbedingungen mit dem Konstrukteur einigen wird; denn er behält sich für die Zukunft einen Einblick in das Geschäft vor, wenn er nicht indirekt daran beteiligt bleibt. Dagegen macht der deutsche Exporteur das Geschäft am liebsten nur gegen Kasse, was man ihm von seinem Standpunkte aus nicht verdenken kann, denn Bargeld lacht. Er sagt: ich liefere die Ware in Hamburg ab, und du gibst mir das bare Geld! Aber auf diese Weise kann man drüben eben nicht Geschäfte machen. Wenn nun auch die deutschen Fabrikate technisch anerkanntermaßen die erste Stelle einnehmen, so kommen wir doch in viele Geschäfte aus den dargelegten Gründen nicht hinein, und bei vielen Geschäften können die deutschen Vertreter gegen die Vertreter der Konkurrenz nicht anarbeiten, weil Nordamerika und England in den Zahlungsbedingungen viel kulanter sind. England sieht sich die Sache an: Ist es ein guter Konzern, so kann das Unternehmen Kredit haben, so viel es will. Ein junges Land, wie Argentinien, ist wie ein Schwamm, es zieht sämtliches Geld an sich. Wenn ich hervorhebe, daß für erste Hypotheken dort, die als absolut sicher betrachtet werden, 8 bis 9 pCt. bezahlt werden, so können Sie sich denken, welche Rolle dort der Kredit spielt. Ich will Ihnen ein Beispiel anführen, wie dies auch die Ausschreibungen und Lieferungen für die Regierung selbst beeinflußt. Im Jahre 1907 wurden von der Regierung 30 Lokomotiven ausgeschrieben. Erhalten hat die Lieferung Nordamerika, weil es sich mit den Zahlungsbedingungen der Regierung, daß die letzte Zahlung erst zwei Jahre nach Ablieferung geleistet werden sollte, einverstanden erklärt hat. Wenn man die Verhältnisse kennt — und es wäre zu hoffen, daß unsere großen Verbände oder unsere Weltfirmen derartigen intimen Einblick in die Wirtschaftsgebiete haben —, wenn man weiß, wie heute die argentinische Regierung dasteht, deren Gutscheine fast ebenso gut sind, wie Preußische Konsols und Deutsche Reichsanleihen, so sollte man kein Bedenken tragen, wenn die argentinische Regierung sich durch Schuldscheine verpflichtet, in zwei Jahren zu zahlen, ihr einen derartigen Kredit einzuräumen. Die Verhältnisse lagen damals so, daß durch die nordamerikanische Krise, welche auch sofort sich in Argentinien fühlbar machte, die Zolleinnahmen in Argentinien erheblich gegen die Vorjahre zurückblieben. Da aber die Finanzen Argentiniens auf den Zolleinnahmen basieren, so war für das kommende Jahr wenig Geld in der Kasse; weil aber die argentinische Regierung wußte, daß schon die nächsten guten Ernten wieder Geld ins Land bringen mußten, so handelte die Regierung richtig, auf Grund des Argentinien zustehenden Kredits zu bauen, um den so nötigen Ausbau des Eisenbahnnetzes nicht ins Stocken kommen zu lassen. Ich sehe in dieser beschränkten Kreditwirtschaft keine Gefahr oder etwas Unreelles, sondern die Regierung war durch die Verhältnisse des Landes dazu gezwungen.

Ich habe hervorgehoben, in welcher Weise die Nordamerikaner praktische, großzügige Reklame gemacht haben; ich habe die Maschinenlieferungen für die Schuhwarenfabriken erwähnt, die landwirtschaftlichen Maschinen und auch die technischen Bureaus, welche die Nordamerikaner errichtet haben. Nun möchte ich mit Ihnen, meine Herren, nachdem ich Ihnen in allgemeinen Zügen geschildert habe, in welcher Weise sich dort der Export und Import abspielen, die Frage ventilieren, welche Art des Exports ich Ihnen empfehlen möchte. Da ist nun an jedem Platze: in Buenos Aires, Assunción, Montevideo und Valparaiso und wiederum für jede spezielle Branche eine andere Absatzart zu empfehlen. Was z. B. den Textilimport anlangt, so haben die großen Firmen Staudt, Engelbert Hardt usw. in Deutschland, Liverpool, Mailand ihre eigenen Häuser, und es ist daher für diese Branchen vorläufig durchaus zu empfehlen, sich an die Einkäufer und

Repräsentanten dieser Häuser in Hamburg, Berlin usw. zu wenden. Dann die Goldwarenbranche: Ihnen wird es nicht bekannt sein, daß auf dem argentinischen Markte unsere allererste Exportindustrie die Goldwaren- und Juwelierindustrie ist. Die deutschen Bijouterie-Industrien in Pforzheim, Hanau, Schwäb.-Gmünd haben im Jahre 1907 für etwa 13 Millionen Mark nach Argentinien exportiert; Maschinen wurden dagegen für 2½ Millionen eingeführt Sie sehen, welche Bedeutung der argentinische Markt für die Bijouterie-Industrie hat. Die Bijouterie-Industrie umfaßt zu gleicher Zeit die Geschenksindustrie, Uhrenbranche usw. Bei diesen Industrien spielt sich der Import folgendermaßen ab: Die großen Häuser drüben haben in Hanau und Pforzheim ihre ständigen Einkäufer; es empfiehlt sich für die Fabrikanten, an diese Einkäufer heranzutreten. Dort erfahren sie auch, wie der Geschmack sich geändert hat; dagegen ist es zwecklos, sich in dieser Branche direkt an die Importhäuser drüben zu wenden. Es ist für die einzelnen Fabrikanten von allergrößter Bedeutung, zu wissen, wie sich die Exportverhältnisse bei jeder Branche abspielen. Ich lernte einen Herrn kennen, der von einer Pforzheimer Firma hinübergeschickt wurde. Die Entsendung dieses Vertreters hat der Firma wahrscheinlich über 30 000 M. gekostet. Ich hatte dem Herrn von vornherein gesagt: In Ihrer Branche empfiehlt es sich nicht, in Buenos Aires an die Importhäuser heranzutreten, sondern vielmehr das Geschäft über Pforzheim zu machen. Eine große Bremer Silberwarenfabrik schickte eine Kollektion von echten Silberwaren nach drüben; der Reisende mußte die hohen Zollspesen zahlen und hat nicht ein einziges Stück verkauft. Aus Liebenswürdigkeit stellte ihm ein deutsches Haus ihre Schaufenster zur Verfügung und da haben die Silberwaren wochenlang gestanden, denn der Argentinier kauft kein Silber. Obwohl er in bezug auf Luxus sehr anspruchsvoll ist, wie Sie aus den Ihnen mitgeteilten Importziffern der Goldwarenbranche ersehen, hat er nicht die Vorliebe, wie wir in Deutschland, sich einen Silberschatz anzulegen, der sich von Familie zu Familie vererbt. Für den argentinischen Geschmack genügt Weißmetall. Dagegen ist der Argentinier auf dem Gebiete der Schmucksachen ein großer Abnehmer: Es besteht die Sitte, daß bei Taufen und Hochzeiten jeder Eingeladene ein wertvolles Bijouteriegeschenk überreicht; außerdem liebt es die Argentinierin wie die Südamerikanerin überhaupt, mit Schmuck zu paradieren. Daher erklärt sich der große Absatz in dieser Branche.

Nun zu der Absatzart für eine andere Branche: Für den Import landwirtschaftlicher Maschinen ist der einzig mögliche Weg, sich drüben an die seit Jahrzehnten gut eingeführten Importhäuser zu wenden

Diese haben mit der Campbevölkerung seit langer Zeit ihre feste Verbindung, und es würde verlorene Liebesmüh sein, direkt an die Abnehmer heranzutreten; auch die Spesen würden sich zu hoch stellen. Dagegen bei anderen Maschinenlieferungen, wie z. B. Werkzeugmaschinen, Maschinen für die Quebrachofabriken, für die Zucker- und Gefrierindustrie, Mühlen usw., dürfte sich empfehlen, zur Ergänzung der Tätigkeit des Exporteurs einen technisch gebildeten eigenen Vertreter hinauszusenden. Für alle diese Produkte, welche zu ihrer richtigen Einführung, wenn ich mich so ausdrücken darf, ergänzend eine Monteur- oder Ingenieurtätigkeit erfordern, genügt meines Erachtens die heutige Organisation unseres Exportes nicht. Hier empfiehlt es sich, einen kaufmännisch gebildeten Techniker oder technisch gebildeten Kaufmann hinüberzusenden, der drüben in richtiger Weise Reklame macht, der vor allem auch, wenn es sich darum handelt, große Aufträge von der Regierung oder den Munizipalitäten zu erhalten, in richtiger Weise an die führenden Personen herantritt und wo möglich geeignet ist, eine bindende Offerte abzugeben, der in der Lage ist, durch Code nach Deutschland zu kabeln und sich die nötigen Instruktionen zu verschaffen, um dadurch der Konkurrenz gegenüber den Vorteil zu haben, am ersten auf dem Platze zu sein.

Ferner empfiehlt es sich für diejenigen Firmen, welche bisher auf dem dortigen Markte noch nicht oder nicht genügend vertreten sind, sowie besonders auch für diejenigen Fabrikate, in welchen die dortigen Importhäuser saturiert sind, einen Herrn hinauszuschicken oder, falls das zu teuer ist, wie es meistens der Fall sein wird, sich zwecks Spesenverminderung in Gruppen zusammenzutun, und durch diese Gruppen einen Herrn hinauszuschicken, der dann ständig mit den Importeuren in Fühlung bleibt und dadurch den Absatz des Produktes sichert. Ich habe schon hervorgehoben, daß derartige Gruppenbildungen in der deutschen Industrie bereits bestehen und habe Ihnen mehrere Beispiele angeführt. Ich traf in Buenos Aires einen Herrn, Direktor Erich B., der von einem Exportsyndikat deutscher Industrieller hinausgeschickt worden war. Nachdem er sich längere Zeit in Buenos Aires und Chile aufgehalten hatte, reiste er nach Rio de Janeiro und war als kaufmännischer Techniker meines Erachtens die geeignete Persönlichkeit, um dem deutschen Syndikat dort die Einführung für ihre Erzeugnisse zu verschaffen. Sie sehen an diesem Beispiel, daß der Gedanke der Exportsyndizierung, welchen die Deutsche Exportvereinigung vertritt, zum Teil schon verwirklicht ist. Im allgemeinen haben die betreffenden Kreise kein Interesse daran, daß ihr Vorgehen in die Oeffentlichkeit dringt, und daher sind diese Exportsyndizierungen bis jetzt in Deutschland wenig bekannt.

Ich habe Ihnen, meine Herren, die heutige Gestaltung des deutschen Exports nach Argentinien mit kurzen Zügen darzulegen versucht; ich habe Ihnen ferner eine Organisation des Exports entworfen, wie ich sie Ihnen nach meinen Erfahrungen vorschlage, welche ich im Auslande gewonnen habe. Ich möchte nicht für die Bestrebungen eintreten, welche vor Jahresfrist in die Wege geleitet wurden und welche darauf hinausliefen, eine „Reichshandelsstelle" zu gründen. Es ist eine gefährliche Sache mit der Errichtung einer solchen Reichshandelsstelle und Zentralstelle für die Auskünfte, welche die Konsulate erteilen; desgleichen muß ich die Bestrebungen, welche auf die „Ausschaltung des Exports" hinzielen, zurückweisen. Jeder Kenner des Auslandes muß sofort Widerspruch dagegen erheben, denn der Exporthandel ist eine schwere Aufgabe, das Exportgeschäft muß gelernt sein. England ist dadurch so groß und leistungsfähig geworden, daß sich Industrie und Handel zu richtiger Zeit getrennt haben. Bedenken Sie aber die gefährliche Lage des deutschen Fabrikanten gegenüber einer mehr oder minder schwierigen Rechtsverfolgung im Auslande, bedenken Sie ferner das wichtige Gebiet der Bonität der Kunden. Ueber einem Fabrikanten, der direkt in das Ausland handelt, schwebt stets das Damoklesschwert, denn lassen Sie selbst drei oder vier Geschäfte gutgehen und es kommt ein Rückschlag, dann hat er zehnmal mehr Verlust, als er in langer, mühseliger Arbeit gewonnen hat. Wie sich dort die Krisen gestalten, wie dort die Verhältnisse umschlagen, das kann nur derjenige beurteilen, der Jahre, ja Jahrzehnte und Generationen lang den Markt bearbeitet hat! Deshalb dürfte es große Schwierigkeiten haben, den Export technisch ohne unsere Exporteure und drüben ohne den Importeur zu gestalten. Aus diesen Gründen ist es auch sehr gefährlich, wenn vielleicht auch nur mittelbar die Bestrebungen unserer offiziellen Stellen dazu hinleiten oder hinzuleiten scheinen, den Export zurückzudrängen und evtl. zum direkten Export zu verleiten. In Wien hat die österreichische Regierung eine Million Kronen für eine Auskunftsstelle gegeben, welche mittelbar dazu dient, den Fabrikanten direkt mit dem Abnehmer in Verbindung zu setzen. Wenn die Bestrebungen, den Export neuzugestalten, in dieser Richtung gehen, dann müssen die betreffenden Kreise auch einen Schritt weitergehen und sich bewußt sein, daß diejenige Stelle, die derartige Auskünfte erteilt, auch die moralische Verantwortung hat, daß der Fabrikant, der nun direkt exportiert, nicht hineinfällt. Sie müssen ihm auch eine Organisation an die Seite geben, die ihm sagt, wie er exportieren muß, um nicht schwere Verluste zu erleiden, und die ihm die technische Seite des Exports erleichtert. Letzteres würde sich mit den Bestrebungen decken, welche die Exportvereinigung aufgenommen hat, welche dahin zielen, daß sich Gruppen von Industriellen zusammentun, und jemand zur eigenen Vertretung hinausschicken, daß aber die technische Seite des Exports durch die Exporthäuser geht. Ich hoffe, daß gerade bei diesem Punkte nachher eine Diskussion einsetzen wird. Da ich mir vorbehalte, durch die Fragen, die sich vielleicht aus den Kreisen der Praktiker ergeben, die Sache noch im einzelnen zu beleuchten, breche ich hier dieses Thema ab.

Ich habe meine Ueberzeugung dargelegt, daß wohl für 90 bis 95 pCt. unseres deutschen Handels die Vermittelung des Exporteurs die geeignete Voraussetzung ist. Wie wollen Sie für alle die Waren, die Sie in einem Warenhaus sehen, den Export ohne Exporteur gestalten? Dagegen habe ich schon hervorgehoben, was sich für einzelne Branchen, die neu in den Markt eindringen wollen, empfiehlt, nämlich selbst jemand hinauszuschicken. Ich unterstreiche dies mehrere Male, damit Sie sich über die Tendenzen der Exportvereinigung nicht im Unklaren befinden. Da seitens der Exportkreise ein so lebhaftes Interesse daran besteht, wie sich der Centralverband Deutscher Industrieller zu dieser Frage stellt, ob er etwa die Tendenz begünstigt, den direkten Export zu fördern — ich weiß, da ich selbst vor fünf Jahren in der Geschäftsführung des Centralverbandes war, daß diese Tendenzen durchaus nicht bestehen —, habe ich dies besonders hervorgehoben, daß die Exportvereinigung sich durchaus nicht auf dieses etwas glatte Geleise begeben hat.

Was die Organisationsfrage anbetrifft, so empfiehlt es sich, daß die Firmen, welche gemeinsam exportieren wollen, zu einer G. m. b. H. zusammentreten. Jedes Mitglied zahlt 2—3000 M., für welche Summe sich die Entsendung eines eigenen Vertreters ermöglichen läßt. Im übrigen wird die technische Seite durch ein Hamburger Haus gegen geringe Provision besorgt, welche auch das Delcredere usw. übernimmt, so daß ein weiteres Risiko nicht besteht. Der große Vorteil besteht darin, an dem Auslandsmarkte einen eigenen Vertreter zu haben. Für den Vertreter draußen empfiehlt sich, in Anlehnung an ein technisches Bureau zu arbeiten, welches mit den maßgebenden Konzernen und mit den Regierungskreisen Fühlung hat, so daß, wenn dort ein Geschäft gewittert wird, der betreffenden Firma, die mit dem technischen Bureau in Konnex arbeitet, sofort Nachricht gegeben wird. Die Kosten bestehen in dem Gehalt für den Vertreter und in der Miete für ein einfaches Bureau. Es bestehen in Buenos Aires

Häuser mit 6, 7 Stockwerken, wo ein Bureauzimmer neben dem anderen liegt. In dieser Weise bestehen auch heute schon Vertretungen: Zum Beispiel hat die bekannte Firma A. K. (Spezialität: Schmalspurbahnen) ein derartiges Bureau, dessen Tätigkeit lediglich von einem Vertreter bewirkt wird und welches seinerseits wieder in intimer Fühlung mit dem Importhaus O. und K. dortselbst arbeitet. In gleicher Weise sind mehrere andere Firmen vertreten; die Bearbeitung des Marktes durch dieselben geschieht dadurch, daß sie ihren eigenen Vertreter am Platze haben, von dem sie die laufenden Nachrichten bekommen; sie arbeiten aber, was die technische Seite anlangt, drüben im Kartell mit einem Importhaus.

Die Vorteile, die eine derartige eigene Vertretung hat, sind bekannt. Sie bestehen in den allgemeinen Vorteilen, die eine eigene Vertretung gegenüber fremder Vertretung hat. Sie sind selbst am Platze, Sie sehen mit eigenen Augen und sind selbst zuerst dort, wenn es sich um Aufträge handelt, wogegen der Importeur und Exporteur in vielen Fällen mehrere Firmen der Konkurrenz vertritt. Nehmen Sie an, es kommt ein Abnehmer und will vom Importeur eine bestimmte Maschine kaufen, so wird der Importeur, wenn er gerade das Fabrikat nicht vertritt, sagen: „Die Firma vertrete ich nicht, nehmen Sie aber die andere Maschine, die leistet dasselbe, ich garantiere Ihnen usw. usw." Ich nenne das „indirekte" Konkurrenz. In solchen Fällen wird dadurch, daß der Importhandel gezwungen ist, verschiedene Firmen indirekter Konkurrenz zu vertreten, der betreffende Auftrag dem Fabrikanten nicht zufallen, sondern der Konkurrenz. Das ist natürlich ausgeschlossen, falls Sie am Platze Ihren eigenen Vertreter haben.

Nun will ich mit wenigen Worten auf die Ausstellung, die in Buenos Aires 1910 stattfindet, hinweisen. Sie soll in erster Linie zur Ausstellung von Eisenbahn- und Verkehrsmitteln dienen. Ferner findet eine Ausstellung landwirtschaftlicher Geräte sowie von Jagd-, Fischgeräten usw. statt. Ich möchte bitten, den Kreis der auszustellenden Fabrikate nicht zu eng zu fassen. Auch für Baumaterialien und dergleichen Artikel würde sich eine gute Gelegenheit zur Ausstellung bieten. Die Deutsche Exportvereinigung hat eine Einigung mit dem ständigen Kommissariat der Argentinischen Republik getroffen, so daß das Belegen der Plätze und die weiteren Auskünfte durch die Deutsche Exportvereinigung für Argentinien stattfinden können. Ausführliche Mitteilungen über die Tarifkosten, Spesen und Frachtsätze stehen zur Verfügung der Mitglieder. Wenn Sie also selbst oder in den Kreisen Ihrer Freunde Interesse für die Ausstellung Buenos Aires haben, so möchte ich bitten, der Exportvereinigung näherzutreten. Ich bin überzeugt, daß bei dem hervorragenden Aufschwung der Volkswirtschaft Argentiniens sich für die deutschen Fabrikate durch die Ausstellung das gegebene Einfallstor bietet, um sich dann dauernd auf dem Markte einzuführen. Der Vorsitzende der Ausstellungskommission ist Dr. Alberto Schneidewind, ein Herr deutscher Abstammung, der in allerweitgehendstem Maße dem deutschen Handel und der deutschen Industrie entgegenkommt. Gerade bei der Frage der Vertretung für die Ausstellung können Sie erkennen, welchen Vorteil es für die deutschen Firmen hat, sich über eine gemeinsame gruppenweise Interessenvertretung zu verständigen. Denn drüben am Platze müssen Sie natürlich jemand zur Vertretung haben, falls Sie mit Erfolg die Ausstellung beschicken wollen. Es würde aber voraussichtlich für viele Werke zu teuer sein, für die wenigen Ausstellungsprodukte einen eigenen Vertreter hinauszusenden. Ich kann aber nicht einsehen, welche Hindernisse bestehen sollten, für verschiedene verwandte Gruppen einen gemeinsamen Vertreter zu bestellen. Nehmen Sie an: Windmotore, Automobile und Kabel oder dergleichen, andererseits Pianolas, Kinematographen, Automaten, Sprechmaschinen. Innerhalb des Rahmens derartig verwandter Branchen dürfte doch wohl ein Ingenieur gefunden werden, der für die gemeinsame Vertretung geeignet wäre. Ich habe bereits mitgeteilt, daß über 100 Firmen mir ihr Interesse an einem syndizierten Export, an einer gemeinsamen Vertretung und zum größten Teil auch an einer Beschickung der Ausstellung Buenos Aires mitgeteilt haben. Ich bin bereit, falls aus den Interessenvertretungen, welche Ihnen nahestehen, sowie aus den Kreisen Ihrer Freunde an mich in dem dargelegten Sinne Anregungen zu einer gemeinsamen Organisation des Exports zu schreiten, herantreten, unter den verschiedenen Interessenten als „ehrlicher Makler" zu wirken.

Ich würde mich freuen, wenn eine möglichst lebhafte Diskussion eintreten würde, und würde mit besonderem Interesse Gegenvorschläge aus dem Kreise der Praxis entgegennehmen.

In der Hoffnung, daß mein Referat zu praktischen Resultaten zum Besten der deutschen Industrie und des Exporthandels führen wird, schließe ich meinen Vortrag. (Lebhafter Beifall.)

Vorsitzender: Ich glaube wohl, den Gefühlen aller Anwesenden zu entsprechen, wenn ich zunächst Herrn Rechtsanwalt Ramelow für seine äußerst interessanten und ausführlichen Darstellungen über den argentinischen Markt unseren herzlichsten Dank ausspreche, namentlich auch für die Anregungen, die er der deutschen Industrie wegen Ausgestaltung des Exports gegeben hat.

Ich eröffne die Diskussion und bitte die Herren, sich zum Wort zu melden.

Herr Direktor **Dittmar:** Ich schließe mich den Worten des Herrn Regierungsrats Dr. Bartels gern an und danke dem Centralverband, daß er uns Gelegenheit gegeben hat, die Exportfrage einmal etwas näher zu beleuchten und ihr näherzutreten. Viele für den Export arbeitende Firmen, mit denen ich im letzten Jahre gesprochen habe, haben sich dahin geäußert: es ist wunderbar, daß uns jetzt gar keine Exportaufträge zugehen; vor allem ist es zu beklagen, daß wir gar nicht erfahren, was aus unseren Offerten wird; weshalb werden die nicht berücksichtigt? Ich spreche vor allem von der Textilindustrie. Da ist die Art und Weise, wie der Export betrieben wurde, in der Regel die, daß man dem Hamburger Exporteur seine Offerte auf dessen Anfrage sendet und daß man hinterher ab und zu einen Auftrag bekam. Es zeigt sich in kritischen Zeiten, daß dieser Weg allein nicht der richtige ist. Die Informationen über die Bedürfnisse des Marktes und vor allen Dingen auch über die Auslandsofferten fehlten uns völlig. Da halte ich es allerdings auch für notwendig, daß sich Gruppen bilden und sich durch besondere Vertreter über die Marktlage informieren; denn der deutsche Exporteur tut es nicht. Ich habe die Erfahrung machen müssen, daß der deutsche Exporteur nicht allein nach Deutschland seine Anfragen schickt, sondern auch nach anderen Ländern, so z. B. nach Italien, neuerdings auch nach Spanien, weil beide Länder namentlich sich sehr stark in unserem Fache am Export beteiligen, wobei Italien seit einigen Jahren den Vogel abschießt (Herr Ramelow: Sehr richtig!), weil es sehr billig ist. Wie wir hören, ist ja Italien drüben in Argentinien durch die italienische Einwanderung bereits eingeführt. Ja, das erfahren wir aber nur, wenn wir uns bei einigen Exporteuren in Hamburg ganz speziell informieren, sonst wird uns das vollständig verschwiegen. Wenn wir durch unseren Vertreter in Hamburg Anfragen stellen, erfahren wir auch nichts. Ich halte es daher auch für eine Notwendigkeit, daß, wenn wir den Export beleben wollen, wir das entweder durch eigene Vertreter oder durch Syndikate tun, die dann drüben ihre Vertreter haben. So werden wir nicht vorwärts kommen und werden namentlich in kritischen Zeiten einfach ausgeschaltet werden.

Herr Rechtsanwalt **Ramelow:** Ich gehe gern noch einmal mit wenigen Worten auf den Textilimport in Argentinien ein: Ich war mit den leitenden Direktoren von Engelbert Hardt und Staudt gut bekannt und habe in regem Ideenaustausch mit den Herren gestanden. Nordamerika, das vor einigen Jahrzehnten noch für den Import der deutschen Textilindustrie geöffnet war, ist zum Export nach Südamerika übergegangen. Ferner ist Italien sehr stark am Import beteiligt. Italien ist, wie Sie richtig hervorgehoben haben, auch in Südbrasilien und São Paulo stark vertreten. São Paulo ist eine Stadt von 250 000 Einwohnern, darunter wohl 100 000 italienischer Abstammung. Ich war vor fünf Jahren im Auftrage des Centralverbandes Deutscher Industrieller in Brasilien. Ich habe auf dem letzten Kolonialkongreß, sowie auch sonst stets in Vorträgen und wissenschaftlichen Abhandlungen hervorgehoben, welch notwendiges Korrelat der Handelspolitik eine Auswanderungspolitik ist, die die überschüssigen Kräfte dahin dirigiert, wo sie Abnehmer der deutschen Industrie bleiben. Ohne Uebertreibung kann man behaupten, daß es eine Auswanderungspolitik bei uns in Deutschland überhaupt nicht gibt. Für unsere leitenden Kreise gilt noch heute das Bismarcksche Wort: „Ich habe kein Interesse an Leuten, die den Staub des Vaterlandes von ihren Füßen geschüttelt haben!" Der anwesende Herr Preiß, der in Brasilien geboren ist und drüben ein Importhaus hat, wird es mir aus seiner Erfahrung bestätigen: Woher kommt es, daß der deutsche Handel mit 80 pCt. in Südbrasilien am Gesamtimport beteiligt ist? Das kommt durch die 200 000 Deutschen, welche als Bauern in Rio Grande leben. Dadurch, daß seit 1880 100 000 Italiener dort eingewandert sind, ist der Importeur gezwungen, von Italien zu beziehen, weil der Italiener die Waren verlangt, wie er sie aus der Heimat gewohnt ist. So muß der Importeur ein ganz bestimmtes Sortiment haben. Der Deutsche verlangt einen Hinterlader, der vor allem gut schießt; der Italiener verlangt ein Gewehr, das grün und rot in schreiender Weise angestrichen ist; der Brasilianer verlangt einen Vorderlader, weil er das seit Jahrzehnten gewöhnt ist. An diesem Beispiel sehen Sie, was für ein Studium das Importgeschäft erfordert, und des weiteren, von wie großer Bedeutung es ist, eine Auswanderungspolitik zu verfolgen, die Deutschlands überschüssige Bevölkerung dahin leitet, wo sie Abnehmer deutscher Erzeugnisse bleibt.

Nun muß ich noch eine Lanze für die Exporteure brechen. Ich halte es auch für richtig, daß die deutsche Industrie hinausgeht und die Märkte studiert. Dem Exporteur und dem Importeur können Sie es nicht verdenken, wenn er dort kauft, wo er die Ware am billigsten bekommt. Der Weltmarkt ist sein Gebiet. Beim Maschinenimport macht sich namentlich Nordamerika durch seine Massenproduktion fühlbar. Das muß die deutsche Industrie studieren, und wenn sie es richtig erkannt hat, muß sie den Exporteur in die Lage versetzen, bei ihr ebenso gut und billig zu kaufen. Tut der Importeur das nicht, so kann der Industrielle zu ihm sagen: „Nimm unsere Fabrikate, sonst machen wir neben dir einen eigenen Laden auf“. Der Exporteur hat aber das Angebot von allen Märkten der Welt und kann nun den einen gegen den anderen ausspielen, kann den einen durch den anderen im Preise drücken. Das ist sein Recht, denn er lebt doch auch vom Geldverdienen. Die Fabrikanten haben das Recht, den Importeur dadurch zu zwingen, daß sie sagen: wenn du unsere Ware nicht auf den Markt bringst, gehen wir zur Konkurrenz über und verhandeln direkt mit dem Abnehmer, und wir werden dir zeigen, wenn du unser Fabrikat nicht absetzt, daß wir es selbst dort einführen werden; wir geben die Reklamekosten, dann verlangt das Publikum unser Fabrikat und geht zum Importeur und sagt: warum lieferst du uns nicht das deutsche Fabrikat der und der Firma? Das wünschen wir. Auf diese Weise begegnen sich unsere Wege mit den Interessen des Exporteurs, daß sie zum selben Ziele führen.

Herr Direktor **Dittmar:** Ich wollte nur kurz sagen, daß ich sehr bedaure, daß der Verein Deutscher Exporteure nicht eingeladen ist, daß wir die Stellung dieses Vereins zu dieser Frage nicht kennen lernen. Es wäre sehr wünschenswert, wenn vielleicht bei späterer Gelegenheit der Verein Deutscher Exporteure besonders eingeladen würde, der hier durch Herrn Hecht in Firma Hecht, Pfeiffer & Co. vertreten ist. Die deutschen Exporteure haben sich bekanntlich ganz zusammengetan, die Hamburger mit den Berlinern und den Süddeutschen, so daß wir da ein anschauliches Bild bekommen.

Herr Rechtsanwalt **Ramelow:** Es sind mehrere Hamburger Exporteure Mitglieder der Deutschen Exportvereinigung, so daß auf der Grundlage, die ich Ihnen vorhin gezeigt habe, ein Zusammenarbeiten nicht nur möglich, sondern notwendig ist. Die Frage, welche der Herr Vorredner anregte, wird Herr Preiß-Hamburg, dessen Firma auch Mitglied ist, als Hamburger Exporteur gewiß in der Lage sein, zu beantworten.

Herr **Preiß**-Hamburg: Ich kann natürlich nicht sagen, wie der Ausschuß der Vereinigten Hamburger Exporteure darüber denkt. Aber er wird nach meiner Ansicht niemals etwas dagegen haben können, daß sich die Industriellen syndizieren, um das Feld drüben selbst zu bearbeiten, sobald diese Syndikate mit den Exporteuren Hand in Hand arbeiten. Das ist eine Form, die schon von manchen Fabrikanten, auch deutschen, so ausgeführt worden ist. Ich kenne verschiedene, die Südamerika haben bereisen lassen, dort Orders angenommen haben, und, sobald sie eine Order in der Tasche hatten, fragten sie den betreffenden Besteller: wer ist drüben dein Einkäufer? Hast du keinen, dann werden wir dir die Ware durch die und die Firma in Hamburg oder Berlin liefern, also direkt erhältst du nichts von uns. Dann wurde dem betreffenden Exporthause hier mitgeteilt: von der und der Firma habe ich den und den Auftrag bekommen, die Preise sind so und so gestellt usw., führe du ihn aus. Die Auskunft wurde beigelegt usw. Dasselbe wird auch von amerikanischen Firmen schon seit Jahren betrieben. Große amerikanische Fabriken überschwemmen den südamerikanischen Markt mit Katalogen und Mustern. Wenn sich die Artikel dafür eignen und Aufträge kommen, heißt es immer: welches New Yorker Haus soll das Geschäft ausführen? Die Reklame wird von diesen Firmen direkt gemacht. Der Exporteur hat ja nicht die Möglichkeit, die Industrie in der Form, durch ausgedehnte Propaganda, drüben zu unterstützen. Wo soll er anfangen? Der Exporteur ist dafür da, das, was aus seinem Kundenkreis an ihn herankommt, der Industrie zu unterbreiten und ihr die Möglichkeit zu geben, mitzuarbeiten am Ausfuhrhandel. Aber der Exporteur kann unmöglich der Industrie drüben größeren Absatz verschaffen, wenn ihm nicht die Industrie behilflich ist. Sobald Sie sich also syndizieren und in Verbindung mit einem Exporthause auf gemeinschaftliche Kosten einen Vertreter hinausschicken, wird sich der Erfolg bald zeigen. Niemals wird der Ausschuß des Verbandes der Deutschen Exporteure etwas dagegen haben können.

Herr Rechtsanwalt **Ramelow:** Ich möchte meine Antwort dahin zusammenfassen: Der Exporteur fragt: Wie stellt sich der Centralverband und unsere großen wirtschaftlichen Verbände zu der Frage der Exportsyndizierung? In demselben Augenblicke, wo Sie ihm sagen können: der Centralverband, der Bund der Industriellen und die großen wirtschaftlichen Verbände stehen der Frage sympathisch gegenüber, wird er sagen: es wird uns ein Vergnügen sein, mit Ihnen zusammenarbeiten zu können. Wenn Sie aber an den einzelnen Importeur drüben direkt importieren wollen, werden diese Bestrebungen seitens des Exporthandels der schärfsten Opposition entgegensehen. Die Herren sind diplomatisch. Sobald sie sehen, die Macht ist auf der anderen Seite, so werden sie mit Vergnügen die Hand zum Bunde bieten. So lange es aber einzelne schwache Elemente sind, werden sie mit aller Gewalt bestrebt sein, diese zu unterdrücken und ein direktes Arbeiten mit dem Importeur zu unterbinden. Die Frage ist daher eine Machtfrage.

Herr Direktor **Dittmar:** Ich möchte bemerken, daß ich auf dem Standpunkt stehe, eine Ausschaltung der Exporteure wäre gar nicht im Interesse der Industrie. Wir haben bisher so gute Erfahrungen mit dieser Handhabung gemacht, daß wir nach dieser Richtung eine Aenderung eigentlich gar nicht wünschen. Es würde sich lediglich um die Informationen, um die Einführung, um die dauernde Propaganda handeln, und da müssen Mittel und Wege gefunden werden und da werden die Exporteure mit uns Hand in Hand gehen, mögen wir nun ein Syndikat oder eine G. m. b. H. gründen. Wenn wir das gemeinsam machen, läßt es sich durchführen. Namentlich in der Textilindustrie wäre es nicht möglich, daß jede Firma allein einen Vertreter hinaussendet. Es sind gerade in dem Verbande, für den ich hier bin, Bestrebungen im Gange, um eine derartige Organisation ins Werk zu setzen. Das würde anscheinend der richtige Weg sein. Aber die Exporteure auszuschalten, liegt nicht in der Absicht. Dafür würde ich niemals eintreten. Es lassen sich vielleicht Geschäfte kleineren Umfanges einmal direkt mit den Abnehmern drüben machen, aber Geschäfte mit größerem Risiko lassen sich nur durch Vermittelung des Exporteurs zu einem guten Ende führen.

Herr **Czarnikow:** Wir hatten direkt Verbindung mit Argentinien angebahnt und auch längere Zeit Korrespondenzen gepflogen, die nicht zum Ziele führten. Da wurde uns eine Exportfirma namhaft gemacht, die mit Argentinien arbeitet. Diese Exportfirma riet uns entschieden ab, direkte Verbindungen mit den argentinischen Firmen zu unterhalten. Sie selbst legte sich für uns ins Zeug und ich kann wohl sagen, wir hatten Erfolge. Wir haben von da ab den direkten Verkehr vermieden und arbeiten meist durch Exportfirmen nicht nur nach Argentinien, sondern nach allen Weltteilen. Argentinien ist für uns infolge dieser Exportfirma in Hamburg ziemlich lohnend.

Herr Rechtsanwalt **Ramelow:** Herr Direktor Czarnikow ist ja Vorsitzender des Vereins der Walzenfabrikanten und wird mir gewiß bestätigen, daß der Artikel „Sprechmaschinen" sich in ganz besonderem Maße für Argentinien eignet. Dort hört man an jeder Straßenecke Sprechmaschinen. Das ist eine Ware, die in Tausenden von Exemplaren angefertigt wird und die daher am besten durch den Exporteur gehandelt wird.

Herrn Direktor Dittmar stelle ich gern einen Vertragsentwurf zur Verfügung, wie er unter Firmen anderer Branchen geschlossen worden ist, um derartige G. m. b. H. zu gründen.

Herr Direktor **Hermann Stubbe**-Bremen: Gleich im Anschluß an die Diskussion über die Zementindustrie -- ich vertrete hier die Zementindustrie für Rheinland und Westfalen — will ich bemerken, daß auch wir der Ansicht sind, daß die Exporteure gar nicht auszuschalten sind. Die Exporteure der ganzen Welt, sei es in Hamburg, London oder wo sie auch wohnen mögen, sind mit den betreffenden Märkten viel besser liiert als die Fabrikanten. Die Söhne der Exporteure sind in jungen Jahren draußen gewesen, haben Land und Leute kennen gelernt und sind viel besser orientiert, als wenn wir Fabrikanten jetzt drüben durch irgendwelchen Vertreter mit den Konsumenten direkt arbeiten wollten. Ich möchte nur kurz ausführen, daß wir ganz auf dem Standpunkt stehen, in der Hauptsache nur mit den Exporteuren zu arbeiten.

Dann möchte ich Herrn Rechtsanwalt Ramelow bitten, der ja anscheinend mit den Verhältnissen drüben sehr gut vertraut ist — wenigstens habe ich aus seinen Ausführungen diese Ueberzeugung erlangt —, uns, der Zementindustrie vielleicht einen Wink zu geben, wie die deutsche Zementindustrie dort eine bessere Vertretung findet. Es ist allgemein bekannt, daß die deutsche Zementindustrie unter einer kolossalen Ueberproduktion leidet, und nur die wirtschaftlichen Verbände haben es bisher möglich gemacht, daß diese Industrie sich noch leidlich rentiert und floriert. Meine Herren, wir haben gerade dem Markt von Argentinien ein großes Interesse entgegengebracht, zumal Argentinien mangels geeigneten Rohmaterials und auch hauptsächlich mangels Kohle sehr wenig in der Lage ist, dieses Produkt herzustellen. Für Regierungslieferungen nach Argentinien ist aber eine große Schwierigkeit zu überwinden, und zwar die rigorose Vorschrift über die chemische Zusammensetzung des Zements. Die jetzigen Vorschriften sind anscheinend ganz auf den französischen Zement zugeschnitten und die Ingenieure der Regierung gehen dort so peinlich bei den Untersuchungen vor, daß Zehntel-Prozent-Abweichungen in den verschiedenen Zusammensetzungen des Zements dazu führen, die Ware auszuschalten. Sie wird einfach zur Verfügung gestellt, und wir können nichts dagegen machen. Die Hauptaufgabe würde also sein, hierin zunächst einmal Wandel zu schaffen. Sollte das nicht durch die Diplomatie gehen, dann vielleicht eben auf diesem Wege, durch Interessenten-Vereinigung, durch die geplante G. m. b. H. oder sonst etwas. Wir müßten sonst, wenn das alles nicht geht, zusehen, daß wir vom Markte vollständig ausgeschlossen würden. Darum möchte ich einmal von Herrn Rechtsanwalt Ramelow hören, ob er uns vielleicht irgendwelche praktischen Winke geben kann, die zu einem besseren Resultate führen.

Herr Rechtsanwalt **Ramelow:** Der Herr Vorredner hat eine Frage erwähnt, die ich in dem Ihnen überreichten Heft I der

Berichte ausführlich behandelt habe. Sie finden dort auf Seite 25 dasselbe Beispiel, welches der Herr Vorredner hervorgehoben hat, in welcher Weise dort drüben gearbeitet wird. Ich möchte aber einen Irrtum korrigieren: Es ist nicht die Staatsregierung, sondern es sind die kommunalen Verwaltungsorgane, welche die sanitären Einrichtungen, Kanalisationseinrichtungen, Wasserwerke usw. bauen. Ich meine, es wird überall mit Wasser gekocht und man findet drüben nichts dabei, daß der Direktor eines solchen Werkes etwas dabei verdient. Ich möchte davor warnen und jeder Auslandskenner wird mir beitreten: Verlassen Sie sich nicht auf unsere Diplomatie, überhaupt nicht auf andere. Wenn Sie drüben etwas erreichen wollen, dann erreichen Sie es nur durch eigene Kraft. Ich habe Ihnen einen Aufsatz überreicht: „Deutschlands Stellung auf dem Weltmarkt und seine Auslandsvertretung". Drüben erreicht man nur selbst aus eigener Kraft etwas. Die Ausstellung bietet meines Erachtens gerade für die deutsche Zementindustrie ein sehr ergiebiges Feld. Ich möchte die Herren bitten, in ihren Verbänden dahin vorstellig zu werden, daß es allerdings höchste Zeit ist, sich zu entschließen, falls beabsichtigt wird, bei Erbauung der Ausstellungshallen, Kioske usw. mitzuwirken. Es gibt kein besseres Feld, um zu zeigen, daß der deutsche Zement dem belgischen, dem französischen und dem englischen Portlandzement gleichwertig ist, als die Ausstellung. Der allerbeste Weg ist, durch eigene Initiative, durch eigene Kraft zu zeigen: mein Zement ist der beste. Und zwar muß man es dem Südländer, dem Argentinier möglichst handgreiflich beweisen. Belastungsproben, Haltbarkeitsproben würden z. B. ein sehr geeignetes Material für die Ausstellung sein. Ich zweifle nicht, daß, wenn auf diese Art der Kaufmann an die Leute heranträte, die besten Resultate erzielt würden. Heute ist die Vertretung namentlich in Zement zum großen Teile so, daß Importfirmen, die z. B. Eisenwaren importieren, auch zugleich Zement vertreten. Wenn Sie nun, wie unsere großen Syndikate es sich leisten können, drüben ein eigenes Haus errichten, respektive in Anlehnung an die dortigen Häuser einen eigenen Vertreter in einem Bureau dort hinsetzen, so glaube ich, daß gerade auf Ihrem Gebiete bei einer so günstigen Gelegenheit, wie sie die Ausstellung bietet, sehr gute Resultate zu erzielen sein werden.

Herr Direktor **Hermann Stubbe**-Bremen: Ich danke Herrn Ramelow für seine Ausführungen und werde in diesem Sinne die Sache bearbeiten.

Vorsitzender: Meine Herren, Einladungen zur heutigen Besprechung waren von uns nur an die Kreise des Centralverbandes ergangen, wir hätten es aber Herrn Rechtsanwalt Ramelow gern überlassen, seinerseits andere Interessenten heranzuziehen. Ich glaube, daß die Frage hier nicht zur Erörterung steht, wie weit sich ein direkter Export für die Industrie lohnt, oder inwiefern der Industrielle auf die Exporteure angewiesen ist. Darüber sind die Ansichten sehr geteilt. Es gibt einzelne große Industrien, die ihre eigenen Vertreter im Auslande halten können, diese brauchen die Exporteure nicht, z. B. die große Maschinenindustrie. Aber auch Teile der Textilindustrie, z. B. die sächsische, arbeiten mit Erfolg daran, die Exporteure zu verdrängen. Das sind im wesentlichen Machtfragen. Wer sich allein durchzusetzen versteht, kann eventuell auch einen Exporteur entbehren. Es wird aber viele Industrien — soweit ich auf dem Gebiete Erfahrungen habe — geben, die den Exporteur niemals werden entbehren können. (Sehr richtig!) Sie haben das eben bestätigt gehört von den Herren, die die Verhältnisse genau kennen. Es ist keine Unterlassung von uns, wenn wir die Kreise der Berliner Exporteure nicht zugezogen haben, die vielleicht doch mit einer gewissen Skepsis an die Vorschläge des Herrn Ramelow herantreten würden, da sie glauben werden, daß ihnen in gewisser Weise entgegengearbeitet werden solle, vielmehr haben wir aus diesem Grunde absichtlich von einer Hinzuziehung dieser Kreise Abstand genommen.

Herr Rechtsanwalt **Ramelow:** Anknüpfend an die Worte des Herrn Regierungsrat möchte ich hervorheben, daß nur bei mißverstandener Auffassung die Tendenzen der Exportvereinigung dahin ausgelegt werden können, als wenn es sich um ein Entgegenarbeiten gegen die Exporteure handelt; vielmehr gehen satzungsgemäß die Tendenzen der Exportvereinigung dahin, daß — wie auch Herr Preiß, der sich auch im Vorstand der Deutschen Exportvereinigung für Argentinien befindet, hervorgehoben hat — der Exporteur sich nur freuen kann, wenn der Industrielle ihm die Kosten für die Reklame und technische Vertretung beisteuert. Die Tendenzen der Exportvereinigung gehen, wie ich wiederholt hervorgehoben habe, dahin, und können nur dahin gehen, zur Unterstützung und in engster Gemeinschaft mit dem Exporthandel zu arbeiten.

Herr **Brückner:** Ich möchte auch einige Worte zu dem Gehörten beitragen. Ich habe mich seit langen Jahren, über 30 Jahre, mit dem Export speziell nach Südamerika befaßt. Ich kenne auch diese Länder: Argentinien, Chile, Brasilien (Pernambuco, Bahia, Rio Grande do Sul), Paraguay aus persönlicher Anschauung sehr genau. Als ich noch jugendliches Feuer hatte, hatte ich einmal die Idee, die Exporteure in Hamburg zu umgehen. Ich war Chefredakteur einer Zeitung, auch schrieb ich für Zeitungen in Südamerika, gab auch später selbst eine Zeitung heraus und hatte mich geärgert, daß die bekannten Exporteure hüben und drüben den gesamten Handel allein in der Hand hatten. Ich war damals zu jung, um einzusehen, daß das nicht anders sein konnte. Heute habe ich im Auslande gelernt, daß wir ohne speziell die Hamburger und andere Exporteure nicht gut auskommen können, weil die Industriellen, die gern alle exportieren möchten, nicht alle groß und kräftig genug sind, um selbst ihr Geld durch Kreditgabe nach dem Auslande ev. zu riskieren, und sich deshalb lieber an große Exportfirmen anlehnen, die ihnen die Gegenvaluta in kurzer Frist zahlen. Es gibt natürlich auch Firmen, die den Export umgehen. Ich habe die Erfahrung gemacht, daß z. B. in der Devotionsbranche für die katholische Kirche verschiedene Firmen an mich herangetreten sind und große Summen für Reklame usw. auswarfen, um ihre Artikel unter Umgehung der Exporteure direkt nach Südamerika zu liefern, weil sie groß genug waren. Ich habe gesehen, daß — abgesehen von den ganz großen Firmen wie Krupp, Borsig, die Allgemeine Elektrizitätsgesellschaft, die durch ihre Größe und durch direkte Vertreter an den überseeischen Plätzen die Exporteure nicht brauchen — die Hauptmasse der deutschen Fabrikanten unbedingt den Exporteur braucht; denn sie müssen ihn haben zu allen möglichen Transaktionen, zur Sicherung ihrer Kredite. Wo langfristige Kredite gegeben werden, da braucht man den Exporteur mit seiner reichen Erfahrung. Ich stehe nun heute aber doch auf dem Standpunkte, daß der Exporteur auch nicht alles machen kann. Er ist ein tüchtiger Kaufmann, er hat seine Söhne hinausgeschickt — und treffen wir im Handel immer dieselben Namen wieder, wenn wir lange im Auslande sind —, aber der Exporteur als Kaufmann kann nicht zugleich Ingenieur sein, er kann nicht Spezialist für jedes Fach sein. Deswegen braucht der Fabrikant Spezialingenieure, gerade wegen der amerikanischen und französischen Konkurrenz, und können wir dadurch in erster Linie doch die Interessen unserer deutschen Exporteure fördern, da wir drüben gerade eine große Konkurrenz mit amerikanischen, englischen und französischen Exporteuren haben, und denen wir zeigen müssen, was die deutsche Industrie kann, und was die deutsche Industrie auf dem Weltmarkte vermag. Das kann der einzelne Fabrikant nicht, denn dieser kann die großen Spesen nicht allein tragen, um den Leuten seine Artikel im Auslande direkt vorzuführen, um die Devise: Made in Germany hochzuhalten, und zu verhindern, daß konkurrierende ausländische Firmen diese Devise dazu benutzen, um ihr eigenes minderwertiges Fabrikat unter dieser Flagge auf den Weltmarkt zu lancieren, und die deutsche Industrie dadurch schwer zu schädigen.

Aus diesem Grunde müssen sich mehrere Fabrikanten zu Gruppen zusammentun, um tüchtige Fach- und Spezialingenieure und sonstige Spezialisten für die einzelnen Branchen hinüberzuschicken. Hierzu aber bietet sich die beste Gelegenheit durch die Internationale Ausstellung in Buenos Aires. Wenn auch in Deutschland berechtigtes Mißtrauen durch die vielen wilden Ausstellungen im allgemeinen herrscht, so ist das begreiflich. Im übrigen aber sind wir uns in Deutschland durch unsere schnellen Verkehrsmittel nahegerückt und kennen unsere deutschen Fabrikate im regen Geschäftsverkehr genügend. Ein Fabrikant, ein Kaufmann sieht auf unseren deutschen Ausstellungen die Erzeugnisse jedes einzelnen Fabrikanten. Aber hier, 8000 Meilen von uns entfernt, in Argentinien, einem Lande, das, wie Herr Ramelow ganz richtig sagte, so aufsaugungsfähig ist wie ein Schwamm, hier können wir unsere industriellen Erzeugnisse los werden, — mithin müssen wir diesen Leuten auch unsere Fabrikate im Betriebe vorführen, denn dadurch ist auch dem Hamburger Exporteur geholfen. Ich selbst habe die Ehre gehabt, mit dem bevollmächtigten Minister Dr. Gomez zu sprechen, ebenso kenne ich Herrn Dr. Schneidewind, und habe jetzt mit Herrn Ramelow die Ehre, in das Kommissariat dieser Ausstellung gewählt zu werden, respektive sie mitzumachen, und da möchte ich mir doch die Frage erlauben, ob es nicht im Interesse des Centralverbandes wie dem der übrigen Herren ist, wenn wir eine wirklich kräftige, gesunde Ausstellung fördern, die gleichzeitig den Exporteur durch direkte Vorführung unserer Fabrikate in größerem Maßstabe helfend und fördernd unterstützte, die ihm die unbedingt hierzu nötigen Geldmittel von seinen Schultern nimmt und sie auf mehrere Schultern ladet. Nur so glaube ich, daß getrenntes Marschieren und gemeinsames Siegen drüben möglich ist. Die deutsche Industrie müßte in erster Reihe sich dazu entschließen, die Internationale Ausstellung in Buenos Aires zu unterstützen, selbst wenn es größere Mittel erfordern sollte. Sie können damit drüben allen zeigen: Deutschland geht voran in dem und dem Artikel. Dieses, meine Herren, möchte ich bitten, in allen Vereinen zu beherzigen, und jetzt diesen praktischen Weg, der doch der nervus rerum bei der Sache ist, gemeinsam zu gehen. Sieht der deutsche Fabrikant, daß er allein nicht gut fährt, dann wird er den Exporteur eo ipso wieder brauchen, denn er wird dem Exporteur eventuell sagen müssen: gib mir das Geld für meine Waren gleich, denn ich habe einen Auftrag, den ich mit eigenen Mitteln nicht ausführen kann. Der Exporteur wird mit Vergnügen seine Komissionsgebühr dabei verdienen und den Auftrag ausführen. Auf solche Weise kommt man langsam hinein. Das beste aber ist die direkte Vertretung. Die hat den Vorteil, daß durch Ingenieure — und ich muß voraussetzen: durch kaufmännisch gebildete Ingenieure — die deutschen Erzeugnisse in das rechte Licht gesetzt werden können. Wer einen Fachmann und tüchtigen Kaufmann drüben hat, der kann etwas machen. Deshalb wäre es mit Freuden zu begrüßen, wenn der Vorsitzende, Herr Regierungsrat Bartels, in erster Linie darauf dringen würde, daß die Ausstellung als Mittel zum Zweck benutzt würde, um die deutsche Industrie in Argentinien ernsthaft einzuführen.

Vorsitzender: Sie werden wissen, daß die Ständige Ausstellungskommission für die deutsche Industrie, deren Vorsitzender Herr Geheimrat Goldberger ist, vom Centralverbande Deutscher Industrieller mit anderen Verbänden gegründet worden ist. Wir betrachten es deshalb nicht als unsere Aufgabe, alle Ausstellungen noch besonders mit zu fördern, da wir dieses Arbeitsgebiet der von uns mitgegründeten Vereinigung eingeräumt haben. Es ist dem Centralverbande überhaupt nicht möglich, sich für Ausstellungen im einzelnen noch geschäftlich zu interessieren. Das hindert nicht, daß wir für die Ausstellung in Buenos Aires ein großes Interesse bekundet haben und bei den uns angeschlossenen Vereinigungen zu ihrer Förderung auf das lebhafteste eingetreten sind. Auch hat der Centralverband fortlaufend alle Bekanntmachungen der Ständigen Ausstellungskommission über diese Ausstellung bei seinen Mitgliedern verbreitet. Wie weit tatsächlich die Industrie sich beteiligen wird, darauf hat der Centralverband keinen Einfluß. Ich glaube indessen, daß eine stattliche Beteiligung von deutscher Seite zustande kommen wird, namentlich, da sich auch die Reichsregierung der Sache angenommen hat.

Herr Rechtsanwalt **Ramelow:** Da der Centralverband Deutscher Industrieller Einberufer dieser Versammlung war, so wird ihm vor allen Dingen an einem praktischen Resultat gelegen sein.

Wie Herr Regierungsrat hervorgehoben hat, hat die Ständige Ausstellungskommission die Leitung der Ausstellung in die Hand genommen. Diese hat bekanntlich Herrn Geheimen Oberregierungsrat Lewald vom Reichsamt des Innern delegiert. Dagegen hat Argentinien, das die deutsche Industrie und die Industrien der Welt für sich heranzuziehen sucht, um seine Verkehrsmittel zu erweitern, natürlich andere Tendenzen. Da ist der richtige Weg nicht der durch die Ausstellungskommission, sondern der rein kaufmännische, durch Propaganda die deutsche Industrie für die Ausstellung zu interessieren. Ich nehme an, daß auf dieser Basis sich ein Zusammenarbeiten ermöglichen wird.

Ich glaube, daß die Anwesenden mit mir darin übereinstimmen, daß, um ein praktisches Resultat zu erzielen, noch eine Organisation neben der Ständigen Ausstellungskommission vorhanden sein muß.

Vorsitzender: Ich möchte, ehe ich darauf erwidere, noch folgendes kurz vorweg bemerken: Ich habe aus der Präsenzliste ersehen, daß ein Vertreter der Presse hier ist. Wir freuen uns selbstverständlich darüber, ich möchte aber darum bitten, daß in der Veröffentlichung alle Namen, die hier Herr Rechtsanwalt Ramelow genannt hat, wegbleiben, dies ist nur vertraulich geschehen. Im übrigen kann ich wohl schon jetzt mit Sicherheit versprechen, daß wir sehr gern dem Wunsche von Herrn Ramelow entsprechen und über die heutige Versammlung etwas an unsere Mitglieder berichten werden. Im übrigen sind die Verhandlungen heute stenographiert und sie werden gedruckt werden, um sie in weiteren Kreisen unserer Mitglieder zu verbreiten. Es werden also die Anregungen, die heute gegeben sind, hoffentlich nicht fruchtlos bleiben, sondern zu einem greifbaren Ergebnis führen. Der Centralverband stellt sich selbstverständlich gern ferner zur Verfügung, wenn es notwendig sein sollte, die von Herrn Ramelow geplante Organisation weiter zu fördern.

Herr **Preiß**-Hamburg: Es wurde vorhin von Herrn Ramelow erwähnt, daß die Bergwerksindustrie sowohl in Argentinien wie in Rio Grande do Sul nicht so recht vorwärts kommt, weil die Kohle fehlt. In Argentinien fehlt wohl bislang tatsächlich noch Kohle, in Rio Grande aber ist es vor kurzem gelungen, ein recht bedeutendes Lager aufzufinden, das eine recht brauchbare, besonders gasreiche Kohle liefert und schon durch einen deutschen Ingenieur untersucht worden ist. Verschiedenen Kreisen hier in Deutschland ist dieses Kohlenfeld angeboten worden, ohne daß man unbegreiflicher Weise genügend Interesse gefunden hätte, sich mit der Sache näher zu beschäftigen. Es wäre hier die Möglichkeit für Deutschland gegeben, in einer Gegend, wo schon viele Deutsche leben, ein wirklich bedeutendes Objekt in die Hand zu bekommen, das auch der Industrie neue Absatzmöglichkeiten schaffen würde.

Vorsitzender: Ich bin nicht darüber orientiert und kann keine Erklärung dazu abgeben.

Wünscht noch jemand das Wort? — Dann schließe ich die Versammlung mit nochmaligem besten Dank an Herrn Rechtsanwalt Ramelow.

Schluß 12 Uhr 50 Minuten.

Die Reichsversicherungsordnung.

Von Regierungsrat Dr. Bartels in Berlin.

(Abdruck aus dem Preußischen Verwaltungsarchiv Band 17, Heft 5.)

Der am 2. April 1909 vom Reichskanzler dem Bundesrate vorgelegte und gleichzeitig der Oeffentlichkeit übergebene Entwurf einer Reichsversicherungsordnung enthält den vorläufigen Abschluß der seit vielen Jahren schwebenden Verhandlungen über die Zusammenfassung der verschiedenen Zweige der Arbeiterversicherung. Der Gesetzentwurf stellt sich als eine Kodifikation des gesamten öffentlichen Versicherungsrechts dar, er zerlegt den ganzen Stoff in sechs Bücher mit verschiedenen Abschnitten, zusammen umfaßt er 1793 Paragraphen, ein stattliches Werk, das hinter unserem Bürgerlichen Gesetzbuch auch an innerer Bedeutung wenig zurücksteht.

Das erste Buch enthält die gemeinsamen Vorschriften und handelt von dem Umfange der Versicherung, den Trägern der Reichsversicherung und den Versicherungsbehörden;

das zweite Buch behandelt die Krankenversicherung;

das dritte die Unfallversicherung;

das vierte die Invaliden- und Hinterbliebenenversicherung;

das fünfte regelt die Beziehungen der Versicherungsämter zueinander und zu anderen Verpflichteten;

das sechste handelt über das Verfahren.

Aus dem *ersten* Buche sei folgendes hervorgehoben: Als Träger der drei Zweige der Versicherung bleiben bestehen die Krankenkassen, die Berufsgenossenschaften (nebst den Ausführungsbehörden) und die Versicherungsanstalten (neben den besonderen Kasseneinrichtungen). Die Träger der Invalidenversicherung dehnen ihre Tätigkeit auf die neu einzurichtende Hinterbliebenenversicherung aus. Neu ist der Aufbau einer selbständigen und nur für die Durchführung der Arbeiterversicherung bestimmten *Behördenorganisation* aus *drei* Instanzen: den örtlichen Versicherungsämtern (neu), den Oberversicherungsämtern (ausgebaut aus den früheren Schiedsgerichten) und dem Reichsversicherungsamt (Landesversicherungsämter). Hierdurch soll eine bisher fehlende Verbindung zwischen den einzelnen Zweigen der Versicherung hergestellt und namentlich ein einheitlicher Instanzenzug für alle Aufsichts- und Verwaltungsbefugnisse sowie für die Entschädigungs-Feststellungsangelegenheiten und -Streitigkeiten geschaffen werden.

Die Versicherungsämter sollen in der Regel für den Bezirk einer unteren Verwaltungsbehörde errichtet werden und die Aufgaben einer Spruch-, Beschluß- und Aufsichtsbehörde ausüben, sie können in Anlehnung an staatliche oder kommunale Behörden (Landratsämter, Magistrate usw.) oder als selbständige Behörden gebildet werden. An ihrer Spitze steht selbständig oder als Vertreter des Leiters der Behörde, der das Amt angegliedert wird, ein Versicherungsamtmann, der in der Regel die Fähigkeit zum höheren Verwaltungsdienst oder zum Richteramte besitzen soll, wenn auch Ausnahmen für solche Personen, die sich in der Praxis besondere Kenntnisse erworben und bewährt haben, zulässig sein sollen. Neben dem Versicherungsamtmanne stehen ein mindestens gleichartiger Vertreter und außerdem als Beisitzer wenigstens 20 Versicherungsvertreter, die je zur Hälfte aus Arbeitgebern und Versicherten entnommen und von den Verbänden der beteiligten Krankenkassen nach bestimmten Grundsätzen gewählt werden. Das Versicherungsamt wirkt für den Regelfall als kollegiale Behörde unter Zuziehung der Versicherungsvertreter mit Ausnahme derjenigen Geschäfte, die der Vorsitzende bzw. sein Vertreter als reine Verwaltungsmaßnahmen bei der Ausübung der Aufsicht über die Krankenkassen usw. allein erledigen. Für die kollegiale Tätigkeit werden Ausschüsse gebildet: ein oder mehrere Spruchausschüsse, die aus dem Vorsitzenden bzw. Stellvertreter und je einem Versicherungsvertreter der Arbeitgeber und der Versicherten bestehen; der Beschlußausschuß ist aus dem Vorsitzenden und vier von allen aus ihrer Mitte zu wählenden Versicherungsvertretern, nämlich zwei Arbeitgebern und zwei Versicherten, zusammengesetzt; daneben übt das Versicherungsamt als Schiedsausschuß, bestehend aus dem Vorsitzenden, zwei Versicherungsvertretern, dem beamteten Arzte und unter Hinzuziehung eines Arztes oder Apothekenbesitzers, bei Streitigkeiten mit Krankenkassen und Aerzten oder Apothekern eine vermittelnde Tätigkeit aus.

Die Oberversicherungsämter sollen in der Regel für den Bezirk einer höheren Verwaltungsbehörde (Regierung) errichtet werden und gleichfalls als Spruch-, Beschluß- und Aufsichtsbehörden fungieren. Auch das Oberversicherungsamt kann an die höhere Verwaltungsbehörde angegliedert oder selbständig errichtet werden. Die Ausführung hierüber ist Sache der Landeszentralbehörden. An der Spitze des Oberversicherungsamts steht selbständig oder als Vertreter des Leiters der höheren Verwaltungsbehörde ein auf Lebenszeit zu ernennender Direktor des Versicherungsamts. Ihm sind mindestens zwei ständige Mitglieder aus der Zahl der öffentlichen Beamten zur Seite zu stellen, sowie je nach den Bedürfnissen eine von der Landeszentralbehörde festzusetzende Anzahl von Beisitzern aus Arbeitgebern und Arbeitnehmern des Bezirkes. Entsprechend den Ausschüssen bei den Versicherungsämtern sollen bei den Oberversicherungsämtern Spruch-, Beschluß- und Schiedskammern gebildet werden.

Das Reichsversicherungsamt und die Landesversicherungsämter fungieren als oberste Spruch-, Beschluß- und Aufsichtsbehörde. Es ist in Aussicht genommen, neben den Spruchsenaten auch besondere Beschlußsenate zu bilden; die Spruch- und Beschlußsenate sollen fortan auch in Unfallsachen aus fünf Personen statt bisher sieben bestehen, an die Stelle des erweiterten Senats tritt ein sogenannter großer Senat.

Die wichtigsten Erweiterungen unserer sozialen Versicherung enthält das zweite Buch, betreffend die Krankenversicherung, welche eine erhebliche Ausdehnung des Kreises der versicherten Personen vorsieht. Der Grundsatz des § 1 des Krankenversicherungsgesetzes, welcher die Versicherungspflicht von der Zugehörigkeit zu bestimmten Arten von Betrieben abhängig macht, soll verlassen und die Versicherung in Anlehnung an § 1 des Invalidenversicherungsgesetzes im wesentlichen auf alle Personen erstreckt werden, die ihre Arbeitskraft in untergeordneter, abhängiger Stellung verwerten. Besonders wichtig ist die Ausdehnung der Versicherungspflicht auf land- und forstwirtschaftliche Arbeiter und Betriebsbeamte, das ländliche und städtische Gesinde, unständige Arbeiter und auf die beim Wandergewerbe beschäftigten Personen, ferner die Apothekergehilfen und -Lehrlinge, Bühnen- und Orchestermitglieder, Lehrer und Erzieher, alle diese, sofern sie für ihre Tätigkeit ein Entgelt beziehen und dieses regelmäßig 2000 M. nicht übersteigt, endlich auf alle Hausgewerbetreibenden. Wichtig ist, daß der Entwurf darauf ausgeht, die Zersplitterung im Krankenkassenwesen und die bestehenden Zwergkassen nach Möglichkeit zu beseitigen. Die Gemeindekrankenversicherung soll gänzlich wegfallen. Regelmäßige Träger der Versicherung sollen sein die Ortskrankenkassen und Landkrankenkassen, letztere besonders für die in der Landwirtschaft beschäftigten Personen, Dienstboten usw. Daneben bleiben zugelassen die Betriebskrankenkassen, zu denen auch die Baukrankenkassen gerechnet werden, Innungskrankenkassen und Knappschaftskrankenkassen und unter gewissen Voraussetzungen als Ersatzkassen auch die Hilfskassen. Eine Verpflichtung zur Errichtung von Betriebskrankenkassen soll nicht mehr bestehen, neue sollen regelmäßig nicht für weniger als 500 Mitglieder errichtet werden, bestehende nur bei mindestens 250 Mitgliedern erhalten bleiben dürfen. Bei der inneren Organisation der Krankenkassen soll an Stelle des bisher ungleichen Anteilverhältnisses von Arbeitgebern und Versicherten ($^1/_3$ zu $^2/_3$) Gleichheit sowohl hinsichtlich der Teilnahme an der Verwaltung wie bei der Leistung der Beiträge eintreten. Vorstand und Ausschuß, nicht mehr die Generalversammlung aller Mitglieder, sind die zur Vertretung der Kasse berufenen Organe, der Vorsitzende des Vorstandes wird bei den Ortskrankenkassen vom Vorstand aus seiner Mitte gewählt, und zwar muß die Mehrheit jeder der beiden Gruppen, der Arbeitgeber und der Versicherten, für dieselbe Person gestimmt haben. Kommt eine Wahl auf diese Weise nicht zustande, so kann das Versicherungsamt einen Vertreter bestellen. Bei den Landkrankenkassen werden der Vorsitzende und die Mitglieder des Vorstandes durch den zuständigen Kommunalverband bestellt, auch sonst sind für diese Kassen besondere Bestimmungen vorhanden. Bei den Betriebskrankenkassen hat der Unternehmer schlechthin den Vorsitz im Vorstand und Ausschuß und die Hälfte der Stimmen. Besondere Bestimmungen enthält der Gesetzentwurf zur Regelung der Beziehungen zwischen den Krankenkassen einerseits und Aerzten und Apothekern andererseits. Von der gesetzlichen Einführung der sogenannten freien Arztwahl ist abgesehen, vielmehr ist der Standpunkt vertreten, daß die Regelung der Arztfrage in erster Linie der Vereinbarung der beteiligten Kreise überlassen bleibt, tunlichst soll den Kassenmitgliedern die Auswahl unter mindestens zwei Aerzten ermöglicht werden. Genügen die Anordnungen der Kassen aber den berechtigten Anforderungen ihrer Mitglieder nicht, so kann das Oberversicherungsamt das Erforderliche nach Anhörung der Kasse und des Schiedsausschusses veranlassen. Die Schiedsausschüsse dienen zur Vermittelung und Entscheidung in Streitigkeiten zwischen Kassen und Aerzten oder Apothekern. Die Aufsicht über die Krankenkassen übt das Versicherungsamt aus, gegen dessen Anordnungen die Beschwerde an das Oberversicherungsamt zulässig ist.

Die geringsten Abänderungen enthält das dritte Buch des Entwurfes betreffend die Unfallversicherung; es dehnt den Kreis der Versicherung auf den gewerbsmäßigen Fahr-, Reit-, Tier- und Stallhaltungsbetrieb usw. aus. Auch sieht der Gesetzentwurf eine andere Abgrenzung für die Frage der Versicherungspflicht bei den Lagerungs- und Holzfällungsbetrieben, sowie bei Betrieben, die der Beförderung von Personen oder Gütern dienen, vor. Am bedeutsamsten ist der von den Berufsgenossenschaften lebhaft bekämpfte Eingriff in ihre Selbsterhaltungsbefugnisse insofern, als eine Mitwirkung der Versicherungsämter beim Entschädigungsverfahren vorgesehen ist. In erster Instanz hat nunmehr auch das Versicherungsamt bei den Unfalluntersuchungsverhandlungen mitzuwirken. Die Unfallanzeige hat wie bisher der Unternehmer zu erstatten, und zwar nicht mehr direkt an die Berufsgenossenschaft, sondern durch Vermittelung des Versicherungsamts. Nachdem dann in der bisherigen Weise, aber nach dem Ermessen des Versicherungsamts, unter dessen Mitwirkung die Unfalluntersuchung stattgefunden hat, soll dies prüfen, ob ein Entschädigungsanspruch besteht und die Uebernahme des Heilverfahrens durch die Berufsgenossenschaft angebracht ist, geeignetenfalls hat das Versicherungsamt dem Versicherungsträger einen Vorschlag über die Höhe der Entschädigung zu machen; den Feststellungsbescheid erläßt wie bisher das Feststellungsorgan, Abweichungen von dem Vorschlage des Versicherungsamts sind kenntlich zu machen und zu begründen.

Das vierte Buch befaßt sich mit der Invaliden- und Hinterbliebenenversicherung, letztere wird mit der bisherigen Versicherung gegen Invalidität und Alter verbunden. Die Zwangsversicherung sowie das Recht zur Selbstversicherung werden ausgedehnt auf Personen, die als Bühnen- oder Orchestermitglieder beschäftigt werden, ohne Rücksicht auf den Kunstwert ihrer Leistungen. Der Anspruch auf Hinterbliebenenfürsorge wird davon abhängig gemacht, daß der Verstorbene die Vorbedingungen für die Invalidenrente, nämlich Erfüllung der Wartezeit und Aufrechterhaltung der Anwartschaft, erfüllt hat. Hinterbliebenenfürsorge umfaßt im allgemeinen Witwen- und Waisenrenten. Hat die Witwe durch eigene Beitragsleistung die Wartezeit für die Invalidenrente erfüllt, so soll ihr nur eine Rente gewährt werden, und zwar die eigene Invalidenrente. Die Witwenrente setzt die Invalidität der Witwe voraus, die sich an den allgemeinen Invaliditätsbegriff anschließt, doch in der Richtung erweitert ist, daß die der Rentenbewerberin zuzumutenden Arbeiten nicht wie dort nach Ausbildung und Beruf, sondern nach Ausbildung und Lebensstellung bemessen werden sollen. Waisenrenten sollen die hinterlassenen ehelichen Kinder eines männlichen und die hinterlassenen vaterlosen Kinder eines weiblichen Versicherten unter 15 Jahren erhalten. Unter Umständen kann auch beim Tode einer Frau, deren Mann noch lebt, den hinterbliebenen Kindern und dem Witwer eine Rente gewährt werden. Ein Witwengeld erhält die versicherte Witwe nach dem Tode des versicherten Ehemanns, eine Waisenaussteuer deren Kinder nach Vollendung des 15. Lebensjahrs. Die Witwen- und die Witwerrente fallen bei der Wiederverheiratung fort. Die Leistungen der Hinterbliebenenversicherung sind folgendermaßen geregelt. Der Reichszuschuß beträgt bei Witwen- und Witwerrenten und beim Witwengelde 50 M., bei Waisenrenten 25 M. und bei der Waisenaussteuer $16^2/_3$ M. jährlich; der den Versicherungsanstalten zu Lasten zu stellende Teilbetrag bei Witwen- und Waisenrenten $^3/_{10}$, bei Waisenrenten für eine Waise $^3/_{20}$, für jede weitere $^1/_{40}$ des Grundbetrags und der Steigerungssätze der Invalidenrente, die dem verstorbenen Ernährer zur Zeit seines Todes zustand bzw. zugestanden hätte. Mit Rücksicht auf die Einführung der Hinterbliebenenversicherung werden die Wochenbeiträge in folgender Weise erhöht:

Lohnklasse	I	von	14	auf	16	Pf.,
"	II	"	20	"	24	"
"	III	"	24	"	30	"
"	IV	"	30	"	38	"
"	V	"	36	"	46	"

Für die Einführung einer freiwilligen Zusatzversicherung ist vorgeschlagen, daß die Versicherungspflichtigen und die zur Selbstversicherung oder zur Weiterversicherung berechtigten Personen zum Zwecke der Versicherung von Zusatzrenten zu jeder Zeit und in beliebiger Zahl Zusatzmarken einkleben dürfen. Der Wert der Zusatzmarken beträgt 1 M. Damit ist eine Ausdehnung der Versicherung auf die Kreise der kleinen Gewerbetreibenden ermöglicht.

Das fünfte Buch regelt die Beziehungen der Versicherungszweige zueinander und zu anderen Ansprüchen. Hier wird sich die Vereinheitlichung des Rechtsmittelzugs und die Ueberweisung der Streitigkeiten lediglich an die Versicherungsbehörden sicher als sehr zweckmäßig erweisen. Dies Buch enthält auch die Vorschriften über die Aufnahme des Heilverfahrens seitens der Träger der Unfallversicherung, ferner über die Veranlassung eines Heilverfahrens seitens der Träger der Invalidenversicherung und über die Uebertragung der Leistungen seitens der Träger der Unfall- und Invalidenversicherung auf die Krankenkassen.

Endlich das sechste Buch handelt über das Verfahren. Der Entwurf unterscheidet zwischen reinen Verwaltungsmaßnahmen und denjenigen Entscheidungen, die die besonderen Versicherungsbehörden als Spruch-, Beschluß- und Schiedsbehörden zu erfüllen haben. Den ersten Teil des Spruchverfahrens bildet das Entschädigungsfeststellungsverfahren, das für die drei Zweige der Versicherung verschieden geordnet ist; die Feststellung erfolgt bei der Unfallversicherung von Amts wegen, im übrigen auf Antrag. Werden bei der Krankenversicherung Leistungen abgelehnt, so entscheidet auf Antrag der Spruchausschuß des Versicherungsamts. Von dem Entschädigungsfeststellungsverfahren in Unfallsachen ist schon oben gehandelt.

Bei der Invaliden- und Hinterbliebenenversicherung ist die Tätigkeit des Versicherungsamts lediglich auf einen Vorschlag beschränkt, dem der förmliche Bescheid des Versicherungsträgers folgt, gegen dessen Entscheidung das Schiedsgericht anzurufen ist. Gegen die Entscheidungen des Versicherungsamts und die förmlichen Feststellungsbescheide ist die Berufung an das Oberversicherungsamt gegeben. Gegen dessen Entscheidung soll statt des früheren Rekurses nunmehr in beschränktem Umfange die Revision an das Reichsversicherungsamt oder, wenn das Oberversicherungsamt seinen Sitz im Bezirk eines Landesversicherungsamts hat, an dieses gegeben sein. Ausgeschlossen soll sein die Revision in Sachen der Krankenversicherung, wenn die Berufung zurückgewiesen ist, d. h. wenn die Entscheidungen der ersten und zweiten Instanz übereinstimmen, und in einigen anderen Fällen. In Sachen der Unfallversicherung tritt an die Stelle des Rekurses die Revision im Interesse der Entlastung des Reichsversicherungsamts; in einer Reihe von Fällen, in denen bisher schon der Rekurs ausgeschlossen war, und in einigen weiteren Fällen findet Revision nicht statt. In Sachen der Invaliditäts- und Hinterbliebenenversicherung soll die Revision ausgeschlossen sein in Fragen, betreffend Dauer und Höhe der Rente, über Kapitalabfindungen, Beitragserstattungen, Ersatz- und Erstattungsansprüche usw., sowie wenn es sich um vorübergehende Leistungen handelt. Das Beschlußverfahren tritt in allen denjenigen Fällen ein, in denen das Spruchverfahren nicht vorgeschrieben ist; als Rechtsmittel ist dabei die Beschwerde und weitere Beschwerde vorgesehen. Gegen erstinstanzliche Entscheidungen des Versicherungsträgers in Sachen der Kranken-, Invaliden- und Hinterbliebenenversicherung soll die Beschwerde an das Versicherungsamt, in Sachen der Unfallversicherung an das Oberversicherungsamt gehen. Gegen erstinstanzliche Entscheidungen des Versicherungsamts ist die Beschwerde an das Oberversicherungsamt, und gegen solche des Oberversicherungsamts an das Reichsversicherungsamt zu richten, soweit nicht Endgültigkeit ausdrücklich vorgeschrieben ist.

Eingaben und Rundschreiben.

1.

Bekanntmachung über die Einrichtung und den Betrieb von Steinbrüchen und Steinhauereien vom 31. Mai 1909.

Eingabe an **den Herrn Staatssekretär des Innern, Exzellenz.**

Berlin, den 28. August 1909.

Euer Exzellenz

gestatten wir uns folgendes vorzutragen:

Die Bekanntmachung des Bundesrates vom 31. Mai 1909 (R. G. Bl. S. 471 ff.) betreffend die Einrichtung und den Betrieb von Steinbrüchen und Steinhauereien schränkt durch die Bestimmungen in § 10 die Verwendung von Arbeiterinnen und jugendlichen Arbeitern in einem solchen Maße ein, daß dies praktisch einem gänzlichen Verbote der Beschäftigung derartiger Arbeiter gleichkommt. Am härtesten werden durch diese Verordnung die Betriebsleitungen der oberschlesischen Dolomitbrüche und die deutsche Kalkindustrie betroffen.

Ganz besonders erschwerend ist für die bezeichneten Industrien der Umstand, daß die Verordnung ohne Uebergangsbestimmungen alsbald am 1. Juli in Kraft getreten ist, sie ist erst am 10. Juni 1909 in Nr. 29 des Reichsgesetzblattes veröffentlicht worden, während die Bekanntmachung vom 20. März 1902 eine Frist von einem halben Jahre, in wesentlichen Bestimmungen sogar von 1 1/2 Jahren beließ. Infolgedessen haben die Betriebsleitungen der oberschlesischen Dolomitbrüche allen ihren bisher beschäftigten Arbeiterinnen und jugendlichen Arbeitern, im ganzen etwa 240 Personen, die Arbeit kündigen müssen. In den Kalksteinbrüchen bei Oppeln, Gogolin, Naklo und anderen Orten sind etwa 400 derartige Arbeiter tätig, die nunmehr brotlos werden.

Das Maß des durch die Verordnung angerichteten wirtschaftlichen Schadens läßt sich zurzeit noch nicht völlig übersehen. Ein Ersatz der plötzlich entzogenen Arbeitskräfte durch erwachsene männliche Arbeiter ist schwierig, denn es herrscht insbesondere im nördlichen Teile des oberschlesischen Industriebezirks, gerade da, wo die Dolomitbrüche liegen, Mangel an Arbeitskräften. Es wird nichts anderes übrig bleiben, als ausländisch-polnische oder ruthenische Arbeiter heranzuziehen. Dazu kommt, daß der Ersatz der weiblichen Arbeitskräfte durch männliche die Betriebskosten wesentlich verteuern wird.

Der Betrieb der Dolomitbrüche in Oberschlesien geschieht ausschließlich für die Eisenhütten, für welche der Dolomit ein unentbehrliches Zuschlagsmittel bei der Hochofenbeschickung ist. Bei der anerkannt ungünstigen Lage der oberschlesischen Eisenindustrie bedeutet die Verteuerung der Gewinnungskosten für Dolomit eine Schädigung dieser zurzeit ohnehin schwer daniederliegenden Industrie.

Die neue Verordnung trifft die beteiligten Unternehmungen um so empfindlicher, als auch deren Wünsche bei Regelung der Arbeitszeiten für die erwachsenen männlichen Arbeiter unbeachtet geblieben sind. Statt der von den Arbeitgebern erstrebten sechzigstündigen Normalarbeitswoche gilt nach wie vor die schematische Beschränkung der täglichen Arbeitszeit auf zehn Stunden. Dies ist deshalb besonders hart, weil bei Regen und im starken Winter die Arbeiten in Steinbrüchen sowieso ruhen müssen; bei der Festsetzung eines Maximalarbeitstages kann die unfreiwillige Betriebsaussetzung daher nur in ganz beschränktem Umfange nachgeholt werden. Wir gestatten uns hierzu auf unsere Eingabe an Euer Exzellenz vom 13. Juli 1908 zu verweisen. Am meisten haben hierunter die Arbeiter selbst durch Schmälerung ihres Arbeitslohns zu leiden.

Mit dem Erlaß der Verordnung ist nunmehr auch die Verwendung von Frauen und jugendlichen Arbeitern bei den Abräumungs- und Transportarbeiten unmöglich geworden. Diese Tätigkeit in den oberschlesischen Dolomitbrüchen ist keine schwere, da der Betrieb darauf ausgeht, nicht größere als faustgroße Stücke zu erzeugen und zu verladen, lediglich der Transport solcher Stücke kommt daher für die weiblichen und jugendlichen Arbeiter in der Regel in Frage.

Aehnlich liegt die Arbeit in den Steinbruchbetrieben der Kalkindustrie. Die Verordnung verbietet die beregte Tätigkeit in allen Steinbruchbetrieben; es wird dabei fälschlich gleichgestellt die Beschäftigung in solchen Betrieben, in denen schwere Werkstücke gewonnen, bearbeitet und transportiert werden, in welchen also bei der Bearbeitung und dem Transport der Steine große Kraft aufgewendet werden muß, und wo feiner Staub entsteht, wie z. B. bei der Bearbeitung von Sandsteinen usw. mit der Arbeit in den Kalksteinbrüchen. Alles dies trifft für den Betrieb in den Steinbrüchen der Kalkindustrie nicht zu. In letzteren wird der Rohstein zumeist durch Sprengung mit Explosionsstoffen gewonnen oder mit der bloßen Brechstange losgelöst; diese Arbeit verrichten selbstverständlich nur erwachsene Männer, während das so erhaltene Material dann in kleineren Stücken seinen Verwendungszwecken zugeführt wird, eine Tätigkeit, die sehr wohl auch Frauen und jugendlichen Arbeitern zugemutet werden kann.

Die nachteilige Wirkung der Verordnung ist für die deutsche Kalkindustrie um so empfindlicher, als sie bei Abschluß der neuen Handelsverträge mit ihren Wünschen nicht berücksichtigt worden ist. Dänemark, Schweden, Oesterreich, Rußland, Frankreich, die Schweiz und Belgien führen große Mengen Kalk in Deutschland ein. Die Einfuhr von Kalk ist seit Bestehen der jetzigen Handelsverträge, also seit 1902, von 2 931 506 dz auf 6 202 670 dz gewachsen, wobei die Einfuhr des gemahlenen hydraulischen Kalkes noch nicht einmal mit eingerechnet ist, weil die Statistik diese Mengen nicht gesondert, sondern zusammen mit Zement anführt; aber auch diese Mengen sind sehr stark gewachsen. Dagegen ist die Ausfuhr von Deutschland zurückgegangen. Die Nachbarländer sind der deutschen Industrie teils durch Zollschranken, teils durch die wesentlich billigeren Herstellungskosten des Kalkes in jenen Ländern gesperrt. Die Verteuerung dieser Kosten wird natürlich auch auf die mit der Kalkindustrie im Zusammenhang stehenden Betriebe schädigend einwirken.

Die verschiedensten großen Kalkindustrien Deutschlands, z. B. diejenigen von Westfalen und Oberschlesien, können ihre Betriebseinrichtungen nicht mehr zu 50 pCt. ausnützen; dies hat nicht etwa seinen Grund in dem gegenwärtigen Tiefstande des gesamten Wirtschaftslebens, sondern in der Verdrängung von früher besessenen Absatzgebieten durch die ausländische Konkurrenz.

Neben diesen schweren wirtschaftlichen Nachteilen für die beteiligten Industrien werden am Härtesten die in ihnen tätigen Arbeiter betroffen. Bisher fanden ganze Familien, bei denen die Frau und die erwachsenen Kinder dem Vater mit in die Hand arbeiteten, lohnende Beschäftigung, jetzt werden diese brotlos und müssen ganz die frühere Tätigkeit verlassen, da der Vater in der Regel nicht die Arbeit allein weiter verrichten will, die ihm mangels der Mitarbeit der Familienmitglieder nicht mehr genügend lohnend erscheint. Dabei sind diese Arbeiterfamilien nicht etwa schwächlich, sondern nach Art der oberschlesischen Arbeiter kräftige und gesunde Gestalten, denen die

Arbeit in der frischen Luft niemals geschadet hat. Die Verordnung berücksichtigt überhaupt nicht die Besonderheit der oberschlesischen Verhältnisse, in denen die Mitarbeit der Frauen und heranwachsenden Familienmitglieder, auch z. B. bei Bauten, noch vielfach üblich ist, ohne daß dabei von einer Beeinträchtigung der Gesundheit gesprochen werden könnte.

Euer Exzellenz bitten wir,

bei dieser Sachlage erneut in eine Prüfung der Verhältnisse eintreten und für die oberschlesische Kalkindustrie und die Dolomitbrüche Ausnahmebestimmungen zulassen zu wollen.

2.

Die Stellung der Handelssachverständigen bei den auswärtigen Konsulaten.

Eingabe an **den Herrn Staatssekretär des Auswärtigen Amts.**

25. Oktober 1909.

Die Budgetkommission des Reichstages hatte im letzten Winter bei der Beratung des Etats des Auswärtigen Amts von dem Posten von 200 000 M. für die Sachverständigen in Landwirtschafts- und Handelsangelegenheiten bei den auswärtigen Konsulaten 100 000 M. gestrichen. Der Centralverband Deutscher Industrieller hat darauf in einer an den Reichstag gerichteten Eingabe vom 1. März d. J., welche wir Euer Exzellenz mittels Berichts vom 3. März 1909 in Abschrift überreicht haben, und die auch in Heft 115 (S. 81 ff.) der „Verhandlungen, Mitteilungen und Berichte" des Centralverbandes abgedruckt ist, um die Wiedereinstellung jenes Betrages im Interesse des Handels und der Landwirtschaft gebeten.

Bei der zweiten Beratung des Reichshaushaltsetats im Plenum des Reichstages am 31. März wurde auf Antrag der Abgeordneten Bassermann und Genossen die Regierungsvorlage wieder hergestellt. Gleichzeitig wurde durch Annahme einer von dem Abgeordneten von Hertling eingebrachten Resolution der Herr Reichskanzler ersucht, alsbald die erforderlichen Anordnungen für eine Umgestaltung der Einrichtung der Sachverständigen für Landwirtschaft und Handelsangelegenheiten bei den konsularischen Behörden zu treffen.

Euer Exzellenz erklärten sich mit dieser Resolution einverstanden und bereit, geeignete Schritte hierzu in die Wege zu leiten.

Das Direktorium des Centralverbandes Deutscher Industrieller hat sich wiederholt mit dieser Angelegenheit befaßt; es vertritt die Auffassung, daß eine bessere Ausgestaltung des Instituts dieser Sachverständigen und eine mehr sichere und bessere Erreichung der mit ihm verfolgten Zwecke nur erzielt werden konnte durch die feste Ordnung der Anstellungsverhältnisse der Sachverständigen. Sie sind zurzeit in der Regel nur auf fünf Jahre vertraglich angenommen; nach Ablauf ihres Vertrages stehen sie vor der Gefahr, entlassen zu werden, und, wenn dieser Fall eintritt, fünf der besten Jahre ihres Lebens für ihr Fortkommen in einem anderen Berufe verloren zu haben. Diese Unsicherheit bewirkt eine große Beeinträchtigung der ganzen Einrichtung und ist der Grund für die Zurückhaltung vielleicht gerade der bestgeeigneten Bewerber.

Das Direktorium ist daher der Ansicht, daß es sich empfiehlt, diese Sachverständigen nach einer, für die Erweisung der Brauchbarkeit wohl ausreichenden Probezeit von fünf Jahren, unter Festlegung bestimmter Grundsätze für die Besoldung, fest anzustellen. Das Direktorium glaubt annehmen zu dürfen, daß diese Beamten, denen während ihres Dienstes im Auslande reiche Gelegenheit geboten war, wertvolle Kenntnisse und Erfahrungen zu sammeln, mit Vorteil im Auswärtigen Amt oder im Reichsamt des Innern verwendet werden könnten.

Nach der Ansicht des Direktoriums könnte ferner erwogen werden, ob den Personen, die sich im Außendienst als Sachverständige in Landwirtschafts- und Handelsangelegenheiten bewährt haben, nicht der Eintritt in den Konsulardienst des Reiches zu eröffnen sei. Das Direktorium glaubt, daß durch diese Einrichtung gewisse Gepflogenheiten in unserem Konsulatswesen, wenn auch nicht gänzlich beseitigt, so doch wesentlich gemildert werden könnten, die zu lebhaften Klagen beachtenswerter deutscher, im Auslande angesessener Geschäftsleute Anlaß gegeben haben. Diese Klagen beziehen sich auf den häufigen Wechsel der Konsuln.

Jeder Konsul bedarf nach dem Antritt seines Amtes in einem gewöhnlich ihm bisher unbekannten Lande eine gewisse Zeit, um die Verhältnisse in seinem neuen Wirkungskreise hinsichtlich aller maßgebenden Beziehungen kennen zu lernen. Erst wenn der Konsul über Land und Leute, über die wirtschaftlichen Verhältnisse, die Handelsbeziehungen in Ein- und Ausfuhr und besonders über die Regierung des Landes eingehend orientiert ist und die erforderlichen persönlichen Beziehungen angeknüpft hat, erst dann wird er Aussicht haben, den Pflichten seines Amtes, das ist die Vertretung der Interessen seines

Vaterlandes und dessen Angehörigen, in wirkungsvoller Weise gerecht zu werden. Zu solcher Orientierung wird in den allermeisten Fällen ein längerer Zeitraum erforderlich sein.

Von den Deutschen im Auslande wird, wie bereits bemerkt, eindringlich darüber geklagt, daß in nicht seltenen Fällen und selbst in Bezirken, die für die Interessen des Reiches und seiner in dem Bezirke ansässigen Angehörigen von äußerster Bedeutung sind, ein derart häufiger Wechsel der Konsuln stattfindet, daß sie, wenn sie nach längerer Zeit genügend orientiert sind, oder gar noch vor dem Abschluß dieser Periode, versetzt werden. Der Nachfolger hat dann dieselbe Orientierungsarbeit zu beginnen. So kann es kommen, daß bedeutende Bezirke längere Zeit mit Konsuln besetzt gewesen sind, die, als Neulinge, eine wirkungsvolle Vertretung der deutschen Interessen nicht ausüben konnten, und diese Interessen daher Gefahr liefen, von den Vertretern der anderen wettbewerbenden Nationen zurückgedrängt zu werden.

Bei Erörterung dieser Klagen ist von dem Direktorium freilich nicht verkannt worden, daß bei den für das Aufrücken der Beamten in den Einzelstaaten wie im Reiche bestehenden Vorschriften ein anderes Verfahren kaum möglich sein dürfte. Unter den bestehenden Verhältnissen ist es auch naheliegend und verständlich, daß die Konsuln selbst tunlichst schnelle Versetzung nach solchen Konsularbezirken erstreben, die als Stufen zu den höchsten Zielen ihrer Laufbahn angesehen werden.

Die Erreichung dieser höchsten Rangstufen im auswärtigen Dienste wird, nach Lage der Verhältnisse, den Sachverständigen usw. wohl mit Recht von vornherein versagt werden können. Sie werden sich begnügen und es dem jetzt geltenden Zustande gegenüber als eine in hohem Maße befriedigende und dankenswerte Besserung ihrer Lage betrachten, wenn ihnen neben der eventuellen Verwendung in einem Reichsamte der Eintritt in den Konsulardienst eröffnet wird. Die Verwaltung eines Konsulats würde freilich, wie bereits angedeutet, den Ablauf ihrer Laufbahn im Außendienst bedeuten.

Die aus dieser Beamtenschaft hervorgegangenen Konsuln würden ohne Bedenken von der einen oder von der anderen Seite bis zu dem Zeitpunkt ihres Uebertritts in den Ruhestand auf ihrem Posten belassen werden können. Dadurch würde erreicht werden, daß wenigstens eine Anzahl deutscher Konsulate von Männern verwaltet würden, die in ihrem Bezirke nach allen Richtungen gründlich orientiert und dadurch zur besten, wirkungsvollsten Vertretung der ihnen anvertrauten Interessen befähigt sind.

Das Direktorium ist überzeugt, daß durch Maßnahmen im Sinne der Anregungen, die es sich gestattet, hiermit Euer Exzellenz zu unterbreiten, eine günstigere Ausgestaltung nicht nur des Instituts der Sachverständigen für die Landwirtschafts- und Handelsangelegenheiten bei den Konsulaten, sondern des Konsulatswesens selbst zu ermöglichen sein würde.

Wir gestatten uns, an Euer Exzellenz die gehorsamste Bitte zu richten, die Anregungen des Direktoriums einer geneigten wohlwollenden Prüfung zu unterziehen.

3.

Einlösungsfrist für Postaufträge und Postnachnahme.

Rundschreiben an

sämtliche Mitglieder des Centralverbandes Deutscher Industrieller.

Berlin, den 15. Juni 1909.

Von zuständiger Stelle ist uns mitgeteilt worden, daß die Absicht besteht, zur Vereinfachung der posttechnischen Behandlung die Einlösungsfrist für Postaufträge und für Postnachnahmen von 7 auf 3 Tage abzukürzen, sowie bei Inanspruchnahme der Einlösungsfrist — sei es der sieben- oder der dreitägigen, wenn eine solche Verkürzung eingeführt werden sollte — eine zweite Vorzeigung durch den Postbesteller nur dann eintreten zu lassen, wenn der Empfänger sie bei der ersten Vorzeigung ausdrücklich verlangt und dafür eine besondere Gebühr von 10 Pf. entrichtet, in allen anderen Fällen aber dem Empfänger zu überlassen, die Einlösung bei der Postanstalt bis zum Ablauf der sieben- oder dreitägigen Frist zu bewirken.

Wir bitten Sie, uns baldmöglichst mit einer gefälligen Aeußerung zur Sache versehen zu wollen.

4.

Wirkung der Handelsverträge — Export.

Rundschreiben an **die körperschaftlichen Mitglieder des Centralverbandes Deutscher Industrieller.**

Berlin, den 19. Juni 1909.

In unserem Rundschreiben Nr. 6 vom 15. Mai d. J. haben wir auf eine Kundgebung des Reichsamts des Innern über die Gestaltung der deutschen Ausfuhr hingewiesen, welche dartun soll, daß die Klagen über ungünstige Wirkungen der neuen Handelsverträge auf unseren Außenhandel nicht zutreffend seien. Die Darlegung berief sich namentlich darauf, daß unter der Depression des wirtschaftlichen Lebens der Rückgang unserer Ausfuhr im Jahre 1908 relativ nicht stark gewesen sei, und berechnete deren Ausfall gegen 1907 auf 97,8 Millionen Mark, d. i. noch nicht 1½ pCt. des Gesamtexports. Wir hoben hierzu u. a. hervor, daß bei der damaligen amtlichen Zusammenstellung aus dem Jahre 1908 noch die für 1907 ermittelten, zweifellos im ganzen höheren Warenwerte zugrunde gelegt seien, daß also das Bild unserer Ausfuhr sich erheblich weniger befriedigend gestalten dürfte, wenn erst die richtigen für 1908 noch zu ermittelnden, vielfach bedeutend gesunkenen Wertzahlen eingestellt werden. Wie zutreffend dieser unser Hinweis war, zeigt jetzt der vom Reichsamt des Innern herausgegebene zweite Teil seiner Publikation über unsere Ausfuhr im Jahre 1908 und die Wirkung unserer neuen Handelsverträge.

Nachdem die Handelswerte nunmehr festgestellt und die auf ihrer Grundlage gewonnenen Gesamtwerte der Ein- und Ausfuhr Deutschlands im Jahre 1908 sowie die Werte für den Verkehr in Ein- und Ausfuhr mit den einzelnen Ländern veröffentlicht sind, ergibt sich folgendes Bild: Die Einfuhr Deutschlands betrug im Jahre 1908 7664,0 Millionen Mark gegen 8746,7 Millionen 1907; sie sank also um 1082,7 Millionen Mark = 12,4 pCt. Die Ausfuhr fiel von 6845,2 Millionen auf 6398,5 Millionen Mark, also um 446,7 Millionen Mark = 6,5 pCt.

Die Abnahme unserer Ausfuhr stellt sich also dem Wert nach tatsächlich vier- bis fünfmal so hoch als in der ersten Kundgebung des Reichsamts des Innern verzeichnet war: 446,7 Millionen Mark oder 6,5 pCt., gegen 97,8 Millionen Mark oder noch nicht 1½ pCt. Richtig ist, daß der Ausfall in anderen Ländern noch größer war: bei Großbritannien 11,4 pCt., bei den Vereinigten Staaten 8,8 pCt.

Um indes weiter zu zeigen, daß die deutsche Ausfuhr nach den „Tarifvertragsstaaten“ viel weniger abgenommen habe als nach anderen, daß also „die von Deutschland abgeschlossenen Tarifverträge sich als brauchbare Stütze für unsere Ausfuhr erwiesen haben und daß sie imstande gewesen sind, die ungünstigen Wirkungen der wirtschaftlichen Depression des Jahres 1908 für unsere Exportindustrien wesentlich zu mildern“, bringt das Reichsamt des Innern weitere Zahlen, Tabellen und Schlußfolgerungen, denen wir folgendes entnehmen: Es betrug die Einfuhr (in Millionen Mark) 1908: aus Belgien 262,1 (gegen 1907 weniger 34,6) Millionen, aus Bulgarien 6,3 (— 8,8) Millionen, aus Griechenland 18,4 (— 3,8) Millionen, aus Italien 235,9 (— 49,5) Millionen, aus Oesterreich-Ungarn 751 (— 60,9) Millionen, aus Rumänien 73,7 (— 76,1) Millionen, aus Rußland 903,1 (— 144,1) Millionen, aus Schweden 145,1 (— 26,9) Millionen, aus der Schweiz 177,1 (— 33,7) Millionen, aus Serbien 15,4 (— 9,9) Millionen. Zusammen 2588,5 (— 448,3) Millionen. Der Ausfall der Einfuhr bei den „Tarifvertragsstaaten“ betrage also 14,7 pCt. Die Ausfuhr nach unseren Tarifvertragsstaaten stellte sich 1908 in Millionen Mark:

Belgien	322,8	(— 20,1)
Bulgarien	16,2	(+ 1,8)
Griechenland	12,0	(+ 0,6)
Italien	311,3	(+ 8,4)
Oesterreich-Ungarn	736,8	(+ 20,2)
Rumänien	70,8	(+ 2,2)
Rußland	434,6	(+ 14,0)
Schweden	174,1	(— 12,5)
Schweiz	401,0	(— 45,4)
Serbien	16,2	(+ 2,5)
Zusammen	2495,8	(— 28,3) Millionen.

Hier habe sonach der Ausfall nur 1,1 pCt. der Ausfuhr von 1907 betragen und sich also erheblich geringer als die Verminderung unseres Gesamtexports gestellt, die 6,5 pCt. ausmachte. Bei Oesterreich-Ungarn und Rußland, hinsichtlich deren wegen der neuen Handelsverträge besonders schwere Befürchtungen für die Aufrechterhaltung unserer Ausfuhr geäußert wurden, weise der Export sogar eine recht erhebliche Steigerung auf. Andererseits, so führt die Kundgebung des Reichsamts des Innern weiter aus, zeigten die Ziffern der Ausfuhr nach den Ländern, mit denen wir keine Tarifverträge haben, daß der Rückgang unseres Absatzes dorthin ein nahezu allgemeiner und ein sehr erheblicher gewesen sei. Unter den bedeutenderen Ländern seien nur drei, die eine ins Gewicht fallende Steigerung unseres Absatzes aufzuweisen haben: Finnland 71 gegen 63 Millionen, Norwegen 97 gegen 86 Millionen, Britisch-Südafrika 32 gegen 29 Millionen. Der Rückgang unserer Ausfuhr aber sei gerade bei den großen Absatzgebieten besonders erheblich. Es betrug unser Export 1908 in Millionen Mark nach

Dänemark	200,6	(— 6,5)
Frankreich	437,9	(— 11,2)
Großbritannien	997,4	(— 63,0)
Portugal	32,8	(— 2,0)
Türkei	64,1	(— 17,6 Mill. oder 21,6 pCt.)
Aegypten	30,9	(— 8,6 Mill. oder 21,7 pCt.)
Britisch-Westafrika	11,7	(— 2,2 Mill. oder 15,8 pCt.)
Britisch-Ostindien	95,4	(— 3,6)
Britisch-Malakka usw. . . .	8,3	(— 3,7 Mill. oder 30,8 pCt.)
Niederländisch-Indien . . .	40,7	(— 1,9)
Argentinien	147,0	(— 32,2 Mill. oder 17,9 pCt.)
Brasilien	84,4	(— 19,7 Mill. oder 18,9 pCt.)
Kanada	20,3	(— 9,3 Mill. oder 31,4 pCt.)
Chile	52,4	(— 32,4 Mill. oder 38,2 pCt.)
Kuba	20,1	(— 3,9 Mill. oder 16,3 pCt.)
Mexiko	36,9	(— 21,8 Mill. oder 37,1 pCt.)
Peru	13,4	(— 4,3 Mill. oder 24,2 pCt.)
Uruguay	23,7	(— 9,7 Mill. oder 29,8 pCt.)
den Ver. Staaten von Amerika	507,5	(— 144,8 Mill. oder 22,2 pCt.)
dem Australischen Bund . . .	57,9	(— 3,2).

Während also unser Export 1908 nach unseren „Vertragsstaaten" um 28,3 Millionen, d. i. nur um 1,1 pCt. sank, wäre unsere Ausfuhr nach den Staaten ohne Tarifverträge um 398,1 Millionen, d. i. um 9,6 pCt. gesunken.

Es ist zuzugeben, daß diese Zahlen und die vom Reichsamt des Innern daraus gezogenen Schlüsse auf den ersten Blick etwas Bestechendes haben. Jedoch lassen sich von vornherein gewisse Einwände erheben. So erscheint die Einreihung der Vereinigten Staaten von Nordamerika unter die „Nichtvertragsstaaten", unter die Staaten, mit denen wir keine Tarifverträge abgeschlossen haben, bestreitbar. Das deutsche Handelsabkommen mit der Union vom 22. April/9. Mai 1907 ist, wie auch amtlich sonst betont wird, kein reiner Meistbegünstigungsvertrag; man kann es viel eher als

Tarifvertrag bezeichnen. Sein Artikel III besagt: „Als Gegenleistung sichert die Kaiserlich Deutsche Regierung den in der anliegenden Liste aufgeführten Erzeugnissen der Vereinigten Staaten bei der Einfuhr nach Deutschland die daselbst angegebenen Zollsätze zu.“ Diese Liste enthält am Schluß auch die einzelnen von Amerika gemachten Zollzugeständnisse. Setzt man aber bei der vorstehenden Statistik die nordamerikanische Union, nach welcher 1908 unsere Ausfuhr weitaus am meisten, um 144,8 Millionen abgenommen hat, unter die „Vertragsstaaten“, so ändert sich das Bild vollständig und verliert die Argumentation des Reichsamts des Innern ziemlich an Beweiskraft.

Indem wir unseren geehrten Mitgliedern in Ergänzung des Rundschreibens vom 15. Mai d. J. Vorstehendes ergebenst zur Kenntnis bringen, wiederholen wir zu der wichtigen Frage die Bitte, uns ihre Bemerkungen betreffs der Wirkungen der Handelsverträge bis zum 1. Oktober d. J. einzusenden.

5.

Hansabund für Gewerbe, Handel und Industrie.

Rundschreiben an

sämtliche Mitglieder des Centralverbandes Deutscher Industrieller.

Berlin, den 3. Juli 1909.

Bereits seit geraumer Zeit verfolgt die Gesetzgebung im Reiche eine der Industrie, dem Handel und dem Gewerbe abträgige Richtung. Die zum Teil höchst kraftvollen Vertretungskörperschaften dieser Erwerbsstände haben nicht vermocht, diese Art der Gesetzgebung aufzuhalten. Die bei der Reichsfinanzreform von einer neuen Mehrheit im Reichstag beschlossenen Steuerentwürfe bedrohen jene Kreise des Erwerbslebens, auf deren fortschreitendem Gedeihen die Wohlfahrt und der Bestand des Reiches beruht, mit schwerer Schädigung, mit Verkümmerung, wenn nicht mit Vernichtung.

Zur Abwehr dieser höchsten Gefahr vereinigten sich diese Erwerbsstände in der Erkenntnis des vereinzelt bisher vergeblich geführten Kampfes. Am 12. v. M. hatten sich über 6000 der Industrie, dem Handel und dem Gewerbe angehörige Männer in Berlin versammelt, um Einspruch zu erheben gegen die ihnen zugedachte höchst ungerechte, schwere Vorausbelastung. Diese aus der dringenden Not hervorgegangene gewaltige Kundgebung hat unverkennbar starken Eindruck weit im Lande und Volke und an allen Stellen gemacht, die getroffen werden sollten.

Um der drohenden Gefahr solcher Gesetzgebung gegenüber stets gerüstet und kampfbereit zu sein, wurde in jener denkwürdigen Versammlung einmütig beschlossen, unter dem Namen

Hansabund
für Gewerbe, Handel und Industrie

eine dauernde Vereinigung zu bilden zu dem Zwecke, mit vereinter Kraft die in ihm zusammengeschlossenen Kräfte des deutschen Wirtschaftslebens gegen Schädigungen durch die Gesetzgebung zu verteidigen und die ihnen gemeinsamen Interessen durch gemeinsames Handeln zu fördern.

Der Centralverband Deutscher Industrieller hat die große Versammlung vom 12. v. M. mitberufen, sie war von seinem Vorsitzenden eröffnet worden. Das Direktorium des Centralverbandes fordert hiermit seine Mitglieder auf, dem neuen Bunde beizutreten. Die Bedingungen, unter denen der Beitritt erfolgt, sind aus den beiliegenden Satzungen zu ersehen.

Gegen den neuen Bund ist eingewendet worden, daß er bestimmt ist, große Gruppen zu umfassen, die hinsichtlich bedeutungsvollster, wirtschafts- und sozialpolitischer Fragen von durchaus verschiedenen, vielfach sogar entgegengesetzten Anschauungen beherrscht werden. Ganz besonders ist von sehr maßgebenden Kreisen unserer Mitglieder darauf hingewiesen worden, daß starke Teile des neuen Bundes Parteirichtungen angehören, von denen die Gesetzgebung in wirtschaftlicher wie sozialpolitischer Beziehung höchst ungünstig für die Industrie gestaltet worden ist.

Diese Einwände sind in weitem Umfange sachlich durchaus berechtigt; sie dürfen die Mitglieder des Centralverbandes aber nicht abhalten, sich dem neuen Bunde anzuschließen. Die unzweifelhaft vorhandenen und allen Teilen bewußten Gegensätze werden die Leiter des Bundes zur höchsten Vorsicht mahnen, sie werden Veranlassung geben, alles daran zu setzen, daß die trennenden Momente ausgeschaltet bleiben, die Wirksamkeit des Bundes also beschränkt wird auf die Erörterung der vielen großen Fragen, die alle Teile des Bundes gleichmäßig berühren, und in bezug auf welche vielfach schon bisher in Kundgebungen der einzelnen Körperschaften, leider besonders in letzter Zeit zumeist ohne die erhoffte Wirkung, die im wesentlichen bestehende Uebereinstimmung der Interessen und der Ansichten hervorgetreten ist.

In solchen Fällen dürfen Industrie, Handel und Gewerbe nicht länger vereinzelt vorgehen, sie müssen sich vielmehr vereinen, um, dem von den Landwirten gegebenen Beispiele folgend, mit vereinter Kraft und dann hoffentlich mit besserem Erfolge als bisher für ihre bedrohten Interessen einzutreten.

Wenn aber erwartet werden kann, daß die Hansa zu einem kraftvollen Faktor in unserem öffentlichen Leben werden wird, so müssen auch die in ihr zusammengeschlossenen Erwerbsstände, ihrer Bedeutung für unser Wirtschaftsleben entsprechend, vertreten sein, andernfalls schließlich doch — bei dem Vorhandensein der mannigfachen Gegensätze liegt diese Gefahr sehr nahe — einseitige Interessen insonderheit auf allgemeinpolitischem, wirtschafts- und sozialpolitischem Gebiete entgegen den satzungsgemäßen Zielen in den Vordergrund der Tätigkeit des Bundes treten können. Um dies zu verhindern, ist es notwendig, daß ebenso wie die anderen Erwerbsstände auch die Industrie tunlichst geschlossen mit ihrer ganzen Macht der Hansa beitritt, mit der Macht, die im Zusammenwirken wesentlich zum Erfolge beitragen und auch von den Anderen als höchst wertvoll und dienlich erkannt werden wird.

Daher fordern wir alle dem Centralverbande angeschlossene Industrielle auf, als Einzelmitglieder dem Hansabunde beizutreten.

Schließlich bitten wir unsere Mitglieder, überzeugt zu sein, daß für den Centralverband die Bildung des neuen Bundes und der Beitritt unserer Mitglieder zu ihm nicht die geringste Veranlassung dazu gibt, auch nur um eines Haares Breite von der Richtung abzuweichen, die bisher mit voller Zustimmung unserer Mitglieder in Vertretung der Interessen der deutschen Industrie in verkehrs-, wirtschafts- und sozialpolitischer Hinsicht verfolgt worden ist. Der Centralverband wird an seinen Grundsätzen und an der Art, wie er sie verfolgt hat, auch in Zukunft unverbrüchlich festhalten.

Die Beitrittserklärungen sind zu richten an das **Präsidium des Hansabundes, Berlin NW 7, Dorotheenstraße 3.**

Weitere Exemplare des Rundschreibens und der Satzungen stehen zur Verfügung.

6.

Monatliche Nachweise über den auswärtigen Handel Deutschlands.

Rundschreiben an

die körperschaftlichen Mitglieder des Centralverbandes Deutscher Industrieller.

Berlin, den 26. Juli 1909.

In den von dem Kaiserlichen Statistischen Amt herausgegebenen „Monatlichen Nachweisen über den auswärtigen Handel Deutschlands" (Berlin, Verlag von Puttkammer & Mühlbrecht) sind bisher, bis zu dem Monat April d. J. einschließlich, bei den einzelnen Positionen für die Einfuhr, getrennte Zahlenangaben für alle Waren, die verschiedenen Zollsätzen unterliegen, ferner für den Veredelungsverkehr sowie die zollfreie Einfuhr für Rückwaren oder zum Schiffbau veröffentlicht worden. In den „Monatlichen Nachweisen" für den Monat Mai sind diese getrennten Zahlenangaben in Fortfall gekommen, es ist vielmehr nur die Gesamtzahl bei der Einfuhr mitgeteilt worden. Die Position 741d lautet z. B. in dem Aprilheft folgendermaßen:

Warengattung Länder	April	Januar/April 1909	Januar/April 1908
	dz = 100 kg		
741 d Tafelglas, einschl. des bis 5 mm starken, auch gerippten Rohglases			
Einfuhr († 18,20 ℳ) . . .	5 118	18 446	20 775
Veredelungsverkehr		102	5
Zollfrei (Rückwaren)	—	7	—
„ (Schiffbau)	—	—	—
Verz. zu roh 6 ℳ T. 10 % . . .	3 132	9 856	11 115
„ „ „ 8 ℳ T. 10 % . . .	1 656	6 545	7 423
„ „ „ 10 ℳ T. 10 % . . .	330	1 936	2 232
„ „ „ 12 ℳ T. 10 % . . .	—	—	—
Belgien	3 659	14 335	14 757
Großbritannien	1 448	3 907	5 804
Ausfuhr († 15,50 ℳ) . . .	2 968	11 201	11 768
Niederlande	33	1 085	1 531
Oesterreich-Ungarn	478	1 217	1 727
Schweiz	652	2 114	3 387

In dem Maiheft ist diese Position, wie folgt, verkürzt worden:

Warengattung Länder	Mai	Januar/Mai 1909	Januar/Mai 1908
	dz = 100 kg		
741 d Tafelglas, einschl. des bis 5 mm starken, auch gerippten Rohglases			
Einfuhr († 18,20 M) . . .	5 503	23 949	25 256
Belgien	3 582	17 917	18 132
Großbritannien	1 727	5 634	6 841
Ausfuhr	2 903	14 104	14 630
Wert in 1000 M	91	265	.
Niederlande	29	1 114	1 751
Oesterreich-Ungarn	363	1 580	1 989
Schweiz	812	2 926	4 246

Wie wir an zuständiger Stelle festgestellt haben, sollen auch künftig in den „Monatlichen Nachweisen“ nur noch diese verkürzten Angaben zur Veröffentlichung gelangen.

Von mehreren Seiten ist uns hierzu mitgeteilt worden, daß sie das dringendste Interesse daran haben, daß die Nachweise in der bis zum April d. J. üblich gewesenen Art gestaltet bleiben.

Bevor wir weitere Schritte in dieser Angelegenheit unternehmen, bitten wir unsere Mitglieder, die sich für diese amtliche Einfuhrstatistik interessieren, uns mitzuteilen, ob und aus welchen Gründen sie die Beibehaltung der bisher üblich gewesenen speziellen Nachweise unserer Einfuhrstatistik wünschen. Da an zuständiger Stelle Bedenken gegen die Wiedereinführung der spezialisierten monatlichen Nachweise bestehen, so bitten wir um Aeußerung, ob es Ihre Zustimmung findet, daß wir dafür eintreten, daß die getrennten Nachweise wenigstens vierteljährlich, ebenso wie jetzt die Wertberechnungen, zur Veröffentlichung gelangen.

Wir bitten, Ihre Erklärungen uns bis zum 15. September d. J. zugehen zu lassen.

7.

Wertanmeldung in der Statistik des deutschen Außenhandels.

Rundschreiben an
sämtliche Mitglieder des Centralverbandes Deutscher Industrieller.

Berlin, den 10. September 1909.

Von dem Herrn Präsidenten des Kaiserlichen Statistischen Amtes werden wir darauf aufmerksam gemacht, daß nach dem Bundesratsbeschluß vom 1. April d. J. die Zahl der statistischen Nummern, für die eine Wertanmeldung vorgeschrieben ist, seit dem 1. Mai d. J. von 144 auf 1364 für die Ausfuhr vermehrt worden ist. Um eine möglichst genaue und richtige Darstellung des deutschen Außenhandels geben zu können, dürfte es sich empfehlen, daß alle am Ausfuhrhandel beteiligten Firmen bei der Angabe der fraglichen Werte dem Preise der Waren am Versandorte noch den Betrag der Fracht-, Versicherungs- und sonstigen Kosten bis zur Grenze hinzurechnen.

8.

Wichtigkeit genauer Angaben für die Handelsstatistik.

Rundschreiben an
sämtliche Mitglieder des Centralverbandes Deutscher Industrieller.

Berlin, den 22. September 1909.

Der Herr Präsident des Kaiserlichen Statistischen Amts teilt uns mit, daß über die sich häufenden mangelhaften Anschreibungen in der Handelsstatistik in letzter Zeit eingehende Erhebungen stattgefunden haben. Diese haben zunächst zu Maßnahmen beim Kaiserlichen Statistischen Amte selbst, sowie bei den Anmeldestellen (Hauptzollämtern usw.) Veranlassung gegeben. Weiterhin hat sich aber herausgestellt, daß die unrichtigen statistischen Angaben zum nicht geringen Teil auf ungenauer oder unzutreffender Ausfüllung der Anmeldepapiere durch die Warenversender oder -Empfänger beruhen. Offenbar wird von den Handelskreisen den statistischen Anmeldescheinen vielfach nicht die erforderliche Sorgfalt gewidmet und auf die gesetzlichen Bestimmungen und die Forderungen des Statistischen Warenverzeichnisses nicht genügend geachtet. Infolgedessen sind die statistischen Anmeldescheine oder die sie vertretenden Papiere oft ungenügend ausgefüllt.

Vielfach ist die Ware nur allgemein, z. B. als grobe Eisenware, Zinkware usw. angegeben. Durch derartige allgemeine Bezeichnungen entstehen namentlich bei den zur Ausfuhr angemeldeten

Waren, die einer zollamtlichen Revision in der Regel nicht unterliegen, unrichtige statistische Anschreibungen. Werden mangelhaft ausgefüllte Anmeldescheine den Ausstellern mit dem Ersuchen um Ergänzung zurückgesandt, so werden hierbei oft unliebsame Verzögerungen hervorgerufen. Die Folge davon ist, daß in den statistischen Veröffentlichungen diese Waren erst zu viel späterer Zeit, als sie die Grenze tatsächlich passierten, als ein- oder ausgeführt nachgewiesen werden können.

Sehr häufig fehlt die Angabe des Bestimmungs- oder Herkunftslandes oder die Angabe erfolgt, namentlich durch Spediteure unrichtig oder willkürlich. Schließlich erweisen sich auch die Wertangaben oft als ungenau. Sollte hierbei die Besorgnis vor mißbräuchlicher Verwendung der Angaben in den Ausfuhrmeldescheinen mitwirken, so wird übersehen, daß die Ausfuhranmeldescheine beim Grenzausgangsamte zurückbleiben, wodurch ihre Angaben mißbräuchlicher Verwendung entrückt sind.

Bei der großen Bedeutung, die der Statistik für die Handels- und Zollpolitik des Reichs sowie für die Erkenntnis der wirtschaftlichen Entwickelung zukommt, liegt es im Interesse aller am Erwerbs- und Wirtschaftsleben beteiligter Kreise, daß eine möglichst zuverlässige, einwandfreie Statistik zustande kommt. Das ist nur zu erzielen, wenn der Ausfertigung der statistischen Anmeldepapiere die nötige Sorgfalt gewidmet wird. Wir verfehlen nicht, Sie zu bitten, Ihr besonderes Augenmerk dieser Angelegenheit zuwenden zu wollen. In zweifelhaften Fällen werden die zuständigen Zollstellen zur Belehrung und Auskunfterteilung bereit sein.

Schließlich bemerkt der Herr Präsident des Statistischen Amts noch, daß die Transportanstalten usw., denen nach § 6 des Gesetzes vom 7. Februar 1906, betreffend die Statistik des Warenverkehrs mit dem Auslande, die Verpflichtung zu einer Nachprüfung der vom Versender entgegengenommenen Anmeldepapiere obliegt, durch Erlaß des Herrn Reichskanzlers angewiesen worden sind, künftighin öfter von der Befugnis Gebrauch zu machen, Sendungen, über welche ungenaue oder unzulänglich ausgefertigte Anmeldepapiere vorgelegt werden, bis zur vorschriftsmäßigen Anmeldung vom weiteren Transport auszuschließen. Insbesondere sind die Versandstationen der Eisenbahnverwaltungen gehalten, die bei ihnen mit den Frachtpapieren zur Abgabe kommenden statistischen Anmeldescheine genau und vornehmlich dahin zu prüfen, ob die Waren nach Maßgabe und dem Wortlaute des Statistischen Warenverzeichnisses und dem dazu herausgegebenen alphabetischen Verzeichnisse richtig deklariert sind.

Inhaltsverzeichnis

zu Heft 101 bis 116.

Sachregister.

Sprechregister.

Notiz.

Der Stenographische Bericht über die **Kartellversammlung** des Centralverbandes vom 16. Oktober 1909 wird im November-Heft 11 der „Kartell-Rundschau" veröffentlicht.

Druck: Deutscher Verlag (Ges. m. b. H.), Berlin SW 11. 96779

FSC
www.fsc.org
MIX
Papier | Fördert gute Waldnutzung
FSC® C083411

Kolibri 360 GmbH
Ferdinand-Jühlke-Straße 7
99095 Erfurt, Deutschland
produktsicherheit@kolibri360.de